UTB **2691**

W0108448

Eine Arbeitsgemeinschaft der Verlage

Beltz Verlag Weinheim · Basel
Böhlau Verlag Köln · Weimar · Wien
Wilhelm Fink Verlag München
A. Francke Verlag Tübingen und Basel
Haupt Verlag Bern · Stuttgart · Wien
Lucius & Lucius Verlagsgesellschaft Stuttgart
Mohr Siebeck Tübingen
C. F. Müller Verlag Heidelberg
Ernst Reinhardt Verlag München und Basel
Ferdinand Schöningh Verlag Paderborn · München · Wien · Zürich
Eugen Ulmer Verlag Stuttgart
UVK Verlagsgesellschaft Konstanz
Vandenhoeck & Ruprecht Göttingen
Verlag Barbara Budrich Opladen · Bloomfield Hills
Verlag Recht und Wirtschaft Frankfurt am Main
VS Verlag für Sozialwissenschaften Wiesbaden
WUV Facultas Wien

JÖRG ROCHE

Fremdsprachenerwerb Fremdsprachendidaktik

UTB basics

A. Francke Verlag Tübingen und Basel

Jörg Roche ist Professor für Deutsch als Fremdsprache. Er leitet das Multimedia Forschungs- und Entwicklungslabor des Instituts für Deutsch als Fremdsprache der Ludwig-Maximilians-Universität München.

Umschlagabbildung: Atelier Reichert unter Verwendung eines Gemäldes von Pieter Bruegel, The Tower of Babel, Rotterdam, Museum Boymans – Van Breuningen

Bibliografische Information der Deutschen Bibliothek

Die Deutsche Bibliothek verzeichnet diese Publikation in der Deutschen Nationalbibliografie; detaillierte bibliografische Daten sind im Internet über <http://dnb.ddb.de> abrufbar.

© 2005 · Narr Francke Attempto Verlag GmbH + Co. KG
Dischingerweg 5 · D-72070 Tübingen
ISBN 3-7720-3379-2

Internet: http://www.francke.de
E-Mail: info@francke.de

Satz, Layout und Einbandgestaltung: Atelier Reichert, Stuttgart
Druck und Bindung: Ebner & Spiegel, Ulm
Printed in Germany

ISBN 3-8252-2691-3 (UTB-Bestellnummer)

Inhaltsverzeichnis

Einführung 7
1. Lerntheorien und Fremdsprachenerwerb – Überblick 11
   1.1 Die Grammatik-Übersetzungsmethode (GÜM) 12
   1.2 Behavioristische Verfahren 14
   1.3 Kognitivistische Verfahren 18
   1.4 Konstruktivistische Verfahren 20
   1.5 Moderater Konstruktivismus 23
   1.6 Kommunikative Didaktik und alternative Methoden 24
   1.7 Kernelemente einer Fremdsprachendidaktik 27
   1.8 Übungsaufgaben zur Wissenskontrolle 28
   1.9 Weiterführende Literatur 29
2. Lernervariablen 31
   2.1 Personenmerkmale 32
   2.2 Lerntraditionen 35
   2.3 Lernertypen 36
   2.4 Alter und Lernen 37
   2.5 Geschlechtsspezifische Unterschiede 40
   2.6 Sprachanlage 42
   2.7 Übungsaufgaben zur Wissenskontrolle 43
   2.8 Weiterführende Literatur 43
3. Lernuniversalien 45
   3.1 Gehirnzentren 47
   3.2 Bedeutungskonstruktion 51
   3.3 Aufmerksamkeit 55
   3.4 Informationsspeicherung 56
   3.5 Sprache und Bildverarbeitung 59
   3.6 Sprachverstehen und Sprachproduktion 62
   3.7 Die Organisation des mentalen Lexikons 67
   3.8 Wortschatzvermittlung im Fremdsprachenunterricht 73
   3.9 Sprachverarbeitung und Fehlerkorrektur 85
   3.10 Übungsaufgaben zur Wissenskontrolle 86
   3.11 Weiterführende Literatur 86
4. Fremdsprachenerwerb 89
   4.1 Gesteuerter und ungesteuerter Spracherwerb 90
   4.2 Spracherwerbsforschung 104
   4.3 Sprachenlernen und kognitive Entwicklung 108
   4.4 Erwerbssequenzen 110
   4.5 Mehrsprachigkeit 117
   4.6 Sprachumgebung und Eingabe 120
   4.7 Übungsaufgaben zur Wissenskontrolle 128
   4.8 Weiterführende Literatur 129

5. Sprache 131
5.1 Sprachbeschreibung und Sprachnormen 134
5.2 Allgemeinsprache 137
5.3 Fachsprachen 137
5.4 Sprachvariation und Sprachwandel 140
5.5 Bereiche der Sprache 144
5.6 Grammatik 151
5.7 Text 158
5.8 Handlung 172
5.9 Grammatik und Fremdsprachenunterricht 173
5.10 Übungsaufgaben zur Wissenskontrolle 178
5.11 Weiterführende Literatur 178
6. Lehr- und Lernziele 180
6.1 Lehrzielebenen 181
6.2 Vom Lehrplan zum Lernplan 186
6.3 Kompetenzen, Aufgaben und Fertigkeiten 192
6.4 Leseverstehen 194
6.5 Hörverstehen 198
6.6 Schreiben 200
6.7 Sprechen 204
6.8 Schwierigkeitsebenen 205
6.9 Übersetzungskompetenz 207
6.10 Methodik 210
6.11 Handlungsbezogener Unterricht 213
6.12 Übungsaufgaben zur Wissenskontrolle 217
6.13 Weiterführende Literatur 218
7. Interkulturelle Sprachdidaktik 220
7.1 Sprache und Kultur 221
7.2 Interkulturelle Vermittlung 227
7.3 Bildkulturen 232
7.4 Landeskunde 233
7.5 Übungsaufgaben zur Wissenskontrolle 240
7.6 Weiterführende Literatur 240
8. Medien 242
8.1 Klassifikation von Medien 243
8.2 Mehrwerterzielung durch elektronische Medien 246
8.3 Elektronische Lernplattformen 249
8.4 Übungsaufgaben zur Wissenskontrolle 256
8.5 Weiterführende Literatur 256
9. Anhang 257
9.1 Wichtige Grundlagenliteratur 257
9.2 Lösungen zu den Übungsaufgaben 259
9.3 Register 272
9.4 Abbildungs- und Quellenverzeichnis 281

Einführung

Das Lernen von Sprachen gehört zu den alltäglichen Dingen der Welt. Fast jeder Mensch beherrscht mindestens ein sprachliches Zeichensystem, viele sogar mehrere, manchmal ohne sich dessen bewusst zu sein. Wie kommt es aber, dass wir über eine solche alltägliche und scheinbar einfache Sache wie das Sprachenlernen so wenig wissen und uns bei der Einschätzung der Möglichkeiten des Sprachenlernens eher von pauschalen Einschätzungen leiten lassen?

Fremdsprachenerwerb – Fremdsprachendidaktik will all denen einen leicht verständlichen Überblick über die wichtigsten Fragen, Erkenntnisse und Methoden der Spracherwerbsforschung, der Sprachlehr- und -lernforschung sowie der Fremdsprachendidaktik vermitteln, die sich aus privatem, beruflichem oder öffentlichem Interesse damit beschäftigen. Der Band stellt die wichtigsten Grundlagen von Lerntheorien und Informationsverarbeitungprozessen sowie die neuesten Erkenntnisse der Spracherwerbsforschung verständlich dar. Auch verschiedene Ansätze der Sprachbeschreibung und Fragen der sprachlichen Zielnormen werden berücksichtigt. Didaktische Leitlinien und methodische Verfahren werden so präsentiert, dass sie sich mit der Lern- und Lehrerfahrung der Leser verknüpfen lassen und unmittelbare Umsetzbarkeit gewährleisten.

Fremdsprachenerwerb – Fremdsprachendidaktik ist eine erste Einführung in das spannende Gebiet des Lernens und Lehrens von Fremdsprachen. Durch die weiterführenden Literaturangaben im Anschluss an die einzelnen Kapitel erhalten Leserinnen und Leser eine klare Orientierung für das weitere, vertiefende Lesen. Sie sind nach Verständlichkeit, Übersichtlichkeit und Zugänglichkeit ausgewählt und teilweise kommentiert. Besonders empfehlenswerte Darstellungen sind durch eine Markierung (*) hervorgehoben. Im Anhang findet sich ein Verzeichnis wichtiger Grundlagenliteratur zum Gesamtbereich des Fremdsprachenlernens und -unterrichtens.

Alle wichtigen Begriffe werden auf verständliche Art erklärt und, wo das notwendig ist, mit den englischen Fachbegriffen ergänzt. Zur besseren Orientierung sind Kernbegriffe im Text fett hervorgehoben und die Themen in der Randspalte genannt.

Die Beispiele zur Illustration stammen aus verschiedenen Sprachen, orientieren sich aber aus Gründen der besseren Verständlichkeit meist am Deutschen als Fremdsprache oder am Englischen. Damit sollte es allen Leserinnen und Lesern leicht fallen, die dargestellten Sachverhalte ohne sprachliche Schwierigkeiten, aber dennoch aus der Perspektive eines fremdsprachigen Lerners, nachvollziehen zu können.

Bei der Darstellung ist auf Kürze, Prägnanz und Anschaulichkeit geachtet worden. Das schließt den sprachlichen Ausdruck mit ein. Wo es um Lehrerinnen und Lehrer, Lernerinnen und Lerner und ähnliche Personengruppen geht, wird in der Regel die maskuline Form aus Gründen der Kürze und Orientierung an der Fachliteratur verwendet (zum Beispiel *learner* oder *instructor* im Englischen).

Übungsaufgaben mit Lösungen zu jedem Kapitel ermöglichen die Wissenskontrolle, ein Register erleichtert die Orientierung im Band.

Einige Materialien und Unterlagen wurden von freundlichen Kolleginnen und Kollegen aus ihren bisher unveröffentlichten Sammlungen für dieses Buch zur Verfügung gestellt. Ihnen sei an dieser Stelle ganz herzlich gedankt: Petra Hölscher, Barbara Padlo, Eberhard Piepho, Neelakshi Premawardhena, Melek Sancak und Stephan Schlickau. Petra Plieger und Erika Wegele haben wertvolle Rückmeldungen und Materialien zum Manuskript geliefert und Kathrin Heyng hat seine Umsetzung mit viel Kompetenz und Geduld begleitet. Auch Ihnen ein herzliches Dankeschön.

Diese Einführung ist für Leserinnen und Leser gedacht, die sich auf das Abenteuer Sprache und Spracherwerb einlassen wollen. In diesem faszinierenden und mit zunehmender Globalisierung immer bedeutender werdenden Bereich muss man mit vielen Überraschungen und ungelösten Fragen rechnen. Das Buch zeigt auf, wo es sich lohnt nachzuforschen. Es ermutigt die Leserinnen und Leser, selbst mit Sprache zu experimentieren, und verweist immer wieder darauf, wie die innere Mehrsprachigkeit des Menschen als gute Grundlage für den Erwerb von weiteren Sprachen fungieren kann. Damit will es gleichzeitig jetzigen und zukünftigen Lehrerinnen und Lehrern die nötigen Grundlagen vermitteln, mit denen sie selbstständig, kompetent, energisch und mutig an der dringend nötigen Effizienzsteigerung des Fremdsprachen-unterrichts in ihrem eigenen Bereich und darüber hinaus mitar-beiten können.

Lerntheorien und Fremdsprachenerwerb – Überblick

Inhalt

1.1	Die Grammatik-Übersetzungsmethode (GÜM)	12
1.2	Behavioristische Verfahren	14
1.3	Kognitivistische Verfahren	18
1.4	Konstruktivistische Verfahren	20
1.5	Moderater Konstruktivismus	23
1.6	Kommunikative Didaktik und alternative Methoden	24
1.7	Kernelemente einer Fremdsprachendidaktik	27
1.8	Übungsaufgaben zur Wissenskontrolle	28
1.9	Weiterführende Literatur	29

Zusammenfassung

Dieses Kapitel gibt einen Überblick über die wichtigsten Ansätze des Lernens und Lehrens von Fremdsprachen. Damit wird gleichzeitig die geschichtliche Entwicklung des Fremdsprachenunterrichts nachgezeichnet und der neueste Stand der lernpsychologischen und didaktischen Erkenntnisse skizziert. Gängige Unterrichts- und Lernverfahren und ihre Grundlagen werden präsentiert. Aus diesem Überblick ergibt sich ein Bezugsrahmen für den Fremdsprachenerwerb und die Fremdsprachendidaktik. Eine grafische Übersicht über die wichtigsten Bereiche des Fremdsprachenerwerbs und der Fremdsprachendidaktik schließt das Kapitel ab. Sie dient damit auch als Navigationsrahmen für den Inhalt des gesamten Buches.

Wie lernen wir fremde Sprachen und wie lernen wir sie am besten?
Lernen wir Fremdsprachen so, wie wir unsere Erstsprache lernen?

Eingabe der Umgebung
Sprachverarbeitungs-
systeme

Welche Rollen spielen dabei die Sprache der Umgebung, angeborene Sprachstrukturen und Sprachverarbeitungssysteme und Imita-
tionsverhalten? Auf welche Weise beeinflussen sich die erworbenen und im Erwerb befindlichen Sprachen gegenseitig? Die Antworten auf diese Fragen – das ist ein typisches Merkmal von Wis-
senschaften – sind zwar umstritten, aber an Versuchen, verschiedene Modelle auszuprobieren, fehlt es nicht. Sehen wir uns die
wichtigsten Methoden und Theorien einmal genauer an.

1.1 | Die Grammatik-Übersetzungsmethode (GÜM)

Früher Sprachkontakt

Es gibt zwar kaum verlässliche Aussagen darüber, wie die Menschen in Urzeiten miteinander kommunizierten, wir wissen aber,
dass bereits früher verschiedene Sprachsysteme nebeneinander
existierten, also auch interkulturelle Kommunikation und Fremdsprachenerwerb stattgefunden haben muss. Man kann dies zum
Beispiel an verschiedenen Schriftzeichensystemen wie den Hiero-
glyphen rekonstruieren. Noch heute lässt sich der Austausch von
Sprachen an Lehn- und Fremdwörtern in den lebenden Sprachen
erkennen. Schließlich haben wir aber auch die eine oder andere
explizite Aussage zum Dilemma der Vielsprachigkeit. So wissen wir

Babel

aus der Bibel (Genesis 11,1-11,9) um das Sprachengewirr von Babel
und wie der Hochmut der Menschen die funktionierende Kommunikation zu Fall gebracht hat. Spätestens seit der Einführung von
privaten und später auch öffentlichen Bildungssystemen versuchen Gesellschaften, das Schicksal Babels nicht zu wiederholen,
sondern den müh- und wundersamen Weg des Sprachenlehrens
und -lernens zu beschreiten.

Klassische Verfahren

In den Anfangszeiten des Sprachunterrichts hat man sich an
den Klassikern der Antike orientiert, und zwar sowohl inhaltlich
als auch sprachlich. Es galt, den Vorbildern aus der ruhmreichen
Geschichte Griechenlands und Roms nachzueifern und die Grundlagen der abendländischen Geisteskultur verstehen zu lernen. Ziel
war es, die Originaltexte von Aristoteles, Homer, Caesar, Cicero
oder Catull zu verstehen und zu übersetzen. An den sprachlichen
Strukturen der frühen Leitbilder sollten die eigenen sprachlichen
Fertigkeiten und die Fähigkeiten des Geistes allgemein geschult

werden. Am Beispiel der klassischen Sprachen ließen sich auch die Strukturen und Wurzeln der eigenen am besten erklären, so eine heute noch weit verbreitete Annahme. Die Grundstrukturen der lateinischen Grammatik seien der Generalschlüssel zu den Sprachen unseres Kulturkreises, wenn nicht sogar zu den Sprachen schlechthin. Nach diesem klassischen Modell des Fremdsprachenunterrichts wurde zunächst auch der Unterricht der modernen Fremdsprachen mit der Einführung des öffentlichen Schulwesens im 19. Jahrhundert abgehalten. Es ging auch hier zunächst vor allem um die Grammatikbeherrschung als Ziel und die Übersetzung als Methode des Unterrichts. Ein lerntheoretisches Konzept gibt es für dieses Verfahren jedoch nicht. Es reflektiert lediglich die damals geltenden bildungspolitischen Vorstellungen vom Sprachenlernen. Schematisch dargestellt werden kann das Prinzip dieser so genannten **Grammatik-Übersetzungsmethode (GÜM)** etwa folgendermaßen:

Grammatik

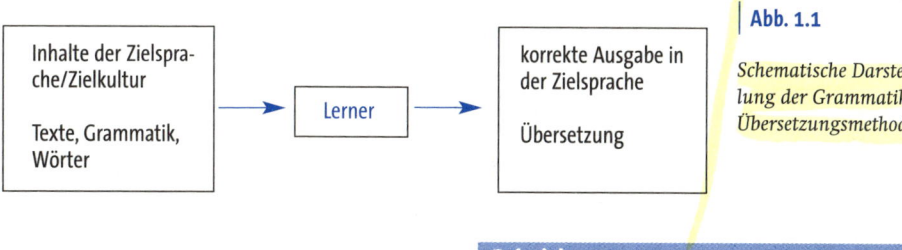

Abb. 1.1

Schematische Darstellung der Grammatik-Übersetzungsmethode

Beispiel

Das amerikanische Deutsch-Lehrwerk *German One* von 1949 veranschaulicht die Verfahren der Grammatik-Übersetzungsmethode: Am Anfang steht ein Lesetext, der weit über dem Niveau der Lerner liegt (hier Anfänger) und daher in der Regel mit verschiedenen Begriffserklärungen versehen werden muss (meist in der Randspalte oder wie hier im Glossar im Anhang). Die Wörter werden wie eine Gleichung als Übersetzung angegeben (zum Beispiel Landkarte = map). Mit umfangreichen grammatischen Erklärungen soll der Textinhalt erschlossen werden. Diese Grammatikregeln werden sofort in Übungen und Textübersetzungen verwendet.

German One

Abb. 1.2 |

Grammatik-Übersetzungsmethode am Beispiel des Anfängerlehrwerks German One

ERSTE AUFGABE 9

2. **Die** Kirche ist groß. **Sie ist** nicht neu.
3. **Das** Theater ist sehr gut. **Es** ist kein Kino.
4. **Herr** Wagner und Fräulein Kainz haben keine Stellung. **Sie** sind jung.
5. **Fräulein** Kainz wohnt in München. **Sie** ist hübsch und heiter.

2. The church is large. It is not new.
3. The theater is very good. It is not a/no/ movie theater.
4. Mr. Wagner and Miss Kainz have no jobs. They are young.
5. Miss Kainz lives in Munich. She is pretty and cheerful.

The personal pronouns of the third person singular, corresponding to **der, die, das,** are **er, sie, es** (examples 1–3). The personal pronoun of the third person plural is **sie** (example 4).

If **das** Fräulein is referred to by a personal pronoun, the feminine form **sie** is standard usage (example 5).

1.5 The Third Person, Singular and Plural, of the Present Tense (and the Infinitive)

INFINITIVE

1. Herr Wagner **wohnt** in Köln.
2. Er **studiert** Musik.
3. Herr Pitt **hat** eine Stellung.
4. Herr Wagner und Fräulein Kainz **leben** in Deutschland.
5. Sie **studieren.**
6. Sie **haben** keine Stellung.
7. Der Hafen **ist** gut.
8. Sie **sind** jung.

wohnen
studieren
haben
leben
studieren
haben
sein
sein

1. Mr. Wagner lives in Cologne.
2. He studies music.
3. Mr. Pitt has a job.
4. Mr. Wagner and Miss Kainz live in Germany.
5. They study.
6. They have no jobs.
7. The harbor is good.
8. They are young.

The ending of the third person singular, present tense, of most German verbs is **–t** (examples 1–3); the ending of the third person plural is **–en** (examples 4–6). The present infinitive is identical with the third person plural (examples 4–6, middle column).

By cutting off the ending of the verb in examples 1, 2, 4, 5, 6 we arrive at what is called the base of the verb: **wohn–, studier–, leb–, hab–.** This means that most German verbs have a base to which a characteristic ending is added: **–t** for the third person singular, present tense, **–en** for the third person plural and for the infinitive.

The verb **haben** shows a slight irregularity in that it has dropped the **b** in the third person singular: **hat** (example 3). The third persons of **sein** are as irregular in German as the same persons of 'be' are in English (examples 7 and 8).

1.2 | Behavioristische Verfahren

Als sich die Vorstellungen vom Sprachenlernen zu ändern begannen, intensivierte sich auch die Suche nach alternativen Verfahren des Fremdsprachenunterrichts. Er sollte nicht mehr nur an klassischen Vorbildern und auf eine kleine Bildungselite ausgerichtet sein, sondern zunehmend praktische Zwecke erfüllen. Eine europäische **Reformbewegung**, die Ende des 19. Jahrhunderts entstand (Viëtor; Gouin, Jespersen u.a. Vergleiche dazu: Wilhelm Viëtor: Der Sprachunterricht muss umkehren. Heilbronn 1882), machte sich

Praktische Orientierung

diese pragmatische Ausrichtung zum Ziel, allerdings für weitere 60 Jahre ohne durchschlagenden Erfolg. Ein zu großes Umdenken und Umhandeln hätte diese Neuorientierung verlangt, zu eingefahren waren die Methoden des Unterrichts. Erst in den 40er und 50er Jahren des 20. Jahrhunderts schien schließlich ein Verfahren, das scheinbar nach den Prinzipien des Erstspracherwerbs (L1-Erwerb) modelliert war, einen leichteren Weg zum Erfolg zu versprechen: die **audiolinguale Methode**. Im Zentrum dieser Methode steht das Imitieren von gehörter Sprache durch die Lerner. Man nahm an, dass dies dem L1-Erwerb von Kindern entspräche. Auch sie imitierten einfach das, was sie hörten. Man müsse also nur lange und oft genug hinhören, um die richtigen Laute in der richtigen Reihenfolge zu produzieren. Der Fremdsprachenunterricht machte aus dieser Beobachtung eine Methode. Indem den Lernern entsprechende Modelle in Form von einfachen Lauten, Lautkombinationen, Wörtern und Sätzen vorgegeben und diese Muster, so genannte **patterns,** durch ein Reiz-Reaktionsverfahren immer wieder eingeübt und gedrillt wurden, sollten sich die Fertigkeiten zur eigenständigen Nutzung der Fremdsprache entwickeln. Lerntheoretisch ist dieses **Pattern-Drill-Verfahren** als verhaltensformendes, also behavioristisches Lernen bekannt geworden, und zwar nicht nur im Bereich der Fremdsprachen, sondern beim Lernen allgemein. Behavioristisches Lernen ist also ein mechanischer Prozess, der von einem auditiven oder visuellen Reiz (Stimulus) ausgelöst wird und aus der entsprechenden Reaktion (Response) auf diesen Reiz besteht. Gelernt wird ein Verhalten, und zwar in erster Linie am Modell, an dessen Imitation und mechanischer Wiederholung.

Imitation

S(timulus/Reiz) ⟶ **R**(esponse/Reaktion)

| Abb. 1.3

Grundschema behavioristischer Lernmodelle

Je nach Schwerpunkt der Reizauslösung unterscheidet man zwischen audiolingualer (AL) und audiovisueller Methode (AV) im Fremdsprachenunterricht. Die erste (AL-)Methode wurde besonders in den 40er und 50er Jahren in den USA propagiert und massiv gefördert, vor allem weil man sich davon versprach, möglichst schnell möglichst viele Soldaten auf den Einsatz in den schnell wechselnden Kriegsgebieten vorzubereiten. Sie wird deshalb auch Army Method genannt. Die AV-Methode entstand in Frankreich, vermischte sich später mit der AL-Methode und wurde so als „la méthode" (**die** Methode) für eine ganze Sprachlehrgeneration prägend (bis in die frühen 70er Jahre). Um das mechanische Verfahren zu optimieren, bietet es sich dabei fast zwingend an, auf elektroni-

Audiolinguale und audiovisuelle Methode

Army Method

Elektronische Medien

sche Medien zurückzugreifen. Das wurde schon früh mit Tonbändern, Kassetten und Sprachlaboren praktiziert und wird auch heute noch in der Werbung mittels Schlagworten wie „in 30 Tagen Spanisch, Französisch etc. lernen" angepriesen. Die älteren Medien wie Kassetten sind mittlerweile durch neue Medien wie CD-ROMs und teilweise das Internet ersetzt worden. Das Lernschema dieser Programme bleibt aber das gleiche. Nach Issing (1997:199) kann man behavioristisch vermittelte Verfahren deshalb folgendermaßen grafisch darstellen:

Abb. 1.4

Erweitertes Schema behavioristischer Verfahren: der Lerner als Rezipient

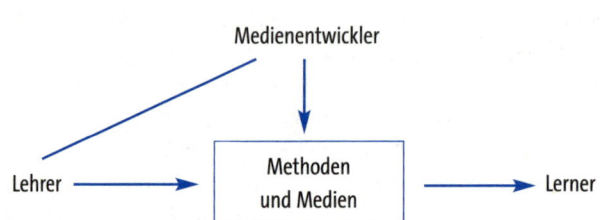

Die Medien können nach den Vorstellungen dieses Ansatzes den Unterricht vor allem dadurch optimieren, dass sie die entsprechenden Stimuli in der richtigen Dosis und in ausreichendem Maße, in muttersprachlicher Qualität und gegebenenfalls auch ortsunabhängig (also nicht nur im Unterrichtsraum) zur Verfügung stellen. Sie lassen eine im Sinne des Behaviorismus optimale Steuerbarkeit des Lernablaufes und damit ein optimales Training der Lerner zu. Der Fachbegriff, mit dem diese Verhaltensschulung gefasst wird, lautet

Gesteuertes Lernen

Konditionierung. Die Effekte der Konditionierung sind übrigens vor allem in psychologischen Experimenten (und zunächst mit Mäusen und Ratten) untersucht worden. Der größte Versuch am Menschen bleibt aber wohl der Sprachunterricht.

Beispiel

What to say and how to behave in Great Britain

In einem neueren Lernprogramm (CD-ROM) aus Russland sieht das dann folgendermaßen aus: Nach dem Hören (und Lesen) einer Redewendung oder eines Redebeitrages/Dialoges wiederholt der Lerner das Gehörte/Gelesene. Dazu gibt es Hilfen wie Übersetzungen, Übungen und melodisch unterlegte Sequenzen. Text, Bild und handelnde Personen haben wenig Bezug zu realer Kommunikation. Sie sind unauthentisch und oft stereotyp. Bild- und Textbezüge bleiben meist unklar. So ergibt sich aus der folgenden Abbildung kein unmittelbarer Bezug zu U-Bahn oder Bus im Text.

Beispiel behavioristischer Sprachprogramme:
What to say and how to behave in Great Britain

Abb. 1.5

Die klassischen Unterrichtsverfahren der Grammatik-Übersetzungsmethode und die behavioristischen Verfahren, die vorwiegend mit vorstrukturierten Lehrelementen und lehrergesteuert vorgehen, gelten in neuerer Terminologie als die typischen **Instruktionsverfahren** und die Medien, die sie nutzen, als die typischen **Instruktionsmedien**. Damit will man sie von zwei anderen Hauptverfahren des Spracherwerbs unterscheiden, die stärker auf die Selbstständigkeit (Autonomie) des Lerners und des Lernens Bezug nehmen: den so genannten **kognitivistischen Verfahren**, die auf die Wissens- und Sprachverarbeitungsprozesse ausgerichtet sind, und den **konstruktivistischen**, die von selbst-generierenden Prozessen der Konstruktion des Wissens gesteuert sind. Diese unterscheiden sich zumindest theoretisch in einer Reihe von Aspekten, ergänzen und überlappen sich aber auch in einigen Annahmen, Zielen und Methoden. In einer neueren Mischgruppe von Ansätzen kommen sie alle zur Geltung, aber dann mit unterschiedlicher Gewichtung und Funktion. Auch hier spielt die mediale Realisierung wieder eine entscheidende Rolle. Sehen wir uns diese Verfahren genauer an.

Lernerautonomie

1.3 | Kognitivistische Verfahren

Kognitivistische Lernverfahren betrachten Spracherwerb aus der Sicht der Struktur und Prozesse des Gehirns. Sie sehen das Gehirn als ein geschlossenes und sich selbst organisierendes System der Informationsverarbeitung an. Die Berücksichtigung von Informationsverarbeitungsprozessen spielt demnach in kognitivistischen Theorien eine besonders große Rolle. Der Spracherwerb ist als komplexer Prozess der Informationsverarbeitung anzusehen. Er erfolgt über die Stufen **Wahrnehmen, Verstehen, Behalten** und **Automatisieren**. Lernen gilt demnach als das gezielte Erinnern an Aufgenommenes und die gekonnte Anwendung des Gelernten. Bearbeitet und aktiv gehalten wird das Gelernte dazu in verschiedenen Gedächtnisspeichern, und zwar im Ultrakurzzeit-, Kurzzeit- und Langzeitgedächtnis. Diese Speicher sind jedoch keine passiven Schubladen, sondern Wissensnetze mit bestimmten Arbeitsfunktionen. So lassen sie sich danach bestimmen, ob die Daten als einmaliges Ereignis gespeichert werden (hier spricht man vom **episodischen Gedächtnis**) oder ob sie universell nutzbar gespeichert werden. Hier spricht man vom **semantischen Gedächtnis**. Unterscheiden muss man weiterhin zwischen dem Faktenwissen, das heißt dem **propositionalen** oder auch **deklarativen** Gedächtnis, und dem Methodenwissen, das heißt dem **prozeduralen Gedächtnis**. Wir werden später noch genauer auf die Prozesse der Sprach-, Bild- und Informationsverarbeitung eingehen (siehe Kapitel 3). Im Moment soll nur festgehalten werden, dass verschiedene Speicherfunktionen bei der Informationsverarbeitung eine wichtige Rolle spielen und dass diese im Gehirn organisiert, vernetzt und zugänglich sein müssen. Den kognitivistischen Unterrichtsverfahren geht es genau darum, die relativ komplexe, vernetzte Speicherung von Wissen und den Zugang zu den Speichern zu optimieren.

Interessanterweise haben diese kognitivistischen Verfahren eine Reihe von grundsätzlichen Gemeinsamkeiten mit den behavioristischen Instruktionsverfahren, vor allem die äußere Steuerbarkeit des Lerners. Allerdings stehen hier die Speicherung, die Einsicht und die Übertragbarkeit des Wissens als Ziele des Lernens über den mechanistischen Reflexen. Generell geht es kognitivistischen Theorien um die Vermittlung von Einsichten in den Lernprozess selbst und um die Übertragbarkeit des Gelernten auf neue Wissensfelder. Die Lerner sollen die Lernverfahren also auch durchschauen und

Informationsverarbeitungsprozesse

Gedächtnisspeicher

daraus entsprechende Lernstrategien für das selbstständige Weiterlernen ableiten. Dieses Lernziel des Durchschauens der Lern- und Verarbeitungsprozesse bezeichnet man als **metakognitive Reflexion**. Die zur Optimierung eingesetzten Lernmedien sind dabei als Mittler grundsätzlich unterschiedlich geeignet. Sie sind aber immer nur Hilfsmittel, die Inhalte transportieren. Ohne Inhalte sind sie praktisch wirkungslos. Auf die Unterrichtspraxis bezogen erklärt dies, warum der Motivationscharakter der Medien überschätzt wird und sich ihr Neuigkeitseffekt so schnell abgreift. Das gesamte Verfahren lässt sich nach Issing ungefähr so darstellen:

Lernstrategien

Abb. 1.6

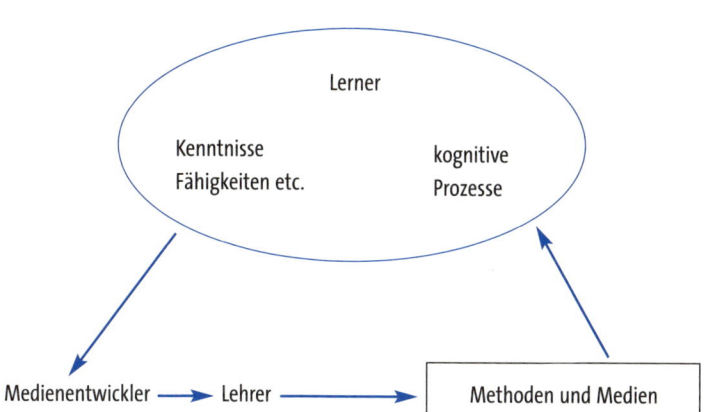

Schema kognitivistischer Verfahren: Die Medien und Methoden der Lehrer, Lehrbuchautoren und Medienentwickler wirken von außen auf die internen Verarbeitungsprozesse des Lerners, die er zwar durchschauen, aber kaum beeinflussen kann.

Beispiel

Das kanadisch-deutsche CD-ROM Leseprogramm *Reading Business Japanese* (Geschäftsjapanisch) folgt im Großen und Ganzen einem kognitivistischen Ansatz. Es berücksichtigt die Sprachverarbeitungsprozesse und die Erwerbsprinzipien, die für den Erwerb von japanischen Lesekenntnissen durch englischsprachige Lerner von Bedeutung sind, und stellt in jedem Kapitel entsprechende Erklärungen und Informationen zu Sprach- und Wortschatzstrukturen zur Verfügung. Die Aufgaben sind sehr stark darauf ausgerichtet, dem Lerner Einsichten in das Sprachsystem zu vermitteln und ihm Hilfen bei der Umsetzung zu geben. Durch Klicken auf besonders markierte Textabschnitte kann der Lerner Aussprachebeispiele hören und sie den Schriftzeichen zuordnen.

Reading Business Japanese

Abb. 1.7

Beispiel für ein kognitivistisch strukturiertes Programm: Reading Business Japanese/Geschäftsjapanisch

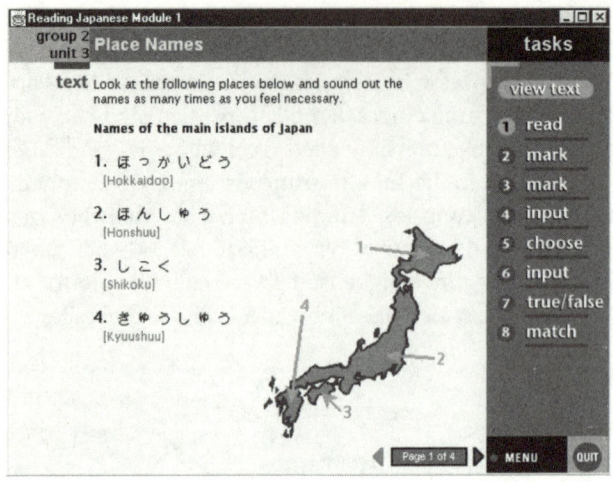

Werkzeuge

Grundlagen

Gehirn als selbst-referenzielles System

1.4 | Konstruktivistische Verfahren

Konstruktivistische Verfahren gehen davon aus, dass Informationen nicht einfach aufgenommen, verarbeitet und gespeichert werden, sondern dass sie durch permanente Veränderung der kognitiven Struktur selbst erzeugt werden. Lernen heißt somit, kognitive Konstruktionen neu aufzubauen und existierende ständig umzugestalten. Das beste Lernmaterial im Sinne konstruktivistischer Theorien stellen demnach Baumaterialien und Werkzeuge dar, die es dem Lerner ermöglichen, in seiner Lernumgebung eigene Wissenssysteme beliebig zu gestalten. Konstruktivistische Ansätze des Sprachunterrichts beziehen sich häufig auf die philosophischen, biologischen und neurophysiologischen Grundlagen des **Radikalen Konstruktivismus**, der in den 1960er und 70er Jahren von Ernst von Glasersfeld und seinen Kollegen am *Biological Computer Laboratory* in Illinois entwickelt wurde. Das Radikale daran ist, dass Organismen als Systeme betrachtet werden, die sich selbst organisieren und begründen, also selbst-referenziell und selbst-explikativ sind. So auch das menschliche Gehirn, das nur über eine Umsetzung der physikalisch-chemischen Umweltereignisse in die Sprache des Gehirns mit der Umwelt korrespondiert. Konstruktivistisches Lernen lässt sich in Anlehnung an Issing folgendermaßen darstellen:

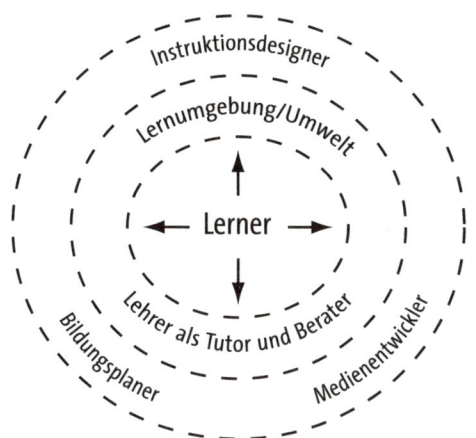

Abb. 1.8

Schema konstruktivistischer Verfahren

Für den Sprachunterricht bedeutet das, dass die entsprechenden Lernumgebungen praktisch nur in der fremdsprachigen Kultur gegeben sind. Das Eintauchen in diese fremdsprachige Kultur bezeichnet man als **Immersion**. Das passiert zum Beispiel beim Sprachkontakt in multikulturellen Gesellschaften oder bei Auslandsaufenthalten. Im Unterricht sind diese idealen Ausgangsbedingungen normalerweise nicht gegeben. Deshalb schafft man Unterrichtsmodelle, in denen solche komplexen, natürlichen Lernumgebungen simuliert werden können. Bilinguale Klassen und Immersionsschulen, in denen Lernstoff in der Fremdsprache unterrichtet wird, gibt es daher in vielen multikulturellen Ländern, Schulbezirken oder auch internationalen Institutionen. Auch der klassische Schüleraustausch basiert im Prinzip auf der gleichen Idee.

Da aber all diese Maßnahmen nicht überall möglich (und erfolgreich) sind, kommt gerade den Medien eine herausragende Rolle zu. Durch sie werden authentische Situationen realitätsnah präsentiert, zum Beispiel über das Internet und mit Simulationsspielen. Dadurch soll zum einen das Lernen kontextualisiert werden, zum anderen sollen aber auch verschiedene Zugangsmöglichkeiten und Perspektiven bei der Bearbeitung einer Aufgabe gefördert werden. Diese sind auch deshalb nötig, weil der Spracherwerb in reichen Lernumgebungen zum großen Teil nebenbei erfolgt, damit also viel umfangreicher sein kann als ein strikt geplanter und vorstrukturierter Unterricht. Man spricht hier von **inzidentellem Lernen**.

Sprachkontakt

Natürliche Lernumgebungen

Schüleraustausch

Beispiel

Verzweigende Lernum-
gebungen

Verzweigende und auf mehreren Ebenen verlinkte Lernumgebungen (man spricht hier von **Hypermedia**) und mediale Werkzeuge
zum selbstständigen Arbeiten, mit denen etwa eine Webseite oder
ein Text produziert werden können, eignen sich am besten für die
Bearbeitung komplexer Situationen. Den amerikanischen CD-ROM-
Sprachprogrammen *Berliner sehen* (Deutsch für Fortgeschrittene)
und *Dans un quartier de Paris* (Französisch für Fortgeschrittene) liegt
zum Beispiel ein strikt konstruktivistisches Lernmodell zu Grunde.
Sie enthalten eine Reihe unverbundener Ressourcen zu einem
bestimmten Stadtviertel in Berlin oder Paris. Der Lerner kann sich
mit diesen authentischen Interviews, Kartenausschnitten, Doku-
mentaraufnahmen und anderem selbstständig und ohne Grammatikerklärungen und andere Vermittlungshilfen einen Zugang zu
dem Leben im Stadtviertel, seiner Geschichte und den Anliegen der
Bewohner verschaffen. Nach Möglichkeit soll er sich aber auch darüber hinaus über die besprochenen Themen und die verwendete
Sprache informieren (siehe Softwareliste Kapitel 8).

Berliner sehen
Dans un quartier de
Paris

Abb. 1.9

Beispiel für
konstruktivistische
Sprachlern-
programme:
Berliner sehen

Moderater Konstruktivismus | 1.5

Konstruktivistisches Arbeiten setzt eine eigene, relativ starke Arbeits-
motivation und meist auch schon recht gute Fremdsprachenkennt-
nisse voraus. Lerner können dadurch unter Umständen überfordert
werden. Sind Lerner zum Beispiel einer sehr reichen Lernumgebung
wie dem fremdsprachigen Internet ausgesetzt, um selbstständig und
ohne Hilfen Aufgaben zu bearbeiten, ohne über die nötigen Sprach-
und Navigationskenntnisse zu verfügen, gehen sie leicht in der Flut
der fremden Sprache und Kultur unter. Um dieser Gefahr zu begeg-
nen, haben sich in der Unterrichtspraxis eine Reihe von Mischformen
entwickelt, denen es darum geht, die Stärken instruktionistischer
und konstruktivistischer Verfahren gleichermaßen auszunutzen.
Dieser **moderate Konstruktivismus** wird im Softwarebereich häufig auch
als **instruktionales Design der zweiten Generation** oder **Anchored Instruction**
bezeichnet. Seine Verfahren fördern das Lernen in einer komplexen
und kontextualisierten Lernumgebung, wobei allerdings der Erwerb
hierfür wichtiger kognitiver Grundlagen mehr oder minder stark
durch Unterrichtsmaßnahmen gefördert werden kann. Aufgaben
werden im Unterricht vorbereitet, Hilfsmittel werden erklärt und
zur Verfügung gestellt und der Lehrer begleitet das Lernen wie ein
Trainer. Die Lerner setzen das gemeinsam Erarbeitete nicht nur
um und erproben es selbstständig, sondern experimentieren damit
und entwickeln es weiter.

Überforderung

Mischformen

Beispiel

Als mediale Realisierung hierfür bieten sich offene Lehr-/Lernsyste-
me mit Betreuungsmöglichkeiten durch Lehrkräfte (tutoriellen
Komponenten) an, wie sie beispielhaft an *Hollywood Theatrix* illustriert werden können. Mit diesem Programm aus der Traumwelt
Kaliforniens kann man eigene Drehbücher schreiben und verfil-
men. Es ist für englischsprachige Teenager als Spielprogramm entwickelt worden, hat also eine völlig authentische Gebrauchsfunk-
tion. Für das Erlernen der Fremdsprache Englisch eignet es sich
deshalb besonders gut, weil man verschiedene Szenen und Charaktere aus vorgegebenen Menüs auswählen und auf eine Reihe von
weiteren Hilfen zurückgreifen kann. Figurenbeschreibungen,
Skriptvorgaben und Dialogteile sind schon vorhanden. Man kann
sie übernehmen, ändern oder eigene produzieren. Bestimmte Cha-

Hollywood Theatrix

Sprachliches Handeln

raktereigenschaften, Stimmlagen, Bewegungsanweisungen und der Dialogtext lassen sich dabei maschinell sofort in Ton oder Bild umsetzen und ausprobieren. Der für den Spracherwerb so wichtige Bezug zur Umsetzung der Sprache ins Handeln wird also gleich mitgeliefert. Diese außersprachliche Umsetzung nennt man **Parallelinformation**.

Abb. 1.10

Beispiel für ein Programm des moderaten Konstruktivismus: Hollywood Theatrix

1.6 | Kommunikative Didaktik und alternative Methoden

Kommunikative Sprachdidaktik

Demokratisierung

Als wichtigster methodischer Ansatz der Periode von 1970 bis 2000 gilt die kommunikative Sprachdidaktik. Erst mit ihr wurden schließlich auch die Ziele der Reformbewegung des 19. Jahrhunderts umgesetzt (siehe Kapitel 1.2). Konzipiert wurde sie im Kontext allgemeiner gesellschaftlicher Reformen als ein soziologisch begründetes Modell des Sprachenlernens, das entsprechend von einem soziolinguistischen Sprachkonzept untermauert wurde. Es ging dabei in erster Linie darum, die Demokratisierung gesellschaftlicher Strukturen durch eine stärkere Ausrichtung auf den Lerner auch im Unterricht um- und fortzusetzen. Dies geschah wesentlich in Anlehnung an den soziologischen Begriff der **kommunikativen Kompetenz**. In der Soziologie steht dieser Begriff für die

Befähigung der Bürger einer Gesellschaft, eigenverantwortlich die **Eigenverantwortung** politischen und wirtschaftlichen Entscheidungsprozesse ihrer Gesellschaft mitzubestimmen. Dazu bedarf es eines gleichberechtigten Zugangs zu den gesellschaftlichen Ressourcen, wie zum Beispiel Bildung, sowie transparenter und durchlässiger Entscheidungs- und Machtstrukturen. Auf den Sprachunterricht übertragen bedeutete dieses Modell die Abschaffung oder zumindest Verringerung elitärer Strukturen, wie sie in verschiedener Form bis **Elitäre Strukturen** zu dieser Zeit üblich waren: Der Lerner ist also kein ‚leerer Behälter' mehr, der gefüllt oder konditioniert werden muss. Er ist ein eigenständiges, mündiges Wesen, das seine Bedürfnisse selbst artikulieren und steuern kann. Der Lehrer ist folglich auch nicht der Allwissende, der sämtliche Prozesse zu steuern hat, also vorschreibt, was, wie und in welcher Zeit zu lernen ist, und der alleine entscheidet, was richtig und falsch ist. Auch das Lehrbuch verliert **Lehrmaterial** seinen elitären Charakter. Es ist nicht mehr die einzige und nicht in jeder Hinsicht Norm gebende Quelle des Lehrmaterials. Es bietet vielmehr eine Auswahl, und zwar eine, die vor allem auch solche Sprachformen aufnimmt, die den Lebensalltag vieler Menschen bestimmen, und nicht die abgehobene Sprache (meist nämlich die schriftsprachliche literarische) einer dünnen oberen Bildungsschicht zum Standard macht. Im kommunikativen Ansatz strebt der Lerner den sprachlichen, vorwiegend den alltagssprachlichen Stand eines Muttersprachlers an. Er soll auch handeln wie ein solcher. Er erwirbt die kommunikative Kompetenz eines Mutter- **Muttersprachliche Kom-** sprachlers. **petenz**

Dieses Hauptziel unterscheidet sich bei genauerem Hinsehen aber interessanterweise kaum von den früheren Unterrichtsansätzen, lediglich die Art und Weise, wie es erreicht werden soll, ist anders. Und so wurden im Laufe der Entwicklung des Ansatzes die theoretischen Annahmen und Ziele zunehmend durch die direkten Anforderungen der Sprachpraxis überschrieben. Als Folge davon erscheint der kommunikative Sprachunterricht, also die Praxis, nicht der theoretische Ansatz, heute als ein diffuses Konzept, das fast alles bezeichnen kann, was sich im Unterricht abspielt, ob es in eine kommunikative Systematik passt oder von rein willkürlichen Vorstellungen der Praktiker bestimmt wird. Für manche bedeutet Kommunikativität schlichtweg **mündliche Kommu-** **Kommunikativität** **nikation**, für andere **Alltagssprache** und für wieder andere **sprachliches und nicht sprachliches Handeln**.

Waren die Entwicklung des kommunikativen Ansatzes in der Anfangszeit, wie auch die Umwälzungen in den Gesellschaften allgemein, zum großen Teil einfach eine Bewegung gegen bestehende Prinzipien, so ergab sich daraus im Laufe der Zeit ein auf eigenen Prinzipien aufbauender Ansatz, der schließlich in der Lage war, die Elemente älterer Methoden in neuem Lichte zu betrachten. So kam es zum Beispiel zu einer stärkeren Gewichtung der kommunikativen Kompetenzen beim Lesen und später auch beim Schreiben, nun aber im Rahmen eines Verständnisses von Literatur, das vom Leser als deren Mittelpunkt ausgeht. Nach diesem Ansatz liegt der literarische Text nur bedingt als fertiges Produkt eines Autors vor. Der Text entsteht erst im Prozess des Lesens durch den Leser, den Rezipienten. Man spricht daher von einem **rezeptionsästhetischen Ansatz**. So bringt der kommunikative Fremdsprachenunterricht eine Reihe von theoretisch begründeten Ansätzen zusammen, die wesentliche Gemeinsamkeiten haben: den Prozesscharakter von Kommunikation und die konstruktive Rolle der Kommunikationspartner für das Entstehen von Kommunikation. In diesem Sinne ist das Konzept der kommunikativen Didaktik ein konstruktivistisches Modell.

In jedem beliebigen Arbeitsgebiet, das wenig klare Konturen aufweist, kann man sich bestimmte Aspekte heraussuchen und diese zur Grundlage eines neuen Arbeits- oder Lehrkonzeptes machen. Das scheint besonders attraktiv, wenn die bestehenden Konzepte nicht die erwarteten Ergebnisse erbringen. Man lässt sich dann zunächst von seinen eigenen Erfahrungen, Beobachtungen oder Vermutungen leiten. So etwa kann man auch die Entstehung zahlreicher alternativer Methoden im Anschluss an die Phase behavioristischer Patentmethoden beschreiben, die zwar hohe Erwartungen weckten, diese aber in keiner Hinsicht erfüllen konnten. Alternativ sind sie daher auch nur in dem Sinne, dass sie andere Schwerpunkte setzen als die bereits bestehenden Methoden. Gemeinsam ist ihnen, dass auch sie einzelne psychische oder pädagogische Aspekte isolieren. So betont die **Suggestopädie** den Vorteil psychischer Entspannung für die Steigerung von Aufnahmefähigkeit und Behaltensleistung, baut darauf ihr gesamtes Lehrkonzept auf und nennt es aus Marketinggründen **Superlearning**. In tranceartige Zustände versetzt, sollen die Lerner Sprachen geradezu unbewusst aufsaugen. Aber der wissenschaftliche Beweis für das Funktionieren dieser Methode kann nicht erbracht werden. Ähnlich

Konstruktive Rolle von Leser und Lerner

Prozesscharakter der Kommunikation

Alternative Methoden

Psychischer Entspannungszustand

sieht es auch mit zahlreichen Methoden aus, die im Gegensatz zur Suggestopädie ohnehin nur lokale oder regionale Anwendung gefunden haben: bei der **Total Physical Response** oder dem **Natural Approach** beispielsweise führen die Lerner sprachliche Anweisungen und Beschreibungen unmittelbar als Handlungen aus. Wenn die Lehrerin sagt *asseyez-vous*, setzen sich zwar die Schüler, aber der Anwendungsbereich dieser Methode ist im Unterricht insgesamt sehr beschränkt, weil alltägliche Aktivitäten wie das Aufstehen und Setzen natürliche Grenzen haben. Trotz einzelner beachtenswerter Elemente, die ohne Zweifel Vorteile für das Sprachenlernen besitzen, ist keine der genannten Methoden in der Lage, die Basis für eine systematische Sprachdidaktik zu bilden.

Einfache Handlungen

Kernelemente einer Fremdsprachendidaktik | 1.7

Lehr- und Lernansätze funktionieren in der Praxis in den seltensten Fällen in absoluter Reinkultur. Außerdem können verschiedene Verfahren je nach den Umständen zu gleich guten oder gleich schlechten Ergebnissen führen. In der praktischen Welt des Sprachunterrichts führen solche Erfahrungen sehr häufig zu einem Methodenmix, bei dem die verschiedenen Methoden relativ willkürlich kombiniert und ausprobiert werden. Die folgende Abbildung gibt einen Überblick über die verschiedenen Bereiche des Fremdsprachenerwerbs, die in einer systematischen Behandlung des Themas eine Rolle spielen und damit eine Navigations- und Arbeitshilfe bieten. Die Zahlen bezeichnen die Kapitel dieses Buches, in denen die Bereiche behandelt werden.

Methodenmix

Gliederung des Bands

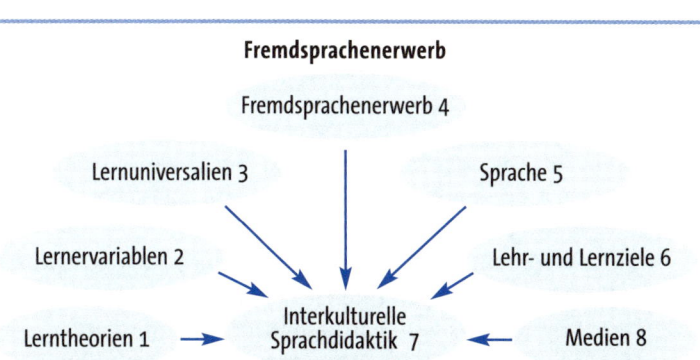

| Abb. 1.11

Arbeitsbereiche der Erwerbsforschung und der Fremdsprachendidaktik mit Angaben zu den entsprechenden Kapiteln dieses Buches

Die Voraussetzungen, die der Lerner zum Spracherwerb mitbringt, fasst man in dem Begriff der **Lernervariablen** zusammen. Damit befasst sich eingehend Kapitel 2 dieses Buches. Die personenübergreifenden Prozesse der Informationsverarbeitung und des Sprach- und Wissenserwerbs steuern die **Lernuniversalien**, die Gegenstand von Kapitel 3 sind. Beide Faktorenkomplexe zusammen stellen den Ausgangspunkt und die Grundlage des gesamten Lernkontextes dar.

Spracherwerb ist durch innere Gesetzmäßigkeiten gesteuert. Die Grundlagen dieser Steuerung durch **Spracherwerbsstrategien** und **-techniken** werden in Kapitel 4 genauer vorgestellt und an Originalaufnahmen von Lernern illustriert. Da die Entwicklung des Spracherwerbs immer im Wechselspiel mit der sprachlichen Umgebung verläuft, wird hier auch erklärt, wie die Vielfalt der Eingabe im Spracherwerb aussieht und wie das Wechselspiel zwischen Lernersprache und Sprachumgebung abläuft.

Im Unterricht stellt sich die Frage, wie die Eingabe am besten zu strukturieren und zu dosieren ist. Das wird in den folgenden Kapiteln ausführlich dargestellt. Dabei spielen die Beschreibung der **Sprache** und die Darstellung der **Grammatik** eine zentrale Rolle (Kapitel 5). Mit der Umsetzung der Ergebnisse der Grundlagenforschung in **Lehrpläne**, **Lehrmaterialien** und den **Unterricht** befasst sich Kapitel 6. Hier wir besonders auf handlungsbezogene Konzepte des Fremdsprachenunterrichts eingegangen. Wie Sprache am besten in die Konzeptwelt der Lerner zu vermitteln ist, wird im Kapitel **Interkulturelle Sprachdidaktik** (Kapitel 7) dargestellt. Kapitel 8 zeigt schließlich Wege der Mehrwertgewinnung durch den Einsatz von **Medien** im Fremdsprachenunterricht auf.

1.8 | Übungsaufgaben zur Wissenskontrolle

1. Versuchen Sie, Ihren eigenen Fremdsprachenunterricht oder -erwerb mit Hilfe der hier genannten Merkmale zu charakterisieren. Wo erkennen Sie klare Elemente eines bestimmten Ansatzes, wo vielleicht mögliche Mischformen?
2. Welche Verfahren, Aufgaben, Ereignisse und Medien sind Ihnen aus dem Fremdsprachenunterricht und -erwerb in besonders guter Erinnerung? Was hat besonders gut funktioniert, was besonders schlecht? An welche sprachlichen Strukturen erin-

nern Sie sich zum Beispiel noch sehr gut? Notieren Sie sich bitte ein paar Stichpunkte für später.

3. Welche vier wichtigen lerntheoretischen Richtungen lassen sich unterscheiden?

4. Was sind ihre wichtigsten Unterscheidungsmerkmale?

5. Was wissen Sie bereits über die in der letzten Abbildung genannten Arbeitsbereiche, welche Fragen haben Sie dazu? Wie könnten sich Erkenntnisse zu den Bereichen auf den Unterricht auswirken?

Weiterführende Literatur | 1.9

Baumgartner, Peter (1997): Didaktische Anforderungen an (multimediale) Lernsoftware. In: Issing, Ludwig J./Klimsa, Paul (Hg.): Information und Lernen mit Multimedia. Weinheim. 241-252. (Trotz des medialen Schwerpunkts sehr gut geeignet für ein grundlegendes Verständnis von allgemeinen didaktischen Fragen).

Rüschoff, Bernd (1999): Wissenskonstruktion als Grundlage fremdsprachlichen Lernens. In: *Fremdsprachen Lehren und Lernen* 28. 32-43.

Wendt, Michael (1996): Konstruktivistische Fremdsprachendidaktik. Lerner- und handlungsorientierter Fremdsprachenunterricht aus neuer Sicht. Tübingen.

Wolff, Dieter (1996): Kognitionspsychologische Grundlagen neuer Ansätze in der Fremdsprachendidaktik. In: *Info DaF* 23,5. 541-560.

Lernervariablen |2

Inhalt

2.1	Personenmerkmale	32
2.2	Lerntraditionen	35
2.3	Lernertypen	36
2.4	Alter und Lernen	37
2.5	Geschlechtsspezifische Unterschiede	40
2.6	Sprachanlage	42
2.7	Übungsaufgaben zur Wissenskontrolle	43
2.8	Weiterführende Literatur	43

Zusammenfassung

Im vorangehenden Kapitel wurden die wichtigsten Konzeptionen von Fremdsprachenunterricht dargestellt. Im Folgenden sollen nun die bedeutendsten Faktoren der Lernerpersönlichkeit besprochen werden, soweit sie einen Einfluss auf den Erwerbsverlauf und die Erwerbsgeschwindigkeit nehmen können. Diesen Bereich persönlicher Einstellungen, Gewohnheiten und Zielsetzungen kann man unter dem Begriff der Lernervariablen zusammenfassen. Sie bestimmen, ob und wie Lernziele in geeigneter Weise erreicht werden können. Zu den Lernervariablen gehören soziopsychologische und soziokulturelle Merkmale sowie persönliche Eigenschaften und Einstellungen des Lerners: Interesse am Lernen, Neugiermotivation, Leistungsmotivation, integrative Motivation, Zielorientierung, Hoffnung auf Erfolg, Risikobereitschaft, Präferenzen, Emotionen, Stimmungen, Temperament, Toleranz, Lernstile und Lerntraditionen. Dazu gehören aber auch die individuellen Ausprägungen von Faktoren wie Vorwissen, Merkfähigkeit, Lern- und Verarbeitungsstile (kognitive Stile), Sprachanlage, Alter und Geschlecht.

Lernerbiografien

Jeder Lerner bringt seine Biografie zum Spracherwerb mit: Der eine meint, er könne grundsätzlich keine fremden Sprachen lernen, weil ihm die Anlage fehle, ein anderer hat bereits positive Vorerfahrungen mit einem bestimmten System gemacht. Die eine Lernerin lernt aus eigenem Interesse, die andere, weil sie muss. Eine weitere ist relativ jung, eine andere glaubt, wegen des höheren Alters eine schlechtere Ausgangsposition zu haben. Die Lernervariablen sind facettenreich. Sie bestehen einerseits aus den **exogenen Faktoren** des Lernumfeldes und umfassen damit kollektive und individuelle Aspekte der Umgebung. Dazu gehören kulturelle, moralische, rechtliche, religiöse und andere Werte, Normen und Gewohnheiten, die das Umfeld einer Person bestimmen. Andererseits bestehen sie aus **endogenen Voraussetzungen** der individuellen Lernerpersönlichkeit, zum Beispiel ihren Einstellungen, Erfahrungen, Präferenzen, ihrer Risikobereitschaft oder Toleranzfähigkeit. Exogene Faktoren und endogene Voraussetzungen bedingen sich gegenseitig. Die exogenen Faktoren haben damit Einfluss auf die individuelle Wahrnehmung und das individuelle Verhalten eines Lerners. Dieses Verhalten prägt seinerseits auch das Lernumfeld.

2.1 | Personenmerkmale

Lebensumfeld

Durch das Lebensumfeld werden bestimmte Anlagen und Möglichkeiten, die jeder Mensch mit sich bringt, aktiviert und im günstigen Fall weiterentwickelt. Je früher dies geschieht, desto früher werden die Weichen für ein nachhaltiges und anhaltendes Lernen gestellt. Das Umfeld ändert sich jedoch ständig und der Mensch passt sich an dieses veränderte Umfeld an. So kann auch die Notwendigkeit, eine Fremdsprache zu lernen, erst später im Leben, zum Beispiel aus beruflichen oder anderen existenziellen Gründen, auftreten und zum perfekten Erwerb führen. Entscheidend für den Erfolg ist das Vorhandensein der grundsätzlichen Anpassungsfähigkeit, oder nennen wir es **Lernfähigkeit** und **Lernbereitschaft**. Diese

Lernbereitschaft ist den meisten Menschen mittels ihres **Entdeckungstriebes** in ausreichendem Maße gegeben. Sie muss aber gefördert werden, damit sie Erfolge bringen kann. So kann unser natürlicher Sprachentdeckungstrieb durch Wortspiele und das Einüben verschiedener Register, das heißt Sprachformen für bestimmte Kommunikationszwecke, entscheidend trainiert und verlängert werden. Geschieht dies nicht, dann kommt es zum Einschleifen verfestigter Routinen, die den weiteren Spracherwerb schwieriger machen können. Diese Erscheinungen nennt man **Fossilisierungen**.

Lernbereitschaft

Personenmerkmale

Lernfähigkeit und Lernbereitschaft lassen sich in einzelne Merkmale untergliedern. Mit den folgenden für das Lernen von Fremdsprachen wichtigen Personenmerkmalen lassen sich Profile für Lerner erstellen:

► Zielorientierung, Leistungsmotive, Zukunftsperspektiven, Selbstständigkeit, Vorstellungen von der eigenen Selbstverwirklichung (Selbstkonzept)
► Vitalität
► Akzeptanz von Offenheit (Ambiguitätstoleranz und Risikobereitschaft)
► Angst
► Extrovertiertheit/Introvertiertheit
► Abhängigkeit von einer Regelorientierung
► Reflexivität und Impulsivität
► Aufnahmefähigkeit aus der Umwelt
► Fähigkeit zu analytischem und ganzheitlichem (holistischem) Lernen, Merkfähigkeit
► Empathie (Fähigkeit, mit anderen zu fühlen)
► Soziale Einstellungen zu Menschen der eigenen und der fremden Kultur, Fremdenfreundlichkeit (Xenophilie) oder Fremdenfeindlichkeit (Xenophobie)
► Integrative Motivation sich in eine fremde Kultur einzupassen
► Einstellungen zum Lernen allgemein
► Präferenzen für die Ausprägung bestimmter Aufnahmekanäle (visueller, analytischer, haptischer Typ und Ähnliches)
► Einstellungen zu Unterricht und Lehrerinnen und Lehrern

▶ Fähigkeit und Bereitschaft zu kritischem Denken und zur Selbstreflexion (kritische Kompetenz)
▶ Einstellungen zur Sprache
▶ Emotionen, Stimmungen, Temperament (affektive Faktoren)

Intrinsische Motivation

Neugier, Interesse und Motivation sind die treibenden Kräfte jeden Lernens. Man unterscheidet dabei zwischen den inneren (intrinsischen) Antriebskräften, also der Neugier und dem Interesse, und den eher von außen gesteuerten (extrinsischen) Motivationsbemühungen. Wird der Begriff Motivation im Sinne von Interesse verwendet, spricht man von intrinsischer Motivation. Je stärker diese intrinsische Motivation oder das Interesse ist, desto intensiver und

Nachhaltigkeit

nachhaltiger ist das Lernen. Das gilt besonders dann, wenn es auf ein bestimmtes Ziel gerichtet ist. Ein solches **instrumentelles Interesse** haben unter anderem Migranten, wenn sie tatsächlich in ihrer neuen Heimat ansässig werden wollen. Untersuchungen des Spracherwerbs von Gastarbeitern in Europa haben so zum Beispiel immer wieder die Bedeutung des instrumentellen Interesses als einen der wichtigsten Faktoren beim Sprachenlernen hervorgehoben. Das Fehlen einer Zielperspektive, wie man es häufig im Schulunterricht antrifft, führt in der Regel zu einer relativ geringen Beherrschung der Fremdsprache oder auch zu einer Aufgabe der Lernbemühungen. Eine klare Einstellung zur Verwendungsabsicht unterstützt dagegen die Bemühungen um einen schnellen und effizienten Erwerb.

Interessegesteuerter Unterricht

Ein interessegesteuerter Unterricht, das heißt ein Unterricht, in dem Lerner Zielperspektiven entwickelt haben, ist immer explorativ und erfahrungsbezogen. Er berücksichtigt die Kulturen der Beteiligten, erfasst die Lerner so weitreichend wie möglich, baut Selbstvertrauen auf, leitet zu selbstständigen Entscheidungen (kritischem Denken) an und führt zu einer Fortsetzung des Lernens über die Grenzen des Klassenzimmers hinaus. Er unterscheidet sich wesentlich von einem motivationsgesteuerten Ansatz, der vor allem mit externen Mitteln, wie bunten Fotos oder Medien, zur Unterhaltung beiträgt. Der Übergang von einer rein extrinsischen Motivation zu einem eigenen Interesse ist nämlich wesentlich schwieriger, als man denkt.

Emotion

Eine wichtige Rolle beim Sprachenlernen spielen die emotionalen Einstellungen des Lerners. Hier spricht man allgemein von den

affektiven Faktoren des Spracherwerbs. Eine besonders weitreichende, aber in der Forschung und in der Praxis oft zu gering bewertete Bedeutung hat unter diesen Faktoren die **emotionale Stabilität** des Lerners. Sie bestimmt den Spielraum eines Lerners oder, anders gesagt, seine Risikobereitschaft und Belastbarkeit. Ambiguitätstoleranz, Überforderung, Unterforderung, Standardsetzungen und viele weitere beim Sprachenlernen relevante Faktoren lassen sich nur vor dem Hintergrund der emotionalen Stabilität realistisch einschätzen. So kann es sein, dass sich Lerner in ähnlichen Lernumgebungen unterschiedlich entwickeln: Der eine erreicht schnell und leicht einen fortgeschrittenen Entwicklungsstand im Unterricht, während ein anderer wegen mangelnder psychischer oder sozialer Stabilität nur zu einer niedrigen Kompetenz gelangt. Umfeldeinflüsse

Ursachen und Folgen affektiver Einstellungen sind voneinander abhängig und beeinflussen sich gegenseitig. Das heißt auch, dass der Erfolg beim Sprachenlernen nicht nur durch positive Einstellungen ausgelöst wird, sondern dass er gleichzeitig positive Einstellungen bewirken kann. Schließlich trägt auch das Umfeld entscheidend dazu bei, wie sich die einzelnen Faktoren entfalten können, zum Beispiel wie Leistung belohnt oder Fehler bestraft werden.

Lerntraditionen | 2.2

Die Art und Weise, wie Menschen aufwachsen, prägt ihr Lernverhalten über Fachgrenzen hinweg sehr nachhaltig. Lernmethoden werden im Laufe der Sozialisation so verinnerlicht, dass sie sich der bewussten Kontrolle oder Reflexion entziehen. Auch Unterrichtsverfahren übersehen bei der Lehrzielbestimmung häufig, dass Lehrziele für die Lerner zunächst etwas Fremdes darstellen und deshalb auch die Methoden der Lehrzielerreichung nicht unbedingt und für jeden Lerner unmittelbar einsichtig oder nutzbar sind (zu den Lehrzielen vergleiche Kapitel 6). Lerner, die einen lehrerzentrierten Unterricht gewöhnt sind, wie etwa Lerner aus buddhistischen Kulturen, müssen daher sehr behutsam an die Methoden und Ziele eines kommunikativen Sprachunterrichts herangeführt werden, wenn der Unterricht erfolgreich sein soll. Kulturspezifische und individuelle Lerntraditionen, die sich eher an Regeln, am systematischen Vorgehen, am Ausprobieren, an der Autorität des Lehrers und so weiter orientieren, sind daher stärker als bisher auch im Sprachunterricht zu berücksichtigen. Lehrzielbestimmung

Lehrerzentrierter Unterricht

Kulturspezifische Präferenzen

2.3 | Lernertypen

Durch die Zusammenstellung von mehreren Personenmerkmalen lassen sich Einzelprofile von Lernern erstellen, die man im Idealfall einem bestimmten **Lernertyp** (**Lernstil**) zuordnen kann. Auf diese Weise kann man die Lehrmaterialien, die Lehrprogramme und den Unterricht auf Lernertypen abstellen. Wenn einige der Faktorenmerkmale von verschiedenen Lernern zusammengefasst werden, dann entsteht eine Art **Lernertypologie**. Die gängigen Lernertypologien beschreiben zwischen drei und fünfzig verschiedene Typen. Jeder Lernertypus verlangt eine besondere Art von Aufmerksamkeit im Unterricht. Der reflektierende Lerner ist beispielsweise nicht dumm oder versteht nicht richtig. Unter Umständen benötigt er lediglich etwas mehr Zeit, eine bestimmte Art von Ermutigung oder bessere Gelegenheiten zu Worte zu kommen. Andererseits fordert der gesprächige Typ in der Regel ein etwas strikteres Moderieren durch den Lehrer, und zwar vor allem aus folgenden Gründen: erstens, weil er dazu neigt, die anderen Kursteilnehmer einzuschüchtern, und zweitens, weil er mit seiner Gesprächigkeit und Flüssigkeit häufig mangelndes Wissen oder Können in anderen Bereichen überspielt. Die bisherigen Versuche, Lerner nach Stilen oder Typen zu klassifizieren, sind jedoch immer wieder an der Komplexität der Personenmerkmale gescheitert. Es gibt sehr viele Merkmale und ihre Grenzen sind nicht immer deutlich erkennbar. Außerdem verändert sich die Ausprägung der Merkmale von Kultur zu Kultur. Mit den **Dimensionen des Lernens** versucht man der genannten Variationsbreite von Lernern und Lernkulturen gerecht zu werden, dabei aber vergleichbare und überprüfbare Kriterien anzulegen. Aus der Kombination verschiedener Personenmerkmale ergeben sich demnach Lernorientierungen, die bei den Lernern unterschiedlich ausgeprägt sind.

Sehen wir uns im Folgenden noch weitere Faktoren an, die allgemein als wichtige Einflussfaktoren beim Spracherwerb betrachtet werden: das Alter, geschlechtsspezifische Unterschiede und die Sprachanlage. Spielen diese biologischen Faktoren beim Spracherwerb eine Rolle und wenn ja, wie wirken sich diese auf die Personenmerkmale aus?

Reflektierender Lerner

Gesprächiger Typ

Lernorientierungen

Alter und Lernen　　| 2.4

Es wird weithin angenommen, dass Alter als wichtiger Einflussfaktor beim Sprachenlernen gilt. Mit steigendem Alter lasse die Fähigkeit zum Sprachenlernen nach. In jüngeren Jahren falle dagegen das Sprachenlernen leichter, weil es spielerisch erfolge. Diese Vermutung stimmt aber nur bedingt. Kinder, besonders in Kindergarten oder Vorschule, lernen tatsächlich spielerisch. Sie lernen in dieser Zeit aber praktisch alles spielerisch und haben dafür auch genügend Zeit. Außerdem ist das, was sie lernen, anfangs jedenfalls noch von geringer Komplexität. Mit Schule und Beruf fallen diese günstigen Rahmenbedingungen häufig weg. Mit dem eigentlichen Lebensalter hat dies aber nur indirekt zu tun. Natürlich bringt der Alterungsprozess gewisse Nebeneffekte mit sich. Irgendwann lassen bei den meisten Menschen die Wahrnehmung, die Gedächtnisfunktionen, die Flexibilität und die Reaktionsgeschwindigkeit etwas nach, aber das gilt für das Denken und Lernen allgemein, ist also keine sprachspezifische Erscheinung und in der Wirkung weniger verheerend als weitläufig angenommen.

Spielerisches Lernen

Das Lernen wird mit fortgeschrittenem Alter in verschiedener Hinsicht einfacher, zum Beispiel dadurch, dass man an bereits erworbene Strukturen besser anknüpfen kann. Für das Sprachenlernen bedeutet das konkret, dass bestimmte Sachverhalte oder Vorgänge, die etwa einem erwachsenen Lerner aus der ersten Sprache bereits bekannt sind, von ihm in der zweiten Sprache schneller erworben werden können als von einem Kind. Logische Abläufe und kausales Denken gehören dazu und schließlich die gesamte Begriffswelt und das Strategienrepertoire, die bei einem Erwachsenen auf Grund der Lebenserfahrung viel ausgeprägter sind als bei einem jungen Lerner. All dies sind also wichtige, zeitsparende Brücken, die älteren Lernern den Erwerb einer Fremdsprache erleichtern.

Lebenserfahrung

Eingeschränkt werden diese positiven Effekte nur insofern, als bekanntes Wissen und eingespielte Verhaltensweisen immer auch den Zugang zu Neuem verbauen können. Am deutlichsten wird das im Bereich der Aussprache. Hier müssen wir uns im Deutschen mit einem limitierten Inventar von 37 Lauten behelfen. Dieses Inventar wird naturgemäß so häufig benutzt, dass es schnell zu einer Verfestigung der Ausspracheroutinen kommt. Ist das Inventar erst einmal fest eingefahren, kann dadurch unter Umständen

Aussprache

Verfestigung

das akkurate Erlernen des Lautinventars einer fremden Sprache behindert werden. Ein Lerner produziert dann eine nicht ganz zielgerechte Aussprache, die zu der Annahme verleiten kann, er beherrsche die fremde Sprache nicht richtig. Inwiefern der Lerner den Wortschatz und die Grammatik wirklich beherrscht, kann man auf Grund der Aussprache jedoch nicht entscheiden.

Aus verschiedenen Perspektiven heraus ist versucht worden festzustellen, ab wann die genannten Verfestigungseffekte (**Fossilisierungen**) einsetzen. Der Physiologe Eric Heinz Lenneberg (1921 – 1975) hat hierzu als einer der ersten eine klare Aussage gemacht, indem er die **kritische Periode** (**critical period**) benannt hat. Diese Zeitspanne relativer Flexibilität koppelt Lenneberg an die Phasen des Gehirnwachstums. Das heißt, mit dem Abschluss des Gehirnwachstums in der Pubertät (circa 15 Jahre) ende dann auch die besonders günstige Aufnahmephase für fremde Sprachen. Offensichtlich gelingt es aber vielen Lernern auch im nach-pubertären Alter noch ihr Wissen zu erweitern und fremde Sprachen so gut zu lernen, dass man kaum Unterschiede zu Sprechern der Zielsprache feststellen kann. Daher geht man mittlerweile davon aus, dass die entscheidende Prägungsphase in den ersten sechs Lebensmonaten stattfindet, unter Umständen jedoch schon vor der Geburt einsetzt.

Prägungsphase

In dieser Phase ist das Lautinventar des Kindes zunächst noch völlig offen und kann in jede Richtung geprägt werden. Kinder erfahren in dieser Zeit, welches die wichtigen Laute ihrer Sprachumgebung sind und richten ihr Wahrnehmungssystem und später auch die eigene Sprachproduktion nach diesen Lautparametern aus. Mit anderen Worten: In diesen ersten Lebensmonaten findet eine Ein-

Lautparameter

engung des Lautinventars statt. Dafür benötigen die Kinder viel Zeit und Aufmerksamkeit. Für die eigene Sprachproduktion ist daher erst im Anschluss an diese Prägungsphase Zeit (vergleiche hierzu ausführlicher Kapitel 4.3). Mehrsprachig aufwachsende Kinder haben entsprechend eine umfangreichere Aufgabe und benötigen dafür etwas länger. Ihre eigene Sprachproduktion setzt unter Umständen später ein als bei einsprachigen Kindern. Allerdings wird dieser Rückstand schnell eingeholt und die Kinder profitieren von ihrer Grundinvestition ihr ganzes Leben lang.

Exkurs: Lernfähigkeit des Gehirns

Woran es liegen könnte, dass bestimmte Sprachbereiche sich im Spracherwerb flexibler verhalten als andere, versucht eine Einteilung des Gehirns in unterschiedliche Schichten zu erklären, die sich zu verschiedenen Zeiten entwickelt haben. So werden der **Hirnstamm**, der Hypothalamus und das **Kleinhirn** als der entwicklungsmäßig älteste Teil des Gehirns angesehen. Dieser Teil ist aus dem ursprünglichen Reptiliengehirn hervorgegangen und regelt die instinktiven Vorgänge im Menschen. Das jüngere Säugetiergehirn oder **lymbische System** regelt die Emotionalität und das junge **Großhirn**, der so genannte **Neokortex**, ist unter anderem für das rationale Denken verantwortlich. Dementsprechend verhält es sich mit der Lernfähigkeit der Gehirnschichten: je evolutionsgeschichtlich älter sie sind, desto geringer ist ihre Lernfähigkeit. Der Hirnstamm weist daher naturgemäß die niedrigste Lernfähigkeit auf und ist kaum beeinflussbar. (Das mag auch erklären, warum manche Mitmenschen so bissig auf neue Ideen reagieren.)

Das lymbische System lässt sich dagegen bei einfachen Operationen, wie einer reflexartigen Reaktion des Bremsens vor einer roten Ampel, durch Konditionierung beeinflussen. Am ehesten reagiert das Großhirn auf Lernimpulse, und zwar auf verschiedene (kognitive) Arten. Natürlich interagieren die verschiedenen Schichten intensiv, sind also ohne die anderen Schichten nicht operationsfähig. Das bedeutet aber auch, dass bei Lehr- oder Lernvorgängen nicht rein kognitiv vorgegangen werden sollte, sondern dass auch die Instinkte und Emotionen in einer gegebenen Situation angesprochen und sinnvoll integriert werden müssen (siehe Kapitel 3.1).

Das Alter spielt damit als pauschale Größe des Spracherwerbs nur eine untergeordnete Rolle. Viel produktiver ist es, den sekundären Effekten des Alters mehr Aufmerksamkeit zu schenken: der zur Verfügung stehenden Zeit, der Lernmotivation, dem Vorwissen und den fördernden oder hemmenden Einflüssen der zuvor erworbenen Sprachen. So kommt es, dass erwachsene Lerner aufgrund ihrer Lebenserfahrung und ihrer damit verbundenen fokussierten Einstellung zum Lernen sowie einem stärkeren Interesse im Unterricht häufig erfolgreicher als jüngere Lerner sind und sich aktiver beteiligen. Wegen ihrer Lebenserfahrung fällt es ihnen meist leich-

Lebenserfahrung

ter, über einen größeren Themenbereich zu sprechen und Verbindungen zu anderen Aspekten und Interessen zu erkennen. Dadurch spüren sie den kommunikativen Druck, die nötigen sprachlichen Mittel effizient und akkurat zu erlernen.

2.5 | Geschlechtsspezifische Unterschiede

Auch bei den geschlechtsspezifischen Unterschieden entscheiden weniger die genetische Prägung als die sekundären Effekte über den Zugang zur fremden Sprache und den Erwerbserfolg. Wir wollen das exemplarisch an einer neueren Studie illustrieren.

Studie

grenzenlos

In einer Untersuchung zum geschlechtsspezifischen Deutscherwerb von Migrantenkindern mittels des CD-ROM Programms *grenzenlos* wurde am Beispiel des Vokabulars untersucht, ob es nennenswerte (signifikante) Unterschiede im Umfang (**quantitativ**) und der Art und Weise (**qualitativ**) zwischen den Mädchen und Jungen beim Spracherwerb gibt. Untersucht wurden insgesamt 52 Kinder im Alter von 13 Jahren. Dazu wurde ein Eingangstest gemacht, bei dem die Kinder eine Auswahl von Bildern aus den CD-ROMs benennen sollten. In der folgenden Abbildung ist dies in den Werten links dargestellt (Vortest).

Nach einem Zeitraum von 6 Wochen, in dem die Kinder mit den CD-ROMs im Großen und Ganzen frei arbeiten konnten, wurde ein weiterer Test durchgeführt, und zwar mit den gleichen Bildern, aber in anderer Anordnung. Dabei zeigten sich gravierende Unterschiede zwischen den Geschlechtern, die Bilder zu benennen (in der Abbildung die Werte rechts, Nachtest).

Abb. 2.1 |

Geschlechtsspezifische Unterschiede bei der Nutzung von Lernsoftware zum Wortschatzerwerb: Eingangs- und Ausgangswerte

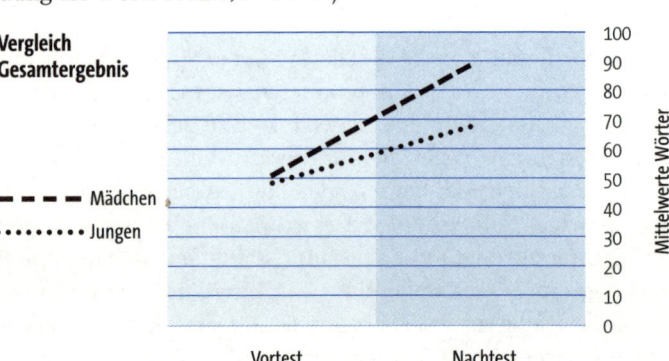

Beide Gruppen haben sich signifikant verbessert, was zunächst für die CD-ROMs spricht. Aber die Mädchen haben ihre lexikalischen Kenntnisse fast verdoppelt, die Jungen also bei weitem überholt. Aufschlussreich sind dabei die Listen der am häufigsten gelernten Wörter, weil sie klare Präferenzen für bestimmte Themen und Begriffe zeigen.

Unterschiede in Lernwegen und Lernergebnissen

Von Mädchen am häufigsten gelernte Wörter	% Mädchen	Von Jungen am häufigsten gelernte Wörter	% Jungen
lieben	100	Auto	100
tanzen	100	Astronaut	100
Eis	100	Mars	100
Katze	100	Roboter	100
Mutter	100	Pistole	96
Flöte	100	boxen	96
Valentinstag	100	Computer	96
Ring	100	Detektiv	92
Klasse	100	Basketball	92
Schwester	100	Klasse	92
Model	100	Feuerwerk	92
Igel	96	Fußball	92
Kleid	96	Sonne	88
Bruder	96	Mond	88
Pizza	96	malen	88
Sonne	96	Taxifahrer	88
Spritze	96	Handy	88

| **Abb. 2.2**

Liste der am häufigsten gelernten Wörter einer Vergleichsstudie von 52 Jungen und Mädchen

Diese Auswertungen zeigen, dass offensichtlich das Interesse der Kinder durch die CD-ROMs unterschiedlich angesprochen wurde. Die Mädchen fanden als Gruppe insgesamt einen besseren Zugang zu bestimmten Themenbereichen der CD-ROMs als die Jungen. In weiteren Befragungen konnte die Beobachtung bestätigt werden, dass die Mädchen die Programme insgesamt viel interessanter fanden als die Jungen und dass die Jungen in dieser Gruppe überhaupt mit Lernsoftware nicht viel zu tun haben wollten. Spielsoftware sei ihnen lieber, gaben sie an. Aussagen über genetische Voraussetzungen oder eine geschlechtsspezifische Eignung für das Sprachenlernen lassen sich aus diesen und anderen vergleichbaren Ergebnissen nicht ableiten. Bei der Erstellung von Lehr- und Lernmaterialien sind aber geschlechtsspezifische Präferenzen für bestimmte Themen, Aufgabenstellungen und Lernverfahren zu berücksichtigen.

2.6 | Sprachanlage

Unter Sprachanlage versteht man gewöhnlich zweierlei: im weiteren Sinn den gesamten Spracherwerbsapparat mit seiner Hardware und Software, im engeren Sinn auch das Talent eine Sprache zu erwerben. In der Literatur wird der Erwerbsapparat, also die Sprachlernfähigkeit, auch **language acquisition device** genannt. Jeder Mensch besitzt die genetischen Grundanlagen dazu von Geburt an. Im Laufe der Entwicklung werden diese allerdings durch die verschiedenen exogenen und endogenen Faktoren unterschiedlich aktiviert und ausgeprägt. Diese Ausbildung des Grundinventars spielt eine besonders wichtige Rolle beim Grad und der Geschwindigkeit des Erwerbs. Beide Faktorenbündel sind durch Umweltfaktoren wie zum Beispiel den Unterricht beeinflussbar. Die landläufige Selbsteinschätzung zur Sprachbegabung (‚Ich bin kein Sprachentyp' und dergleichen) trifft also nur bedingt die wirklichen Verhältnisse. Grundsätzlich kann jeder Mensch eine Fremdsprache lernen, der eine ausreichende Sprachanlage besitzt, um eine Erstsprache zu erwerben. Die entscheidende Frage ist tatsächlich die nach dem Umfeld, also den exogenen Faktoren des Lernens und ihrem Einfluss auf die endogenen Merkmale: Bietet es genügend Stützen, ausreichende Anforderungen (Stimuli) und Förderungen? Exogene Faktoren des Umfeldes sind es dann auch, die unter bestimmten Umständen, etwa im Sprachunterricht, Defizite ausgleichen können.

In welchem Verhältnis die Sprachanlage zu genetischen Faktoren und den Umweltbedingungen steht, lässt sich wie folgt darstellen:

Margin notes:
Spracherwerbsapparat

Rolle des Umfelds

Abb. 2.3

Das Verhältnis der individuellen Sprachanlage zu angeborenen Faktoren und der Umwelt

universell/angeboren	Sprachlernfähigkeit (language acquisition device)
individuelle Ausformung	Sprachanlage ◀ Umfeld
nach den individuellen Bedingungen des Lerners und seiner Umwelt ausgeprägt	Lernereinstellungen und andere Personenmerkmale ◀ Umfeld
	▼
	Interesse/Motivation

Übungsaufgaben zur Wissenskontrolle | 2.7

1. Welches sind die wichtigsten Personenmerkmale beim Fremd-sprachenlernen, wie ermittelt man Lernstile?
2. Was bedeutet emotionale Stabilität und welche Rolle spielt sie beim Spracherwerb?
3. Inwiefern fördert und beeinträchtigt fortgeschrittenes Alter den Spracherwerb?
4. Was versteht man unter kritischer Periode im Spracherwerb?
5. Wie gestaltet sich die Lernfähigkeit unterschiedlicher Bereiche des Gehirns und welche Folgen hat das für die Präsentation und die Bearbeitung von Lehrmaterialien im Unterricht?
6. Welchen Nutzen haben Lernerprofile, die nach Lerndimensio-nen gestaltet sind?
7. Wie würden Sie bei der Konzeption eines Sprachunterrichts auf die verschiedenen Interessen und Lerngewohnheiten von weiblichen und männlichen Lernern eingehen?
8. Wie würden Sie die Lerntraditionen einer Lernergruppe ermit-teln und im Fremdsprachenunterricht darauf reagieren?

Weiterführende Literatur | 2.8

Ellis, Rod (1992). Second Language Acquisi-tion and Language Pedagogy. Clevedon.

***grenzenlos** (2003). CD-ROMs und Begleitbü-cher der LIFE-Serie. München. (Spieleri-sches, aufwändig gestaltetes Lernpro-gramm für die Anfangsphasen des kind-lichen Spracherwerbs. Kostenlos erhältlich auch für größere Lerngruppen über www.grenzenlos-life.de. Hier befindet sich auch eine tutoriell betreute Webseite mit Chats und Foren für Schüler und Leh-rer).

***Riemer**, Claudia (1997): Individuelle Unter-schiede im Fremdsprachenerwerb. Balt-mannsweiler. (Eine empirische Langzeit-untersuchung zur wechselseitigen Beein-flussung wichtiger Personenmerkmale im Fremdsprachenerwerb).

Lernuniversalien 3

Inhalt

3.1 Gehirnzentren 47

3.2 Bedeutungskonstruktion 51

3.3 Aufmerksamkeit 55

3.4 Informationsspeicherung 56

3.5 Sprache und Bildverarbeitung 59

3.6 Sprachverstehen und Sprachproduktion 62

3.7 Die Organisation des mentalen Lexikons 67

3.7.1 Der Erwerb des einsprachigen mentalen Lexikons 69

3.7.2 Der Erwerb des bilingualen mentalen Lexikons 70

3.8 Wortschatzvermittlung im Fremdsprachenunterricht . 73

3.9 Sprachverarbeitung und Fehlerkorrektur 85

3.10 Übungsaufgaben zur Wissenskontrolle 86

3.11 Weiterführende Literatur 86

Zusammenfassung

Bedingung für den Erwerb von Sprache ist das Vorhandensein der nötigen Verarbeitungsstrukturen und Verarbeitungsprozesse für sprachliche Daten im Gehirn. Informationen aller Art strömen auf uns ein, müssen wahrgenommen, identifiziert, klassifiziert, mit anderer Information und bestehendem Wissen verbunden, gespeichert und in Handlungen umgesetzt werden. Diese Prozesse der Sprach- und Informationsverarbeitung sind Gegenstand dieses

Kapitels. Die Struktur unseres Gehirns, seine Zentren und Mittel für die Informationsverarbeitung und die Koordination von Sprach- und Bildverarbeitung werden ausführlich behandelt. Anhand eines psycholinguistischen Modells des Sprachverstehens und der Sprach- produktion wird anschließend illustriert, wie man sich die einzel- nen Phasen der Sprachverarbeitung von den Konzepten über das mentale Lexikon bis zur Grammatik und Aussprache vorstellen muss. Es wird gezeigt, warum die Organisationsprinzipien des men- talen Lexikons und der Zugang zum Wortschatz beim Sprachenler- nen eine herausragende Rolle spielen und wie sich die Erkenntnisse aus der Forschung in der Unterrichtspraxis umsetzen lassen. Das Kapitel berichtet von zahlreichen spannenden Ergebnissen sprach- wissenschaftlicher, psycholinguistischer, psychologischer und phy- siologischer Forschung mit der Perspektive, die Ergebnisse für das Sprachenlernen und den Fremdsprachenunterricht nutzbar zu machen, zum Beispiel in Bezug auf die Zusammenstellung, Auto- matisierung und Korrektur von sprachlichen Äußerungen und in Bezug auf Memorisierungstechniken für den Wortschatz.

Spracherkennung

Wie kommt es eigentlich, dass Menschen sprachliche Informatio- nen von unwichtigen Nebengeräuschen unterscheiden können? Was hilft ihnen, das Gezwitscher von Vögeln von der Sprache eines Papageis zu unterscheiden, aber von diesem dennoch keine intelli- genten Dialoge oder Handlungen zu erwarten? Wie gelingt es uns, auch unbekannte sprachliche Laute als Sprache von Tier- oder Maschinengeräuschen zu unterscheiden? Woran erkennen wir maschinell produzierte Sprache? Wieso läuft uns schon das Wasser im Mund zusammen, nur wenn wir die abstrakten Wörter *Mango* oder *Kaviar* hören oder lesen? Wie und warum entstehen Verspre- cher, wann entdecken wir sie und wie korrigieren wir sie? Warum verstehen wir Ausländer trotz ihres ‚foreign accent' dennoch

Sprachverarbeitung

sehr gut? Menschen verfügen offenbar über Verarbeitungsstruktu- ren und -prozesse im Gehirn, die Kommunikation und Spracher- werb überhaupt erst ermöglichen. Unser Sprachapparat, der aus Wahrnehmungs-, Verarbeitungs-, Produktions- und Speicherpro- zessen und der dazu nötigen Hardware besteht, erledigt alle anfal- lenden Aufgaben. Er ist offensichtlich so flexibel, dass er sich auf verschiedene Sprachen einstellen lässt. Wie wir mit dem angebore- nen Inventar umgehen, hängt natürlich von der jeweiligen Umgebung ab, in der wir aufwachsen und leben, sowie von unserer individuellen Fertigkeit, dieses zu nutzen, unserer Sprachanlage. Um mit einem Bild zu sprechen: Wir haben ein Auto geerbt und erwerben dazu mit unserer ersten Sprache oder unseren ersten Sprachen einen Sprachführerschein (mit oder ohne Prüfung). Ob wir uns damit dann nur im Stadtverkehr bewegen, Sonntagsfahrer bleiben, mit ramponierten vier Rädern durch die Gegend schleichen oder uns zu Fern- oder Rennfahrern entwickeln oder einen umfänglichen Fuhrpark mit verschiedenen ausländischen Modellen anlegen, liegt im Großen und Ganzen an uns selbst und natürlich immer auch an unserem Straßennetz.

Sprachführerschein

Die genannten Komponenten der Sprach- und Informationsverarbeitung, die allen Menschen gemeinsam sind, fasst man unter dem Begriff der **kognitiven Faktoren** oder **Lernuniversalien** zusammen. Die beteiligten Bereiche im Gehirn und ihre vernetzten Nervenverbindungen, die Hardware also, sowie die dort rapide ablaufenden Prozesse lassen sich nur schlecht direkt beobachten. Man kann ja nicht so einfach in die Köpfe hineinschauen. Zwar gibt es Messverfahren für elektromagnetische Strömungen und Blutströme im Gehirn oder deutliche Anzeichen für Sprachstörungen, wenn bestimmte Teile des Gehirns oder Artikulationsapparates ausfallen. Auch an Versprechern kann man eine Menge ablesen. Aber das, was man bisher weiß, reicht für eine umfassende Theorie noch nicht aus. Dennoch gibt es viele Erkenntnisse, die für das Sprachenlernen und den Sprachunterricht fruchtbar gemacht werden können.

Beobachtungsverfahren

Gehirnzentren

3.1

Die beiden Hälften des Gehirns führen spezifische Funktionen aus. Der linken Hälfte werden logisches und analytisches Denken und die lineare Verarbeitung von Information zugeschrieben. Die rechte Hälfte gilt als verantwortlich für die Aufnahme und Erinnerung visueller, taktiler und auditiver Information. In ihr werden ganzheitliche und integrative Informationen sowie Gefühle effizienter verarbeitet als in der linken Gehirnhälfte. Innerhalb dieser groben Unterteilung (**Lateralität**) lassen sich zudem Teilzentren für spezifische Verarbeitungsfunktionen identifizieren. Diese Verarbeitungszentren sind auf vielfältige Weise miteinander vernetzt und kön-

Hemisphären

Teilzentren

nen ihre Funktionen zumindest zu einem bestimmten Grad gegenseitig übernehmen (siehe auch den Exkurs in Kapitel 2.4). Im Bereich der Sprachverarbeitung sind vor allem zwei Zentren von Bedeutung: das **Broca-Zentrum**, das die Strukturierung von Sprache und sprachlicher Information steuert und die Sprachverarbeitung koordiniert und automatisiert, und das **Wernicke-Zentrum**, in dem die Bedeutung der sprachlichen Elemente verarbeitet wird. Sind diese Zentren durch einen Unfall oder durch eine Krankheit beschädigt worden, dann fehlen bei den Patienten bestimmte sprachliche Funktionen. Solche Störungen bezeichnet man als **Aphasien**. Bei den Broca-Aphasikern ist die Fähigkeit, sprachliche Äußerungen zu strukturieren, beeinträchtigt, bei den Wernicke-Aphasikern die Fähigkeit, Äußerungen inhaltlich zu koordinieren. Die wichtigsten Verarbeitungszentren lassen sich wie folgt darstellen:

Abb. 3.1

Übersicht über die wichtigsten Verarbeitungszentren des Gehirns

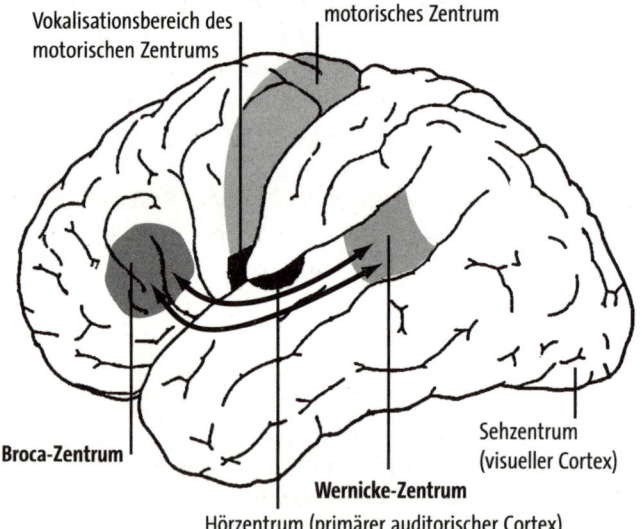

Vokalisationsbereich des motorischen Zentrums

motorisches Zentrum

Broca-Zentrum

Sehzentrum (visueller Cortex)

Wernicke-Zentrum

Hörzentrum (primärer auditorischer Cortex)

Broca-Zentrum und Wernicke-Zentrum sind die wichtigsten Sprachverarbeitungszentren. Zwischen ihnen bestehen die stärksten Verbindungen durch Nervenbahnen für den Informationsaustausch und die Koordination von sprachlichen Komponenten. An der Sprachverarbeitung beteiligt sind aber auch die Sehrinde

Nervenbahnen

(visueller Cortex), das Hörzentrum (auditorischer Cortex) sowie verschiedene motorische Bereiche, die die Steuerung der Bewegungen von Armen, Beinen, Artikulationsmuskeln und von Gesichtsausdrücken (Mimik) übernehmen. So kann die Alarmmeldung *Feuer* zum Beispiel direkt mit der Ausführung von Fluchtbewegungen koordiniert sein. Die Zentren sind alleine kaum funktionsfähig. Sie sind miteinander über Nervenbahnen verbunden, um einen optimalen Informationsaustausch zu ermöglichen. Zum Teil können sie ihre Funktionen gegenseitig übernehmen. Ist die Verbindung der beiden wichtigsten Sprachzentren gekappt, kann Sprache allerdings nur rudimentär oder gar nicht verarbeitet werden. Wie die Informationsübermittlung innerhalb der Zentren und der Zentren untereinander verläuft, zeigt die folgende Abbildung der Struktur der Nervenbahnen (**neuronale Struktur**).

Informationsaustausch

Die Struktur von Nervenzellen | **Abb. 3.2**

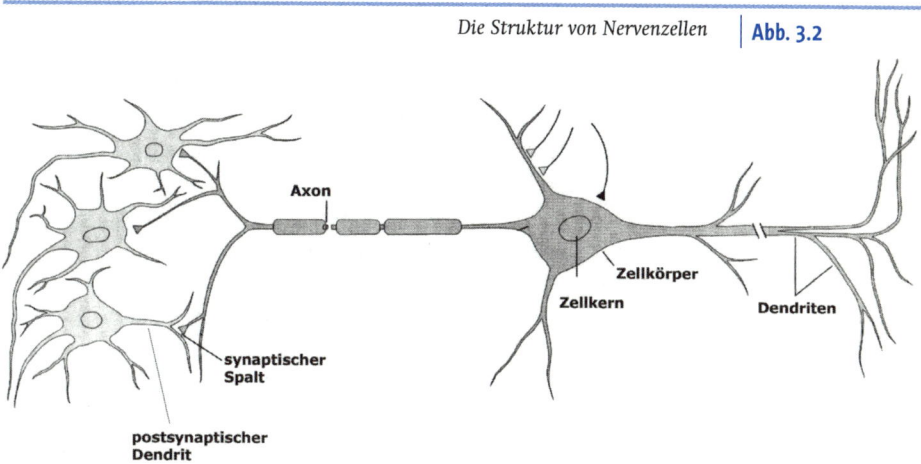

Folgen wir der Abbildung von rechts nach links. Eine Nervenzelle (**Neuron**) bekommt zunächst über die wurzelartig verzweigten Ausläufer ihrer Zellkörper, die so genannten Dendriten, eine Information in Form eines elektrischen Impulses. Entlang ihres langen unverzweigten Fortsatzes, dem **Axon**, gibt sie diese Information an andere Nervenzellen weiter. Durch einen schmalen Zwischenraum, den **synaptischen Spalt**, treten die Nervenzellen in Kontakt. Hier sorgen chemische Botenstoffe, so genannte Neurotransmitter, für die Signalübermittlung, das heißt für die Weitergabe der Stärke und

Signalübermittlung

Neurotransmitter

Richtung des elektrischen Impulses. Durch diese elektrische Aktivierung verbreiten sich Informationen nicht willkürlich, sondern in einer durch die synaptische Verbindung wohl definierten Richtung.

Elektrische Ladung

Das elektrische Potenzial für die Übermittlung entsteht in der Nervenzelle selbst, indem elektrisch geladene Atome (zum Beispiel Natrium-, Kalium-, Calcium-, Magnesiumione) zwischen dem Inneren und Äußeren der Zelle durch die Zellhülle (Zellmembran) strömen. Dabei entsteht ein elektrischer Unterschied zwischen den Potenzialen auf beiden Seiten der Zellmembran. Bei Überschreitung einer bestimmten Schwelle kommt es zu einer Spannungsentladung. Zu ihrer Verstärkung werden die Signale flächenmäßig oder zeitlich gebündelt. Man unterscheidet daher zwischen gleichzeitig ankommenden Signalen durch unterschiedliche synaptische Verbindungen (**räumliche Summation**) und der Kombination zeitlich getrennter Signale (**zeitliche Summation**), um ein Ausgangssignal zu aktivieren. Eine Nervenzelle hat zwischen 1.000 und 10.000 Axone. Demnach kann das Aktionspotenzial enorm groß sein. Für den Spracherwerb bedeutet das unter anderem, dass über die Nervenzellen eine sinnvolle Koordination der verschiedensten Eingangsimpulse erfolgt. Je mehr Verbindungen in den Nervenzellen bei der Sprach- und Informationsverarbeitung beteiligt sind, desto intensiver ist die **Aktivierung** und desto nachhaltiger wirkt sie.

Aktivierung von Neuronen

Die Neuronen gehen keine festen Verbindungen ein, sondern eröffnen nur verschiedene mögliche Verbindungswege zur Aktivierung von anderen Neuronen. Nicht alle Neuronen sind zugleich aktiv. Die Neuronen, die gleichzeitig aktiv sind, bilden ein **Aktivierungsmuster**.

Vernetzte Strukturen und Prozesse

Wir müssen also grundsätzlich von vernetzten Strukturen und Prozessen unseres Gehirns ausgehen, auch wenn es bestimmte Zentren mit verstärkten Aktivitäten gibt. Obwohl der Mensch mit fast allen Nervenzellen, die er jemals haben wird, auf die Welt kommt, sind die Verbindungen zwischen ihnen noch wenig entwickelt. Diese Verbindungen ergeben sich als Folge von **Lernprozessen**. Lernen heißt dabei, dass bestimmte Verbindungen wiederholt aktiviert werden und sich in diesem Prozess zu Zellverbänden oder Aktivierungsmustern zusammenschließen. Je stärker die Verbände ausgebildet sind, desto stabiler und nachhaltiger sind sie und desto weniger Energie ist nötig, um sie zu aktivieren. Meist genügt dann ein schwacher Reiz, um einen ganzen Verband zu aktivieren. Man könnte aber noch weitergehen und annehmen, dass diese Aktivierungsmuster jeweils bestimmten Bedeutungsmustern entsprechen. Ein umfangreiches Bedeutungsmuster entstünde demnach aus einem verzweigten neuronalen Netz. Dazu gehörten dann unter Umständen auch verschiedene Aktivierungsmodi durch die einzelnen Sinnesorgane. Ein Wort wie *Tropical Cocktail* könnte so auch durch den Geruch oder den Geschmack mitaktiviert werden beziehungsweise könnte das Wort entsprechende geschmackliche und geruchsbedingte Sinneseindrücke hervorrufen. Unsere Sprache ist also über unterschiedliche Kanäle in mehrere Richtungen vernetzt, zum Sprachverstehen, zur Sprachproduktion und zur ausführenden Handlung. Dies zeigt auch, dass der erste Aufwand bei der Herstellung von Verbindungen zum Informationsaustausch vergleichsweise groß ist und zur schnellen Aktivierung eine gewisse Aktivierungsroutine gehört. Um diese zu erreichen, könnte man im Fremdsprachenunterricht auf traditionelle Verfahren zur Automatisierung, zum Beispiel auf Pattern Drills, zurückgreifen (vergleiche Seite 15). Sind die Wege eingefahren, reichen minimale Impulse für das Verstehen oder Produzieren von Sprache aus. So wird beispielsweise bei einem geübten Sprecher einer Fremdsprache ein unvollständiger Begriff genügen, um ein ganzes Wort- oder Bedeutungsfeld zu aktivieren. Ein solcher Sprecher wird seine Gesprächspartner oder schriftliche Texte auch dann verstehen, wenn er nicht jedes Wort kennt.

Bedeutungsmuster

Aktivierungsroutine

Bedeutungskonstruktion

| 3.2

Sehen wir uns nun an, wie Bedeutung entsteht (Bedeutungskonstruktion). Diesen Bereich fasst man auch unter dem Begriff der **Wahrnehmung** zusammen. Durch Bedeutungskonstruktion wird zum einen Bedeutung geschaffen, zum anderen wird durch bestehende **Bedeutungsmuster** aber schon vorab bestimmt, was wir überhaupt wahrnehmen. Durch die Sinnesorgane werden verschiedene Eingangsinformationen, wie Schall- und Lichtwellen, aufgenommen und zur Weiterverarbeitung an die verschiedenen Bereiche des Gehirns weitergeleitet. So wird visuelle Information als Lichtenergie wahrgenommen und über einen photochemischen Prozess in Nervenimpulse umgewandelt. Über die Nervenbahnen gelangt

Sinnesorgane

die Information dann zur Sehrinde ins Gehirn. Ähnliche Prozesse laufen bei der Verarbeitung von Schallwellen (auditive Information), Informationen über den Tastsinn (taktile Information), Informationen über den Geruchssinn (olfaktorische Information) und Informationen über den Geschmackssinn (gustatorische Information) ab. Dabei werden bereits Vorentscheidungen getroffen, welche Teile der eingehenden Informationen wichtig sind und welche nicht. Die erhaltene Information muss anschließend in den zuständigen Bereichen des Gehirns verarbeitet werden. Die Informationen, die zusammengehören, kommen dort in unterschiedlicher Form und unterschiedlich schnell an und werden auch unterschiedlich schnell verarbeitet, dennoch erscheinen sie uns als eine Einheit (vergleiche dazu auch Kapitel 3.5 und 3.6).

Bei der Interpretation der eingehenden Informationen, dem **Erkennen** oder **Verstehen**, folgen wir bestimmten Wahrnehmungsprinzipien, die uns das Zusammensetzen der Informationen erleichtern. Dazu gehören:

▶ die Fähigkeit, die Welt in Gegenstände zu gliedern und zu strukturieren,

▶ die Fähigkeit, die nichtsprachlichen und später auch die sprachlichen Handlungen und Verhaltensweisen zeitlich zu gliedern und zu strukturieren,

▶ die Fähigkeit, diese beiden gegliederten Welten, also die gegenständliche und ereignishafte einerseits und die abstrakte andererseits, lautlich, gestisch und handlungsbestimmt in Beziehung zu bringen,

▶ die Fähigkeit, symbolische Beziehungen zu erkennen (zum Beispiel *ich* und *du* als Symbole für Sprecher und Adressat),

▶ die Fähigkeit, Sprache kreativ zu gebrauchen.

Vorwissen und Kontext spielen bei der Informationsverarbeitung eine ganz wesentliche Rolle, denn das, was wir wahrnehmen, wird von uns instinktiv mit bekannten Mustern oder Elementen (Merkmalen) von Mustern verglichen. Diesen Prozess kann man in die Teilschritte **Filtern**, **Einordnen** und **Zuordnen** unterteilen. Beim Filtern wird wichtige und unwichtige Information getrennt, beim Einordnen werden Begriffe in vorhandene Kategorien eingeordnet (zum Beispiel Erdbeerkuchen, Himbeerkuchen, Pflaumenkuchen in die Kategorie Kuchen), beim Zuordnen werden semantische Beziehungen zwischen Begriffen geknüpft (beispielsweise Hunger – Essen – Erdbeerku-

Ausfilterung

Wahrnehmungsprinzipien

Vorwissen

chen). Bekanntes lässt sich daher auch schneller und besser erkennen. Dieses Wiedererkennungsprinzip macht sich übrigens auch die Werbung zunutze. Fehlende Informationen lassen sich bei dieser Mustererkennung meist aus dem Kontext erschließen. Häufig genügen daher wenige Elemente eines Ganzen, um das Erkennen und Verstehen zu sichern, zum Beispiel die ersten Takte einer Melodie oder wenige Wörter eines Slogans (*wenn's um Geld geht...*). In gleicher Weise sind beim Lernen oder Sprechen von Fremdsprachen wenige Elemente ausreichend, um ein ganzes Wortfeld zu aktivieren oder in eine fremde Sprache zu wechseln.

Wiedererkennungsprinzip

Wahrnehmung bedeutet allerdings nicht, wie man vielleicht denken könnte, dass objektive Eigenschaften eines Gegenstandes erkannt werden. Vielmehr erfolgt die Wahrnehmung in Form von Kontrasten zu einem bestimmten Hintergrund. Das heißt, bei der Wahrnehmung von visuellen Informationen werden die Differenzen zwischen Hintergrundfläche und den davon abgehobenen Objekten wahrgenommen. Die Silhouette einer Bergkette oder einer Stadt erkennen wir zum Beispiel als Differenz zum Hintergrund des Himmels. Buchstaben erkennen wir dadurch, dass sie sich von der meist weißen Hintergrundfläche abheben. Weiß deshalb, weil es maximalen Kontrast und damit optimales Erkennen ermöglicht. Dieses visuelle Verfahren gilt in ähnlicher Form für die Wahrnehmung auditiver Informationen und damit die mündliche Kommunikation und den Spracherwerb: Durch Lautstärke, Betonung oder Herausgreifen einzelner sprachlicher Elemente heben wir das Wichtige in der Sprache aus dem textlichen Hintergrund hervor. Das betrifft besonders die Inhaltswörter, die die Hauptinformation tragen. Durch sie lassen sich komplexe Bedeutungen leichter erschließen.

Wahrnehmungskontraste Hintergrund

Unser Wahrnehmungsapparat bemüht sich demnach ständig um die Konstruktion von Sinn. Einer bestimmten Größe, Darstellung, Farbmarkierung, Umrahmung und ähnlichen visuellen Elementen, sprachlichen Versatzstücken und selbst fehlerhaften Wörtern und Äußerungen wird Bedeutung zugeschrieben. Wir ordnen dabei die wahrgenommenen Elemente – und seien sie noch so rudimentär – sinntragenden, meist bekannten Einheiten zu. So verstehen wir auch Sprache, wenn sie ungrammatisch oder von vielen Nebengeräuschen überlagert ist. Aus dem gleichen Grund können wir Filme als solche erkennen, obwohl sie ja eigentlich nur aus einer Folge von Einzelbildern bestehen.

Sinnkonstruktion

Mit der Bedeutung bildenden Wahrnehmung befasst sich vor allem die **Gestaltpsychologie**. Die Gestaltpsychologie, begründet Anfang des 20. Jahrhunderts von Max Wertheimer (1880-1943), Wolfgang Köhler (1887-1967) und Kurt Koffka (1886-1941) in der *Berliner Schule,* beschäftigt sich mit der Art und Weise, wie Menschen Probleme lösen. Anhand von Wahrnehmungsgesetzen zeigt sie auf, dass Problemlösen weniger durch zielloses Ausprobieren (*trial and error*), sondern durch Einsicht geschieht. Dabei spielt die Berücksichtigung der Wahrnehmung von Beziehungen der beteiligten Elemente eine zentrale Rolle.

Dazu gehören das menschliche Bestreben, nahe und ähnliche Elemente aufeinander zu beziehen, das heißt eine Zugehörigkeit herzustellen, von glatten Verläufen von Ereignissen auszugehen und auch aus verstreuten Punkten visuelle Muster zu bilden. Diese Erkenntnisse lassen sich in den folgenden Gesetzen zusammenfassen:

Gestaltgesetze

- ▶ das Gesetz der Nähe
- ▶ das Gesetz der Ähnlichkeit
- ▶ das Gesetz des glatten Verlaufs
- ▶ das Gesetz der Geschlossenheit und der guten Gestalt.

Für das Sprachenlernen sind diese Gesetze von großer Relevanz, weil sie uns erlauben, viele Erwerbsfehler besser zu verstehen und uns ermöglichen, Lehrmaterialien so zu strukturieren, dass Fehler frühzeitig vermieden werden können. Die Wahrnehmung ist nämlich kulturell geprägt. So interpretieren Lerner bestimmte Zeichen, Symbole und Bilder vor dem Hintergrund ihres bisherigen Wissens, das heißt, sie konstruieren Bedeutung aus einzelnen Elementen, ohne zu wissen, dass die konstruierten Bedeutungen und Bedeutungsmuster in der fremden Kultur eine andere Funktion haben. Ein umgekehrtes Frage- oder Ausrufezeichen wird Lerner des Spanischen anfangs irritieren oder von ihnen als Schreibfehler interpretiert werden, bis sie gelernt haben, dass diese Markierungen am Anfang eines Satzes den Satzmodus kennzeichnen. Lerner des Deutschen als Fremdsprache werden auf Grund der Gestaltprinzipien anfangs immer in der Nähe des Verbs seine wichtigsten Teile suchen und ohne Hilfe die Klammerbildung kaum verstehen, widerstrebt sie doch dem Gesetz der Nähe.

Kultur als Wahrnehmungshintergrund

Bedeutung und Wissen wird in Form vieler Details repräsentiert, deren Verbindungen zueinander im Gehirn hergestellt werden. Diese Details werden im Sinne des Gestaltprinzips der

Geschlossenheit erst wirksam, wenn sie ein zusammenhängendes **mentales Bild** (**mental image**) ergeben, das einen Bezug zu einer visuellen Vorstellung herstellt. So sind die Linien, Striche, Flächen und Objekte einer Landkarte an sich genommen völlig belanglose Elemente. Erst dadurch, dass sie ein Bild von der Natur ergeben, lassen sie sich entziffern. Geübte Kartenleser sehen daher kartografische Darstellungen als dreidimensionale Gebilde, als Miniaturlandschaften, während vielen Laien Karten und Stadtpläne als wahlloses Gewirr von Linien erscheinen.

Beispiel Landkarte

Ähnlich verhält es sich mit Sprachen: Ihre Mehrdimensionalität können wir nur durch mentale Bilder von ihren Kulturen wirklich ergründen. Nirgends wird dies deutlicher als bei Redewendungen. Vergleiche zum Beispiel Englisch *To make hay when the sun shines* – Deutsch *Das Eisen schmieden, solange es heiß ist*.

Bedeutungen werden als Bedeutungsinhalte oder schematisch gespeichert. Man spricht daher von **propositionalen Repräsentationen** bei den Inhalten und von **Schema-Repräsentationen** bei der schematischen Speicherung. Propositionale Repräsentationen sind Einheiten aus einzelnen Bedeutungselementen (atomare Bedeutungseinheiten), die den Inhalt von Äußerungen oder Sätzen als lineare Kette oder als Netzwerk darstellen. Durch diese inhaltlichen Elemente wird Wissen gespeichert und lässt sich erweitern. Die Bemerkung eines Fußballtrainers „Spieler X spielen wie Flasche leer" stellt ungefähr dar, wie man sich eine solche atomare Aneinanderreihung von Grundbedeutungen vorstellen muss, wobei die Vergleichsfunktion hier durch das Verbindungselement *wie* ausgedrückt wird. Weitere Beispiele finden sich in der Darstellung von Lerneräußerungen in Kapitel 4.

Schemata

Bei den Schema-Repräsentationen erfolgt die Speicherung oder Wissensrepräsentation in Form typischer Konzepte, Kategorien oder Muster (Prototypen; zum Beispiel der Schäferhund als prototypischer Hund in westlichen Kulturen; vergleiche auch die Symbolverwendung in Piktogrammen). Anhand solcher Schemata kann neues Wissen angedockt und abgespeichert werden.

Prototypen

Aufmerksamkeit | 3.3

Zur Verarbeitung der eingehenden Informationen muss unser Gehirn die nötigen Energien bereithalten. Diese Energien nennt man schlicht **Aufmerksamkeit** und ein Lerner muss damit ökonomisch wirtschaften, damit er die anstehenden Verarbeitungsaufgaben bewältigen kann. Daher kann nur eine begrenzte Anzahl von Aufgaben in einem bestimmten Zeitrahmen bearbeitet werden. Man geht allgemein von der Zahl sieben aus, wobei der Umfang einer Aufgabe zeitlich nicht fixiert ist. Die Einheit sieben ist also relativ. Zum Beispiel können sich viele Menschen Zahlenkombinationen von bis zu sieben Zahlen oder Wörter mit bis zu sieben Silben noch recht gut merken. Im Unterricht geht man davon aus, dass eine Aufgabe oder eine andere Aktivität nicht länger als sieben Minuten dauern sollte, weil dann die Aufmerksamkeit der Lerner stark nachlässt. In diesem Sinne ergeben sich für eine Unterrichtsstunde von 45 – 50 Minuten sieben Aufgabenteile als optimales Gliederungsprinzip. Der Effekt ist ein kurzweiliger und in der Regel effizienter Unterricht für Lehrer und Schüler.

Bei mehr als sieben Aufgaben verlängert sich die Verarbeitungszeit und erhöht sich der Verarbeitungsaufwand überproportional. Man kann sich aber dadurch gut helfen, dass man größere Aufgaben einfach in kleinere Teilaufgaben unterteilt. Lange Kontonummern, Bankleitzahlen oder Telefonnummern behalten wir deshalb, weil wir sie in Blöcke von jeweils drei Zahlen aufteilen. Lange Wörter merken sich Lerner, indem sie sie trennen oder die Anfangs- und Endsilben zusammenziehen. Auch durch visuelle oder akustische Signale, zum Beispiel durch einen Rhythmus oder eine Betonung, kann Aufmerksamkeit verstärkt werden.

Beim Spracherwerb spielen die lautlichen Elemente eine sehr wichtige Rolle, und zwar nicht nur die, die durch Betonung eine Hervorhebung bewirken. Bei der Suche nach Bedeutungen schreiben Kinder im Erstspracherwerb Lauten ganz allgemein eine große Bedeutung zu. Dieses Prinzip prägt uns offensichtlich derart, dass wir auch später noch unterscheiden, ob jemand einen Akzent hat oder nicht, auch wenn dies für das Verstehen keine Rolle spielt.

3.4 | Informationsspeicherung

Ein zentrales Element der Sprach- und Informationsverarbeitung ist die Speicherung von relevantem Wissen. Nicht alles, was verarbeitet wird, ist aber wirklich relevant und sollte deshalb schnellstens vergessen, das heißt nicht gespeichert werden.

Seitenrandnotizen:
Einheit sieben
Gliederungsprinzipien
Laute
Rhythmus
Intonation

Wie laufen die Prozesse des Speicherns und Vergessens ab? Wie kann man sie für das Sprachenlernen besser nutzbar machen und im Sprachunterricht fördern, besonders natürlich das Vergessen von Fehlern und das Behalten von korrekten Strukturen?

Speichermodell

Um diese Prozesse systematisch zu erfassen, stellt man sich ein Modell mit verschiedenen Speichern vor, in denen die verarbeitete Information unterschiedlich lange zwischengelagert oder dauerhaft gespeichert wird. Im **Ultrakurzzeitgedächtnis** oder **sensorischen Register** verbleibt die eingehende, bereits gefilterte Information nur sehr kurz, nämlich nur einen Bruchteil einer Sekunde. Im Grunde werden hier die sprachlich relevanten Eingangsinformationen als Input vorverarbeitet und koordiniert. Es entsteht eine vorläufige Konstruktion von Bedeutungen auf Grund einer bestimmten Kommunikationssituation. Das daraus entstehende Produkt wird dann an das **Kurzzeitgedächtnis** weitergeleitet, den aktiven Teil des Gedächtnisses. Man spricht daher auch von **Arbeitsgedächtnis** oder **working memory**. Die Verarbeitung der sprachlichen Information von bis zu sieben Einheiten erfolgt vorwiegend nach der Lautstruktur (phonemisch) und kann bis zu vier Minuten dauern. Die Ergebnisse der Verarbeitungsprozesse im Arbeitsgedächtnis werden dem **Langzeitgedächtnis** zugeführt. Hier finden die Integration in das bestehende Wissen und die dadurch nötigen Anpassungen sowohl des neuen Wissens als auch des Wissensbestandes statt. Der Langzeitspeicher kann Wissen lebenslänglich speichern, sortiert sich aber durch die neu eingehenden Informationen ständig um. Ganz wich-

Abbildung des Speichermodells | **Abb. 3.3**

Eingabe

Selektive Wahrnehmung
Prüfung/Vergleich

Sensorisches
Register:
Ultrakurzzeit-
gedächtnis

Kapazität:
16 000 bit
Dauer:
250 Millisekunden
Format: sensorisch

Vorläufige Konstruktion
von Bedeutungen

Kurzzeitgedächtnis
Arbeitsgedächtnis

Kapazität:
7 Elemente
Dauer: 1-4 Minuten
Format: phonemisch

Integration
Assimilation
Verknüpfungen

Langzeitgedächtnis

Kapazität: gesammeltes Wissen
Dauer: Lebenszeit
Format: semantische Organisation

Semantische Prinzipien

tig für das Sprachenlernen und den Sprachunterricht: Die Organisation des Wissens erfolgt in erster Linie nach der Bedeutung, also nach semantischen Prinzipien, nicht nach der (grammatischen) Form.

Aktivierungsgrad

Bei der Verarbeitung spielt die **Intensität** oder **Tiefe der Aktivierung** im Kurzzeitgedächtnis eine entscheidende Rolle. Je tiefer oder intensiver die Aktivierung eines Musters oder mentalen Bildes im Kurzzeitgedächtnis ist, desto besser kann es sich an die schon gespeicherten Muster (das bestehende Wissen) im Langzeitgedächtnis andocken. Die inhaltliche Verarbeitung, das heißt die Aktivierung der inhaltlichen und der dazu gehörenden grammatischen Merkmale, also semantischer, syntaktischer, morphologischer und phonologischer Elemente, ist meist besonders intensiv.

Die Verarbeitung der Lautstruktur, die rein phonemische Verarbeitung also, erfolgt in der Regel als mitteltiefe Aktivierung, in kürzerer Zeit und mit weniger Energie. Die Verarbeitung lautlicher (phonetischer) und sensorischer Merkmale erfolgt in der Regel als flache Aktivierung, also reflexartig. Hierfür wird wenig Aufmerksamkeit benötigt. Hinsichtlich der Verarbeitung der Lautstruktur verhalten sich Kinder und Erwachsene allerdings unterschiedlich, denn bei Kindern ist die Anlage noch stärker ausgeprägt, dem Schall, das heißt den Lauten, eine bestimmte Bedeutung zuzuweisen. Wenn das Lautinventar aber erst einmal verankert ist, wird

Automatisierung

ein hoher Automatisierungsgrad der Verarbeitung erreicht, der sich der bewussten Kontrolle weitgehend entzieht und daher einer flachen Aktivierung entspricht. Das ist zunächst ein recht ungünstiger Befund für alle Methoden, die sich vor allem auf die Vermittlung von Lauten stützen, also zum Beispiel die audiolinguale Methode.

Wiederholungsaktivität

Kann der flache Aktivierungsgrad im Aussprachebereich durch eine erhöhte Wiederholungsaktivität gesteigert werden? Da das Wiederholen eines Musters ein mechanischer Prozess ist, wird der Aktivierungsgrad mit erhöhter Wiederholungsrate eher noch flacher. Ein Lerner kann dann vielleicht Wiederholtes eher wiedererkennen, aber nicht unbedingt besser erinnern und nutzen. Werden aber beim Wiederholen neue Informationen mitverarbeitet und andere Verarbeitungsbereiche mitaktiviert, dann vertieft sich der Aktivierungsgrad und die Chancen zum Andocken an bestehendes

Assoziationen

Wissen erhöhen sich. Dies kann zum Beispiel durch die Bildung von Assoziationen geschehen oder durch die Aktivierung neuer semantischer Merkmale im Wiederholungsprozess, zum Beispiel, wenn Lerner eine Aufgabe auf andere Bereiche übertragen oder anderen Wortschatz dafür verwenden. Man spricht hier von **zyklischem Lernen** oder von **elaborierten Wiederholungen**. Auch bei elaborierten Wiederholungen spielt wieder die Wissensorganisation nach semantischen Kriterien die wichtigste Rolle. Je besser und schneller sie gelingt, desto nachhaltiger ist die Einbettung, das heißt das Behalten.

Behaltenssteigerung

Sprache und Bildverarbeitung

| 3.5

Es ist schon darauf hingewiesen worden, welche große Bedeutung die visuelle Information bei der Verarbeitung und beim Lernen von Sprache spielt. Im Fremdsprachenunterricht und bei der Entwicklung von Lehrmaterialien und hier besonders bei den neuen Medien werden zunehmend Bilder, Animationen und grafische Elemente verwendet. Wie aber muss man sich genau die Verarbeitung visueller und sprachlicher Information vorstellen? Geschieht diese gleichzeitig, nacheinander und in koordinierter Weise? Kann visuelle Information den Spracherwerb nicht sogar behindern? Diese und andere Fragen treten seit dem Vormarsch der neuen Medien in die Wissensvermittlung zunehmend in den Vordergrund. In Theorien zum multimedialen Lernen wird bereits versucht, konkrete Antworten für das Design von Lernmaterialien zu geben. Die einflussreichste Theorie ist die **Cognitive Theory of Multimedia Learning.** Sie definiert drei entscheidende Prinzipien für die Verarbeitung visueller und sprachlicher Information:

Visuelle Information im Spracherwerb

1. die duale Kodierung
2. die Auslastung des Arbeitsspeichers und
3. das konstruktive oder generative Lernen.

Verarbeitungsprinzipien

1. Das Prinzip der **dualen Kodierung** geht von einer Verarbeitung sprachlicher und bildlicher Information in unterschiedlichen Zentren aus, die allerdings aufeinander bezogen und miteinander verbunden sind (siehe Kapitel 3.1). Bei der gleichzeitigen Aufnahme von sprachlicher und bildlicher Information werden also zwei unterschiedliche mentale Bilder produziert. Diese werden in einem weiteren Verarbeitungsschritt zusammen mit dem Vorwissen in ein Gesamtmodell integriert. Beide mentalen

Repräsentationen werden gleichzeitig im Kurzzeitgedächtnis gespeichert, wodurch eine Verbindung, ein so genannter Kontiguitätseffekt, entsteht. Damit die Verarbeitung der parallelen Information auch effizient erfolgen kann, ist vor allem eine zeitliche und räumliche Koordinierung nötig.

Kapazitätsgrenzen

2. Das Kurzzeitgedächtnis kann, wie wir schon gesehen haben, nur eine begrenzte Informationsmenge verarbeiten. Wird diese überschritten, tritt eine Überlastung ein. Das ist beispielsweise der Fall, wenn zusammengehörige visuelle und sprachliche Information zeitlich und räumlich nicht aufeinander abgestimmt ist. Im Unterricht passiert dies häufig dann, wenn neue Begriffe eingeführt werden, aber die Lerner erst später an einem Bild erkennen, um welchen Gegenstand es sich dabei handelt. Um hier eine Verbindung herstellen zu können, müsste die sprachliche Information lange im Kurzzeitgedächtnis aktiviert bleiben, die maximale Speicherdauer beträgt jedoch vier Minuten. Je kürzer der zeitliche Abstand zwischen sprachlicher und bildlicher Information ist, desto besser. Wird dagegen die maximale Speicherdauer des Kurzzeitgedächtnisses überschritten, ist ein kombiniertes Erinnern fast aussichtslos. Gleiches gilt, wenn zu viele Informationen auf einmal präsentiert werden und dabei auf die limitierten Aufmerksamkeitsressourcen verteilt werden müssen.

Zuordnendes Lernen

3. Das **konstruktive** oder **generative Lernen** ergibt sich, wenn die verschiedenen Informationen in ein gemeinsames mentales Modell integriert werden. Das kann aber nur unter Rückgriff auf das Vorwissen und vorangehende Erfahrungen geschehen, also durch Ankoppelung an mentale Bilder. Visualisierungen sind immer dann sinnvoll, wenn sie einen Bezug zur sprachlichen Information haben beziehungsweise bereits vorhandene mentale Bilder aufrufen. Sie sind hingegen unproduktiv, wenn sie mehr der Unterhaltung oder Ablenkung dienen. Zuordnendes Lernen kann durch Überflutungen mit visuellen Reizen geradezu verhindert werden.

Animation, statische Illustration oder kompletter Verzicht auf Illustrationen, das ist die Frage, die sich im Unterricht oder bei der Erstellung von Lehrmaterial häufig stellt. Wo liegen die Stärken der einzelnen Visualisierungsformen?

Visualisierungsformen

Statische Bilder

Sie eignen sich besonders als Orientierungshilfe, zur Verständlichmachung komplexer Inhalte, zur Aufmerksamkeitsfokussierung und zur Behaltensförderung. Sie sind hilfreich, wenn sie Vorwissen aktivieren und zur Entlastung des Arbeitsspeichers beitragen. Prozessinformationen können sie dagegen nur bedingt abbilden, zum Beispiel durch Pfeile, da ihnen die zeitliche Komponente fehlt. Sie sind auch da vorzuziehen, wo die Komplexität der Aufgabe eine schrittweise Verarbeitung durch die Lerner erfordert. Dynamische Wissensrepräsentationen könnten hier zu einer Überforderung der Aufmerksamkeitskapazitäten führen oder zu einer nur oberflächlichen Verarbeitung verleiten. Eine scheinbar problemlose Verständlichkeit der Lerninhalte durch Animationen führt nicht notwendigerweise zu einer intensiveren Auseinandersetzung mit den Inhalten.

Aufmerksamkeitsfokussierung

Dynamische Bilder

Dynamische Bilder eignen sich zur Darstellung sequenzieller oder kausaler Sachverhalte, aber nur solange dies nicht zu einer Reizüberflutung oder Ablenkung führt. Bewegungen, Farbänderungen und Ähnliches lenken automatisch die Aufmerksamkeit auf sich. An der falschen Stelle eingesetzt, ziehen sie daher wichtige Aufmerksamkeitsressourcen von anderen essenziellen Verarbeitungsaufgaben ab. Auch muss die Präsentationsgeschwindigkeit der Verarbeitungsgeschwindigkeit angepasst sein. Eine schnelle Abfolge von Informationseinheiten verlangt zusätzliche Ressourcen und kann daher die Verarbeitung der eigentlichen Aufgabe sogar erschweren. Es ist daher grundsätzlich ratsam, bei Animationen Steuerungsmechanismen zur Verfügung zu stellen, die auf die Lernbedürfnisse flexibel reagieren können. Animationen sind dann effizient, wenn die Lerner über das nötige Vorwissen zur Verankerung der neuen Information verfügen. Sonst wird die präsentierte Information nur oberflächlich interpretiert und schafft damit zwar

Prozessinformation

den subjektiven Eindruck, das Material gut verstanden zu haben, verhindert aber in Wirklichkeit ein tieferes Eindringen in die Materie. Ungeeignet sind Animationen auch, wenn es um die Verarbeitung von Detailinformationen geht. Hier eignen sich eher statische Bilder oder gegebenenfalls auch bildlose Präsentationen.

Wichtig ist immer, Bilder, ob bewegt oder statisch, mit Bedacht einzusetzen und mit den anstehenden Aufgaben sowie der Textverarbeitung zu koordinieren.

3.6 | Sprachverstehen und Sprachproduktion

Im Folgenden wollen wir uns die spezifischen Elemente und Funktionen der Sprachverarbeitung genauer ansehen.

Verarbeitungsmodell

Dazu orientieren wir uns an einem Modell aus der **Psycholinguistik**, einer vergleichsweise jungen interdisziplinären Wissenschaft (seit etwa Anfang der 1970er Jahre). Die Psycholinguistik übernimmt Erkenntnisse aus der Psychologie, wie zum Beispiel zur Informationsverarbeitung und zu den Speicherverfahren des Wissens, und aus der Linguistik, beispielsweise zu den grammatischen Regeln der Teilbereiche der Sprache, und formt daraus Modelle der Sprachverarbeitung in unseren Gehirnen. Sie gliedert sich in vier Teilbereiche: die Erforschung des Sprachverstehens, der Sprachproduktion, des Spracherwerbs und des Sprachverlustes (Aphasie). Das folgende Modell illustriert, wie man sich in psycholinguistischer Sicht das Sprachverstehen (Rezeption, links) und die Sprachproduktion (rechts) vorstellen muss. Derartige Modelle sind Darstellungen von Prozessen. Sie machen keine direkten Aussagen über die Verkabelung des Gehirns oder die Struktur der Wissensspeicher.

Modell der Sprachverarbeitung: links der Prozessablauf beim Sprachverstehen, | **Abb. 3.4**
rechts bei der Sprachproduktion. Zentrales Element: das mentale Lexikon, das durch
verschiedene Kanäle aktiviert wird

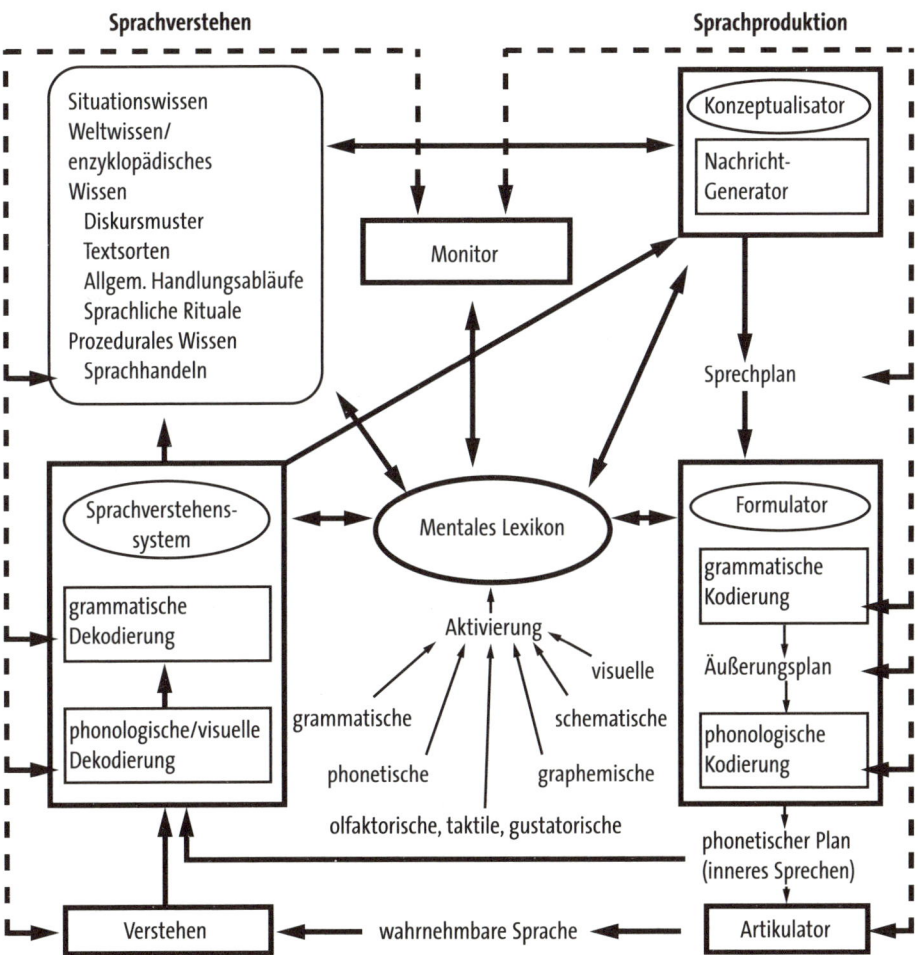

Das Sprachverstehen, das hier exemplarisch am Beispiel des | Sprachverstehen
Hörens erläutert werden soll, beginnt mit der Wahrnehmung von
verschiedenen Lauten, Tonhöhen, Pausen und Ähnlichem, die in
Form von Schallwellen auf die Sinnesorgane einströmen. Die
Schallwellen müssen nun auf sinnvolle Weise identifiziert werden,
und zwar in Form von Lauteinheiten oder Phonemen. Das heißt,
wir nehmen nicht nur die einzelnen Laute wahr, sondern wir ler-

nen als Kinder bereits, Laute zu Lauteinheiten zu gruppieren. In der Regel tragen oder unterscheiden diese Einheiten nämlich Bedeutung. Die Äußerung *Ich liebe in Wein* unterscheidet sich so von der Äußerung *Ich lebe in Wien* zwar nur in zwei Lauteinheiten, aber man kann hier schnell erkennen, welche gewaltigen Bedeutungsunterschiede eine einzelne Lauteinheit ausdrücken und welche Konsequenzen das haben kann. Wenn die Einheiten identifiziert sind, müssen sie Bedeutungen zugeordnet werden. Wir müssen also irgendwie verstehen können, dass *Wien* und *Wein* nicht das Gleiche bedeuten. Dazu bilden wir Verbindungen von Lauten (so

genannte **Cluster**), die auf unseren Wortspeicher (**mentales Lexikon**) zugreifen und versuchen, dort passende Sinneinheiten zu finden. Dabei hilft uns einmal der Kontext, durch den bestimmte Bedeutungsmöglichkeiten schon voraktiviert sind. Es helfen uns aber auch grammatische Eigenschaften der gefundenen Begriffe sowie Bedeutungsverwandtschaften. So wissen wir, dass an bestimmten Stellen in deutschen Sätzen ein Verb stehen muss, und dass manche Begriffe besser zueinander passen als andere. Zusätzlich können auch Sinneseindrücke die Aktivierung von Begriffen bewirken. Eine Lautkette *essen* wird deshalb in bestimmten grammatischen, aber auch von Hunger oder Gerüchen bestimmten Kontexten ohne Probleme als die Tätigkeit *essen* verstanden werden, in anderen als

die glanzvolle Metropole des Ruhrgebietes. In einem weiteren Schritt müssen wir versuchen, die einzelnen Lautelemente zu einem zusammenhängenden Ganzen zusammenzufügen und in unser bestehendes Wissen von der Welt und von der aktuellen Gesprächssituation, in unsere Konzepte und Vorstellungen also, einzubetten. Weil aber bei so vielen Aufgaben das eine oder andere übersehen werden oder verloren gehen kann, läuft parallel dazu

ein **Monitor** mit, der normalerweise immer dann Alarm gibt und Korrekturen veranlasst, wenn irgendetwas nicht plangemäß funktioniert. Das Verstehen bezeichnet man als Prozess, der von der konkreten sprachlichen, das heißt hörbaren Oberfläche (im Modell auf der unteren Ebene angesiedelt) zu den versteckten Konzepten (oben) führt, also als **Bottom-up-Prozess** verläuft.

Bei der Sprachproduktion läuft der Verarbeitungsprozess umgekehrt ab, das heißt von oben nach unten, also **top down**. Der Sprachproduktionsprozess – wir betrachten stellvertretend die Produktion mündlicher Sprache, also das Sprechen – beginnt mit der Konzeptualisierung oder Planung einer Nachricht im Konzeptualisator. Hier werden die Sprechabsichten (die **Schemata**) in einen konkreten Ablaufplan umgesetzt, der aus einzelnen **Scripts** besteht. Inwieweit dies sprachlich oder außersprachlich geschieht, ist nicht ganz klar. Da die Produktion aber stets in Situationen eingebettet ist, die auch durch Sprache bestimmt sind, kann von einer beträchtlichen sprachlichen Beeinflussung des Konzeptualisierungsvorganges ausgegangen werden. Die Sprachproduktion ist daher grundsätzlich vom Sprachverstehen und von der Wahrnehmung der Umwelt beeinflusst, greift also auf das **Situationswissen** inklusive der Geschichte der aktuellen Sprechsituation zurück. Sie hat darüber hinaus Zugang zum bestehenden **Weltwissen (enzyklopädisches** oder **deklaratives Wissen**, das heißt das Wissen des Sprechers von der Welt) und dem **Prozesswissen (prozedurales Wissen**, das heißt das Wissen über die Ablauforganisation des Weltwissens). Zum Weltwissen gehört auch die Kenntnis von **allgemeinen Handlungsabläufen** und ihren sprachlichen Abbildungen in Form von **Diskursmustern, Textsorten** oder **sprachlichen Ritualen.**

Bei der Erstellung der Nachricht wählt der Konzeptualisator zunächst die für die Versprachlichung relevanten Informationen aus, ordnet sie und wertet gleichzeitig die eingehenden Nachrichten aus. Der Monitor gleicht nicht nur die eingehenden, sondern auch die geplanten Nachrichten mit den tatsächlich produzierten auf möglicherweise bestehende Diskrepanzen ab.

Das Ergebnis des Konzeptualisierungsprozesses ist der **Sprechplan** (die **präverbale Nachricht**). Er wird anschließend an den **Formulator** weitergeleitet, dessen Aufgabe die Konstruktion von Äußerungen ist. Der Formulator hat Zugang zum **mentalen Lexikon**, in dem lexikalisches Wissen als Form (Lexem) und Inhalt (Lemma) gespeichert ist. Die lexikalischen Konzepte enthalten die Bedeutung der Wörter, eine Beschreibung der möglichen syntaktischen Umgebungen, zum Beispiel welche Ergänzungen ein Verb benötigt, und eine Liste der möglichen Endungen. Unterschieden wird zwischen Inhaltswörtern (Substantiven, Verben, Adjektiven, Adverbien, Pronomen) und Funktionswörtern (Artikel, Präpositionen, Konjunktionen). Die Lexeme enthalten die Information über die äußere Form der Wörter (Phoneme, Morpheme, Silbenstruktur etc.). Dieses Lexikon sieht aber nicht aus wie ein normales Wörterbuch, in dem sich zielsprachliche und muttersprachliche Begriffe gegenüberstehen. Vielmehr muss man es sich als multidimensionales und dynamisches Netz mit zahlreichen semantischen und phonetischen Knoten und

Konzeptualisierung

Auswahl der Informationen

Auswahl der Wörter

Verbindungen vorstellen, das alle Sinneskanäle miteinander verbindet. Wenn ein Element aktiviert wird, schwingen eine ganze Reihe weiterer semantischer Merkmale, lautlicher Beziehungen und Sinneseindrücke mit.

Grammatik

Aufgrund des gelieferten Sprechplans werden also im Formulator die Lemmata aktiviert, deren grammatische Spezifikationen zur Auswahl und Produktion eines syntaktischen Rahmens führen (**grammatische Kodierung**). Dieser kann dann vorübergehend in einem so genannten syntaktischen Speicher abgelegt werden, während bereits die Produktionsprozesse für weitere Äußerungen ablaufen. Das Ergebnis dieses Formulierungsprozesses ist der **Äußerungsplan** (Oberflächenstrukturen). Dieser wird an einen Prozessor weitergeleitet, der ihm die äußere Form gibt. Diese Prozesskomponente im Formulator umfasst die **phonologische Kodierung** der einzelnen Äußerungselemente und der Äußerung als Ganzes. Das schließt die Endungen, Umlaute und Weiteres (man spricht hier auch von Flexion) und die Intonation mit ein. Als Produkt entsteht ein **phonetischer Plan**, den man sich als innere Sprache vorstellen kann. Er wird anschließend im **Artikulator** in Anweisungen an den Artikulationsapparat (die circa 400 Sprechmuskeln) umgesetzt, wobei die Pläne offensichtlich schneller produziert als ausgeführt werden können, das heißt, sie müssen vorübergehend gespeichert werden.

Innere Sprache

Über diese Umsetzungsprozesse machen wir uns als geübte Sprecher unserer Sprache kaum Gedanken. Sie werden von unserem Monitor überwacht, wenn er nicht durch Alkohol, Müdigkeit oder belangloses Gerede unserer Gesprächspartner benebelt ist. Das heißt, er überprüft, ob unsere Gesprächsabsicht korrekt und mit den gewünschten Ergebnissen realisiert wird. Nötigenfalls veranlasst er auch die entsprechenden Korrekturen von Versprechern und Missverständnissen und löst kommunikative Reparaturstrategien aus.

Reparaturen

Übung

Die Prozesse der Sprachverarbeitung benötigen Übung. Diese ist aber erst dann sinnvoll, wenn zuvor konzeptuell verankert ist, was ausgedrückt werden soll. Reines Nachsprechen ist also denkbar ungünstig zum Sprachenlernen. Auch hat es wenig Zweck, einem Lerner grammatisches Wissen einzutrichtern, wenn die weiteren Prozesse der Konzeptualisierung, Formulierung und Artikulation vernachlässigt werden. Umgekehrt ist es aber auch sehr schwierig, einmal eingeschliffene Artikulationsroutinen wieder zu ändern. Das ist häufig bei Lernern der Fall, die eine Fremdsprache ungesteuert und ohne strukturelle Hilfen und Korrekturen erworben haben,

Artikulationsroutinen

bevor sie in den Unterricht kommen. Die *leben* oder *lieben* selig *in Wein*, auch wenn sie eine Lehrerin mehrfach korrigiert hat.

Die klassischen, auch heute gelegentlich noch eingesetzten Pattern-Drill-Übungen haben daher am ehesten im Bereich der Artikulation ihren Einsatzort, und zwar zum Erreichen einer flüssigen und zielsprachengerechten Aussprache oder auch zum Auffinden der nötigen Lemmata und Lexeme, wenn diese im Lexikon der Lerner schon gespeichert sind. Andere Produktionsprozesse wie die Konzeptualisierung der Äußerungen sind dagegen nicht oder nur wenig automatisiert. Sie verlangen Planung und binden einen großen Teil der Verarbeitungskapazitäten des Gehirns, und zwar besonders dann, wenn Kreativität und Kontextgebundenheit gefordert sind, also zum Beispiel in Gesprächen oder bei der Bearbeitung von Texten.

Man kann den beschränkten Erfolg vieler Methoden des Fremdsprachenlehrens dadurch erklären, dass sie wesentliche Schritte der Sprachproduktion und des Sprachverstehens entweder völlig übergehen oder zumindest stark vernachlässigen. So wird dem Bereich der Konzeptualisierung weder in behavioristischen Lernmodellen noch in den meisten alternativen Methoden oder in der Grammatik-Übersetzungsmethode ausreichend Aufmerksamkeit geschenkt. In der Grammatik-Übersetzungsmethode wird impliziert, dass die Lerner den Prozess der Konzeptualisierung im Wesentlichen selbst leisten, in Wirklichkeit fehlt ihnen jedoch meist der Zugang zu den angemessenen Konzepten und Kontexten der fremden Kultur und Sprache (Weltwissen). Darüber hinaus wird in dieser Methode wenig Wert auf die weiteren Verarbeitungsschritte gelegt. Im Mittelpunkt steht der Aufbau des grammatischen Monitors, und zwar als System, das relativ unabhängig von den pragmatischen und funktionalen Bezügen der Grammatik und der Kommunikation existiert. Informationsaufnahme im richtigen Leben erfolgt aber gerade durch die Einbettung in bestehende Beziehungsgeflechte, wobei den Sprecher der Inhalt mehr interessiert als die Form.

Automatisierung

Methoden des Fremdsprachenunterrichts

Inhalte

Die Organisation des mentalen Lexikons | 3.7

Im Zentrum der Sprachverarbeitung steht das mentale Lexikon als Speicher unseres Wissens. Die Aktivierung des mentalen Lexikons

Aktivierung

kann über verschiedene Sinneseindrücke erfolgen. Hört ein Sprecher beispielsweise eine Silbe *au*, so werden alle Wörter mit diesem Anlaut aktiviert, also *Au, Auto, autonom, Aurora, Aurelia* und andere. Allerdings ist die Stärke der Aktivierung je nach Kontext unterschiedlich. Das heißt, dass inhaltliche Aspekte bei der Auswahl der aktivierten Lemmata und Lexeme eine wesentliche Rolle spielen. Diese Aktivierung muss man sich als Netz von Beziehungen vorstellen. Zentrale semantische Elemente (Knoten) werden dabei stärker aktiviert, entferntere werden schwächer aktiviert oder ko-aktiviert.

Konzeptknoten

Beim Suchen nach passenden Wörtern für die Konzepte werden somit gleichzeitig benachbarte, das heißt über verschiedene semantische Beziehungen verbundene Konzeptknoten mitaktiviert. Der *Visual Thesaurus,* ein webbasiertes dynamisches Programm, illustriert dies auf anschauliche Weise (vergleiche Abbildung 3.5). Bei der Aktivierung des Wortes *go* werden gleichzeitig benachbarte Wörter mitaktiviert, die allerdings unterschiedlichen grammatischen Klassen angehören (Nomen, Verben, Adjektive, Adverbien). Verschiebt sich dabei der Schwerpunkt auf andere semantische Elemente, weil *go* vielleicht nicht spezifisch genug ist, so ändert sich die Aktivierung des gesamten Netzes. Es entsteht dadurch ein neues Feld mit anderen und anders gewichteten Knoten. Die lexikalischen Konzepte, die wir normalerweise als Wörter bezeichnen, stellen also Beziehungsgefüge dar, in denen die Bedeutung die Gesamtheit der Verbindungen mit anderen Konzeptknoten umfasst.

Abb. 3.5

Darstellung eines einsprachigen semantischen Netzes am Beispiel des Visual Thesaurus (webbasiertes dynamisches Programm) zur Illustration der Arbeitsweise des mentalen Lexikons

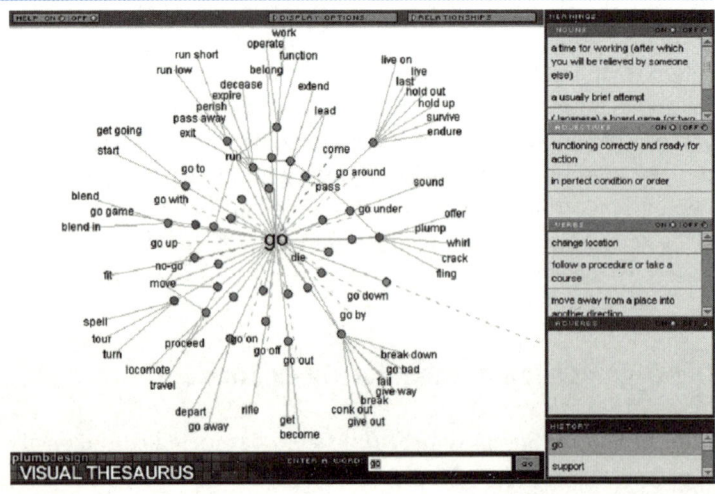

Visual Thesaurus

Der *Visual Thesaurus* basiert auf dem so genannten *WordNet*, einer   *WordNet*
an der Universität Princeton entwickelten elektronischen Datenbank zur semantischen Darstellung und Nutzung des Wortschatzes für die englische Sprache (www.visualthesaurus.com). Anwen-
dungen für andere Sprachen wurden im Rahmen des *EuroWordNet*
entwickelt, sind aber noch nicht öffentlich zugänglich. *EuroWord-
Net* ist ein europaweites Forschungsprojekt verschiedener Universitäten zum Aufbau einer Datenbank von mehrsprachigen Wort-
verbindungen (semantischen Netzen).

Der *Visual Thesaurus* ist ein elektronisches Programm, das dyna-   *Funktionen*
mische Beziehungen von Wörtern abbildet. Wörter der vier großen
Inhaltswortklassen (Nomen, Verb, Adjektiv und Adverb) werden
dabei nach semantischen Beziehungen verknüpft. Dazu gehören
die Verbindung über die Über- und Unterordnung (Hyperony-
mie/Hyponymie), die Verbindung über Bedeutungsähnlichkeiten
(Synonymie), die Verbindung über Gegensätze (Antonymie) und die
Verbindung über Teilsegmente. Die Bezüge zwischen den Wortbedeutungen sind als gestrichelte Linien dargestellt. Fährt man mit
der Maus über diese Linien, wird die Art des Bezuges angezeigt.
Jeder Wortbedeutung selbst ist ein kleiner Kreis (Knoten) zugeordnet, wobei für jede Wortart eine andere Farbe erscheint. Fährt man
mit der Maus über ein Wort, so werden zum entsprechenden Eintrag Kurzdefinitionen und Beispielsätze angezeigt. Wird ein Wort
angeklickt, rückt es ins Zentrum und neue Netze bauen sich auf.
Das Programm eignet sich durch die Darstellung der semantischen
Beziehungen sowie weiterer Werkzeuge (Hörbeispiele, Recht-
schreibhilfe, grammatische Zuordnungsfunktionen) auch als Werkzeug zum Erlernen der englischen Sprache.

Der Erwerb des einsprachigen mentalen Lexikons | 3.7.1

Wenn Kinder beginnen, sich mit ihrer Umwelt auseinander zu setzen, dann versuchen sie als Erstes, Dinge und Vorgänge zu erkennen, von anderen zu unterscheiden und zu benennen. Kinder nehmen dafür einfache Wörter oder Wortfetzen, die sie aufschnappen,
weil sie für sie besonders wichtig sind (*Auto, Mama, Papa*) oder weil
sie besonders häufig vorkommen. Wichtiger als die Häufigkeit sind

Inhaltswörter

allerdings die Inhalte und die Bedeutung, also die Semantik der Wörter. So bauen Kinder zu Beginn ihres Spracherwerbs ein Repertoire von Inhaltswörtern auf, später kommen Funktionselemente wie Präpositionen, Endungen und Artikel hinzu. Den Wortschatz erwerben sie dabei zum größten Teil nicht durch explizites Training, sondern eher nebenbei in der Interaktion mit ihrer Umgebung, also **inzidentell** (siehe Kapitel 1.4).

Inzidentelles Lernen

Inhaltselemente
Wortfetzen
Eigenkreationen

Die Inhaltswörter oder Inhaltselemente des frühen Spracherwerbs bestehen häufig aus Wortfetzen, also Teilen von Wörtern oder Eigenkreationen der Kinder, die sie verwenden, weil sie sie selbst so wahrnehmen (*Wauwau*) oder noch nicht zielgerichtet produzieren können (*Schlaganzug* statt *Schlafanzug*, *Musser* statt *Großmutter*). Hierbei sind die Anfangs- und Endlaute von Wörtern für die Kinder am auffälligsten. Sie werden deshalb besser behalten, auch wenn die Kinder sie nicht immer gleich selbst umsetzen können. Ähnlich ist es auch beim Zweitsprachenerwerb von Erwachsenen. Nur unterscheiden sich dort die Begriffe qualitativ im Grad der Kindlichkeit und in der Geschwindigkeit des Erwerbs. Aber auch hier gibt es Abkürzungen, Zusammenziehungen, Neuschöpfungen, Lautschöpfungen, Gestik- und Mimik-Begleitungen und Ersetzungen durch andere Begriffe.

3.7.2 | Der Erwerb des bilingualen mentalen Lexikons

Organisationsprinzipien

Welche Rolle spielen die Organisationsprinzipien des einsprachigen mentalen Lexikons beim Erwerb des fremdsprachigen Lexikons? Unterstützen sich beide, teilen sie sich die begrenzten Ressourcen der Informationsverarbeitung oder sind sie sich gar gegenseitig im Weg? Drei klassische Modelle versuchen die Beziehungen zwischen einsprachigem und zweisprachigem Lexikon abzubilden.

Abb. 3.6 |

Die drei klassischen Modelle der Organisation des bilingualen Lexikons am Beispiel des englischen und russischen Begriffes für Buch

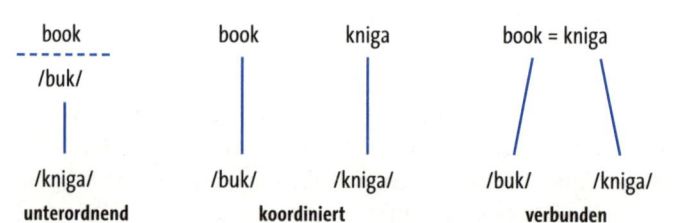

Die unterordnende Form entspricht der klassischen **Wortassoziation**. *Zuordnung*
Man geht dabei davon aus, dass nicht nur auf dem Papier, sondern auch im Gehirn eine direkte Zuordnung eines fremdsprachigen Begriffes zu einem bereits bekannten Konzept und Begriff in der Muttersprache erfolgt. Dieses Modell bildet auch den Standardfall schulischen Fremdsprachenlernens ab. In dem Modell des **koordinierten Bilingualismus** sind die Konzepte der Erst- und Zweitsprache und ihre Begriffe voneinander unabhängig. Die Speicherung und Verarbeitung verläuft also parallel. Das Modell des **verbundenden** *Gemeinsame* **Bilingualismus** geht dagegen von einer gemeinsamen Konzeptquelle *Konzeptquelle* aus, die aber zwei unterschiedliche Benennungen ermöglicht. Das Konzept *Buch* in unserem Beispiel umfasst demnach Merkmale verschiedener Kulturen, ist also gegenüber einem einsprachigen Lexikon erweitert. Der Begriff aus einer der beteiligten Sprachen aktiviert primär das für seine Kultur typische semantische Feld, die semantischen Elemente des anderen Begriffsfeldes können aber mitaktiviert sein. Der verbundene Zugang zum Lexikon bietet Sprechern einen erweiterten Wortschatzhorizont und mehr Wortauswahl. Geübte Sprecher, wie etwa Bilinguale oder Dolmetscher, können wahlweise und ohne Verzögerungen aus jeder der beteiligten Sprachen Wörter auswählen. Neueste Untersuchungen zeigen, dass Lerner, die die ganze Schulzeit bis zum Abitur vor allem mittels Wortassoziationen Wörter gelernt haben, kaum über die **unterordnende Form** der Organisation des bilingualen Lexikons hinauskommen. Hieraus lässt sich schließen, dass bei diesen Lernern die Zweitsprache nur als oberflächliche Übersetzung der Erstsprache verarbeitet wird. Die Art der Organisation der Wörter entspricht dagegen bei gleichzeitig mit zwei Sprachen aufwachsenden Kindern und solchen, die später in einem echten mehrsprachigen Kontext leben, eher der verbundenen Form. Sie beherrschen beide Sprachen so gut, dass sie auch beliebig zwischen ihnen wechseln können.

Anhand einer Pilotstudie des *Visual Thesaurus* zu den Beziehungen der Wortfelder von *gehen* und *go* lässt sich die Komplexität der *Pilotstudie* laufen Koordinierungs- und Zuordnungsaufgaben des bilingualen Lexikons illustrieren (siehe Abbildung 3.7). Dieses Modell geht von einer verbundenen Struktur des mentalen Lexikons aus. Daher müsste man den englischen Begriffen deutsche Entsprechungen zuordnen können oder es müsste sprachunabhängige Konzepte von *laufen* geben, die unterschiedlich realisiert sind. Diese Zuordnungen funktionieren nur bedingt, etwa bei *go away* und *fortgehen*. Nicht zu allen Begriffen der einen Sprache gibt es Entsprechungen in der anderen. Im oberen Teil der Abbildung gibt es mehrere Verbindungen zu der englischen Bedeutung von *to go steady* (*travel, move, locomote*), aber nur einen Eintrag zum Deutschen (*fortbewegen*), auch wenn *reisen* mit vielen Varianten (*bereisen, verreisen, abreisen, anreisen ...*) denkbar wäre. Zu *funktionieren* im Sinne von *gehen* im unteren Teil der Abbildung gibt es mehrere kontextabhängige Ausdrücke im Englischen (*operate, function, work*). Man kann hieraus erkennen, dass die Speicherung von Wörtern im bilingualen Lexikon von fortgeschrittenen Sprechern

▸ stark abhängig vom Kontext,

▸ differenziert

▸ und dynamisch ist.

Abb. 3.7

Versuch der Koordinierung der Wortfelder von gehen *und* go *in einer Pilotstudie des* Visual Thesaurus

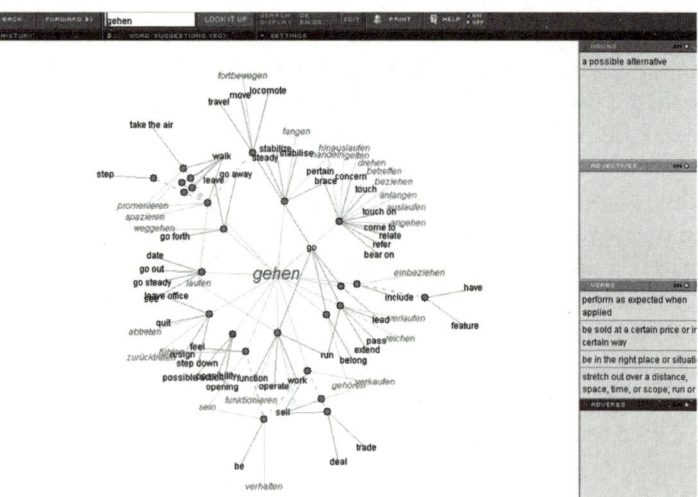

Für Fremdsprachenlerner ist der Wortschatzerwerb wegen der Differenzierung, Dynamik und Kontextabhängigkeit so schwierig.

Auch bei den Lernern, die relativ spät beginnen, fremde Sprachen in mehrsprachigen Lernumgebungen zu erwerben, geht man davon aus, dass sie den Zweitsprachenerwerb mit dem unterordnenden Modus beginnen. Bei ihnen ändert sich aber im Laufe des Erwerbsprozesses die Form des Erwerbsmodus vom unterordnenden über den koordinierten bis zum verbundenen.

Erwerbsmodus

Aufnahmen von den Zentren des Gehirns, die an der Verarbeitung von Sprache beteiligt sind, bestätigen diese Beobachtung: Bei ausgeglichen Mehrsprachigen, bei denen die mentalen Lexika der beteiligten Sprachen verbunden sind, liegen die Zentren der Sprachen enger beieinander als bei Lernern, die nacheinander Sprachen lernen, und sie zeigen eine stärkere Aktivierung, auch wenn nur eine der Sprachen verwendet wird.

Gehirnaktivität

Wortschatzvermittlung im Fremdsprachenunterricht | 3.8

In diesem Abschnitt wollen wir uns mit der Vermittlung von Wortschatz im Unterricht beschäftigen. Dazu wollen wir uns als Erstes ansehen, wie die Wortschatzvermittlung in Schulbüchern erfolgt und welche anderen Wortschatzquellen (Wörterbücher) es gibt.

Wortschatz als Lernaufgabe

Nach der Grammatik stellen die Vokabeln für viele Lerner das größte Problem beim Erlernen einer Fremdsprache dar. Schon der Anblick langer Listen von Wörtern am Ende eines Kapitels oder im Glossar ist angsteinflößend. Hinzu kommt dann meist noch das Kleingedruckte, nämlich die grammatische und lautliche (phonetische) Information zum Eintrag, das das Behalten, das Memorieren der Wörter als schier überwältigende Aufgabe erscheinen lässt. Die Einträge im Glossar haben heute meist die Form wie in dem Englisch-Schulbuch *Green Line New* oder dem Französisch-Schulbuch *Découvertes*:

to hope [həup]	hoffen	*Beispiel Green Line*
station ['steɪʃn] Look, the train is coming into the station now.	Haltestelle, Bahnhof.	
fish and chips [ˌfɪʃˌnˌˈtʃɪps]	Fisch und Pommes frites	

Beispiel Découvertes

un hôpital [ɛnɔpital] Mme Rigot est infirmière. Elle travaille dans~.	ein Krankenhaus	
les parents (m., pl.) [leparã] M. et Mme Lacroix sont ~ de Julie etd'Isabelle	die Eltern	

Die einfache Übersetzung eines fremdsprachigen Begriffes durch einen Begriff der Ausgangssprache der Lerner bildet bei dieser Vermittlungsart das Grundprinzip. In verschiedenen Phasen der Entwicklung von Unterrichtsmethoden ist diese **Paarassoziation**

Einsprachige Erklärung

durch einsprachige Erklärungen ersetzt worden. Damit sollte der muttersprachliche Spracherwerb, bei dem Kinder aus ihrer Umgebung einsprachige Erklärungen erhalten, simuliert werden. Aus den Beispielen kann man erkennen, dass heute beide Verfahren gerne dadurch gemischt werden, dass gelegentlich fremdsprachige Beispielsätze oder Erklärungen angeführt werden. Wenn man nach dem unterordnenden Modell des bilingualen Lexikons davon ausgeht, dass sich die Fremdsprache wie eine Folie über die Erstsprache legt, dann ergäben sich tatsächlich eine Reihe von Gründen für die Paarassoziation. Davon, dass dies nicht zutrifft, kann man sich leicht überzeugen, indem man einen beliebigen Text Wort für Wort übersetzt, zum Beispiel, indem man ihn durch eine Übersetzungsmaschine schickt (vergleiche dazu Kapitel 7, Seite 224f.).

Geht man dagegen nach dem koordinierenden Modell davon aus, dass der Zweitsprachenerwerb ohne die Anbindung an die Erstsprache auskommt, dann könnte man auch einsprachige Erklärungen in der Fremdsprache, wie etwa die genannten Beispielsätze der Glossare, angeben und hoffen, dass sich dadurch ein Verstehen einstellt. Aber wird dadurch der Erwerb nicht eher konfuser und weiter erschwert? Machen wir einen einfachen Test: Ist die französische Erklärung von *un hôpital* in dem obigen Beispiel ohne die deutsche Übersetzung so klar, dass man daraus nur die Bedeutung Krankenhaus erschließen kann? Wohl kaum. Eher schon träfe dies zu, wenn man wüsste, dass *infirmière* die Bedeutung von Krankenschwester hat. Aber selbst dann gibt es eine Reihe weiterer möglicher Bedeutungen und Kontexte, auf die die Erklärung zutreffen könnte.

Paarassoziation und Einsprachigkeit führen in Reinnatur offensichtlich nicht zu einem optimalen Ergebnis. Das liegt vor allem daran, dass Übersetzungen nicht das gesamte Bedeutungsspektrum von Begriffen abdecken können: Versucht man, das Begriffsfeld in eine andere Sprache zu übertragen, gehen wichtige Bedeutungselemente verloren. Außerdem fehlt die sprachliche und kulturelle Anbindung an die Ausgangssprache. Einsprachigkeit funktioniert in der Regel nicht, da Unbekanntes mit Unbekanntem erklärt wird. Die Schwierigkeit wird noch dadurch potenziert, dass die Erklärungen meist komplex sind. Um diesem Dilemma aus dem Weg zu gehen, halten sich Glossare und Wörterbücher an die Grundbedeutung eines Wortes. Diese Grundbedeutung nennt man die denotative Bedeutung. Bei den Nebenbedeutungen spricht man

Begriffsfeld

Denotative Bedeutung

von Konnotationen. Die denotative Bedeutung von *Baum* umfasst zum Beispiel die wichtigsten Merkmale des Gewächses Baum. Die konnotativen Bedeutungen umfassen Übertragungen und Bilder (Metaphern), wie man sie als Stammbaum, Diagramm, Baum des Lebens oder auch als Symbole für Stärke oder die Umwelt kennt. Es hängt also immer vom Kontext ab, welche Bedeutung gerade die zutreffende ist.

Konnotation

Die Vielfalt der begrifflichen Entsprechungen wird noch dadurch erhöht, dass jeder Sprecher kreativ mit den Begriffen umgehen und immer wieder neue Kontexte oder Bedeutungen erfinden kann. Das passiert häufiger als man denkt: unter anderem in der Jugendsprache, in poetischer Sprache, in Berufs- und Fachsprachen und bei Übertragungen aus Fremdsprachen, so genannten **Entlehnungen**, die dadurch zum Teil Neuschöpfungen werden. Bei der Entlehnung aus anderen Sprachen entstehen die gleichen grundsätzlichen Verfahrensfragen wie bei der Worterklärung in Glossaren und Wörterbüchern. Auch hier muss zwischen zwei unterschiedlichen Konzeptwelten vermittelt werden. Die natürlichen Prinzipien der Entlehnung aus fremden Sprachen könnten deshalb ein Muster für die didaktisierte Wortschatzvermittlung sein.

Kreative Schöpfungen

So entstehen neue Lehnwörter

Sprachen, die in Kontakt mit anderen Sprachen sind, entdecken dort oft interessante Begriffe, die sie selbst noch nicht haben. Wie überträgt man diese am besten in die eigene Begriffs- und Ausdruckswelt? Dafür gibt es verschiedene Lösungsmöglichkeiten: Man übernimmt das Wort in identischer Form (Fremdwort) oder man passt es lautlich, strukturell und inhaltlich an die eigene Sprachumgebung an (Lehnwort). Die identische Übernahme ist dabei eher die Ausnahme. Selbst englische Wörter wie *download* werden im Deutschen zu *downloaden* oder *downgeloadet*. Sie sind keine Fremdwörter, sondern geborgte Wörter, also Entlehnungen oder Lehnwörter. Bedeutungen können auch ohne die fremden Wörter entlehnt werden, wenn diese eine zu große Hürde darstellen. Dann werden die semantischen Elemente in die Begriffswelt der anderen Sprache übertragen.

Hier einige Beispiele aus einer exotischen Sprache, der Maori-Sprache. Maori ist eine alte Eingeborenensprache in Australien, die noch von ungefähr 120.000 Menschen gesprochen wird. Neue tech-

Maori

nische Entwicklungen lassen sich nicht einfach in das Konzeptgeflecht dieser Sprache integrieren. So kennt man in Maori zwar auch den Begriff *Kamuputa* als Lehn-Übertragung des englischen *Computer*. Die Silbenstruktur ist dabei an die eigene Sprache angepasst, in diesem Falle die strikte Konsonant-Vokal-Abfolge. Konzeptuell interessanter ist aber der gängige Begriff *rorohiko*, der so viel wie *Gehirnblitz* bedeutet (*roro* = *das Gehirn*; *hiko* = *der Blitz* oder übertragen auch *die Elektrizität*). Auch für das Wort *Passwort* gibt es in Maori ursprünglich keinen Begriff, weil das Konzept so nicht bekannt ist. Hier hilft man sich mit drei Varianten: entweder *kupu huna* (*kupu* = *Wort*; *huna* = *versteckt*), *hiporete* (*hipo* = *passieren*; *rete* = *erlauben*) oder *whakatoha*, was so viel bedeutet wie *auf einem anderen Pfad hereinkommen*.

Manchmal kommen von fremden Sprachen entlehnte Begriffe sogar zurück in die Ausgangssprache. Für das Wort *Karaoke* trifft dies teilweise zu: Das Japanische hat sich dafür *oke* als angepasste Kurzform des englischen Wortes *orchestra* entlehnt und mit der japanischen Vorsilbe *kara* (*leer*) ein neues Kompositum gebildet. Als neues Wort ist es dann ins Englische und in andere Sprachen (zurück-)entlehnt worden.

Beschränkung im Unterricht

Im Fremdsprachenunterricht kann man nicht alle Bedeutungen eines Begriffes auf einmal vermitteln. Das wäre eine Überforderung, und außerdem könnten zu viele Begriffe mit ähnlichen Bedeutungen zu einem konzeptuellen Chaos beim Lerner führen. Eine Auswahl ist also nötig. Andererseits kann die Verkürzung auf eine beliebige Grundbedeutung, die nur Bedeutungsausschnitte umfasst, bei einer Übertragung auf andere Kontexte Fehler provozieren. So erstrecken sich zwar die Bedeutungsfelder des englischen Begriffes *hope* und des deutschen Begriffes *hoffen* über eine Reihe gemeinsamer Merkmale und Kontexte. Das gilt beispielsweise für den religiösen Kontext des Hoffens und Erwartens einer besseren Welt. In alltagssprachlichen Kontexten gilt dies aber nur bedingt: Ein deutscher Brief, der mit dem Satz *Ich hoffe, Sie schreiben mir bald* endet, drückt eine wesentlich stärkere Verbindlichkeit aus, vielleicht schon eine diplomatisch formulierte Forderung, als eine englische Aussage: *I hope to hear from you soon.* Noch schwieriger wird die Übertragung bei Varianten der Begriffe: so müsste in Wörterlisten eigentlich die recht häufig vorkommende (frequente)

Beispiel *hoffen/hope*

Form *to hope for* mitangegeben werden. Diese hätte als stilistisch hervorgehobene Entsprechung im Deutschen *auf etwas hoffen*, liegt aber alltagssprachlich näher am Begriff *etwas erwarten*. Die Probleme der Übertragung in die Fremdsprache lassen sich demnach grundsätzlich nur im Kontext lösen. Kontextfreie Grundbedeutungen gibt es nicht. Wenn Wörter kontextfrei gelernt werden, sind Übertragungsfehler unvermeidbar.

Beispiel

Der folgende Auszug aus einem Wörterbuch für Lerner des Deutschen illustriert den Aufbau der Einträge in einsprachigen Wörterbüchern. Er zeigt verschiedene Einträge zum Wortfeld *hoffen* und listet jeweils verschiedene (nummerierte) Grundbedeutungen auf. In eckigen Klammern finden sich Hinweise zur Aussprache in Lautschrift, in spitzen Klammern grammatische Hinweise, in runden Klammern Bemerkungen zur Sprachform (zum Beispiel *ugs.* für umgangssprachlich). Die wichtigsten Stammformen (3. Person Singular, Präteritum und Partizip Perfekt beim Verb, Pluralendung beim Nomen, Steigerungsformen beim Adjektiv im Deutschen) sind ebenfalls aufgeführt. Mit typischen Beispielsätzen wird versucht, Kontextbezüge herzustellen.

hof|fen [ˈhɔfn̩], hofft, hoffte, gehofft ⟨itr.; hat; [auf] etw. h.⟩: *wünschen, dass etwas passiert; erwarten:* ich hoffe, dass alles gut geht; sie hofft auf schöneres Wetter; ich hoffe darauf, dass er sich meldet.

hof|fent|lich [ˈhɔfn̩tlɪç] ⟨Adverb⟩: drückt aus, dass man sich etwas wünscht; *nach meinem Wunsch:* hoffentlich geht alles gut!; hoffentlich verpassen wir nicht den Zug.

Hoff|nung [ˈhɔfnʊŋ]; -, -en: *Wunsch, Erwartung für die Zukunft:* die Hoffnung auf Frieden; er hatte keine Hoffnung mehr; die Hoffnung [nie] aufgeben.

hoff|nungs|los [ˈhɔfnʊŋsloːs], hoffnungsloser, am hoffnungslosesten ⟨Adj.⟩: **1.** *ohne Chance, ohne Aussicht auf eine positive Entwicklung:* er war in einer hoffnungslosen Lage, Situation. *Syn.:* aussichtslos, ausweglos. **2.** ⟨verstärkend bei Adjektiven und Verben⟩ (ugs.) *sehr:* ein hoffnungslos überfüllter Zug; sie hatte sich hoffnungslos in ihn verliebt. *Syn.:* furchtbar (ugs.), fürchterlich (ugs.), leidenschaftlich, total (ugs.), unheimlich (ugs.), wahnsinnig (ugs.).

hoff|nungs|voll [ˈhɔfnʊŋsfɔl], hoffnungsvoller, am hoffnungsvollsten ⟨Adj.⟩: **1.** *mit großer Hoffnung:* hoffnungsvoll wartete er auf ihren Anruf. *Syn.:* optimistisch, zuversichtlich. **2.** *mit Chance auf Erfolg:* ein hoffnungsvoller Start.

Abb. 3.8

Auszug aus dem Hueber Wörterbuch Deutsch als Fremdsprache für die Grund- und Mittelstufe

Wörterbücher für den Unterricht

Auswahlkriterien

Welche Begriffe von Wörterbüchern ausgewählt werden, wieviele Informationen zu Aussprache, Grammatik, Grundbedeutungen, Konnotationen und fremdsprachigen Entsprechungen in den Einträgen aufgeführt werden, hängt von dem Zweck oder der Funktion des Wörterbuches und der subjektiven Auswahl der Autoren ab. Manche Wörterbücher orientieren sich bei der Auswahl der Begriffe an sprachlichen Datensammlungen, so genannten Korpora, wie beispielsweise Sammlungen von Zeitungstexten oder Gesprächen. Die folgende Auswahl einiger Wörterbücher gibt einen Überblick über die lexikalischen Hilfsmittel, die für das Erlernen des Deutschen als Fremdsprache zur Verfügung stehen. Es handelt sich dabei nicht um Lehrbuchglossare, sondern ausschließlich um zusätzliche Hilfsmittel, so genannte **Referenzwörterbücher**, die auch von Muttersprachlern verwendet werden können.

Beispiel *abfahren*

Referenzwörterbücher stellen unterschiedliche Aspekte des Wortschatzes in den Vordergrund. Die wichtigsten Wörterbucharten sind hier am Beispiel des Eintrages *abfahren* dargestellt.

Abb. 3.9

Auszug aus dem Hueber Wörterbuch Deutsch als Fremdsprache für die Grund- und Mittelstufe

Hueber Wörterbuch Deutsch als Fremdsprache

ab|fah|ren fährt ab, fuhr ab,
abgefahren <itr.; ist>: *einen Ort fahrend
verlassen* /Ggs. ankommen/: der Bus
fährt immer ganz pünktlich ab, er ist
mit dem letzten Zug abgefahren. Syn.:
abreisen.

Dieses Wörterbuch wendet sich an Lerner der Grund- und Mittelstufe. Der Eintrag beginnt mit der Infinitivform des Verbs und den wichtigsten Grundformen: der 3. Person Singular wegen der möglichen Lautwechsel (*fahren > fährt*), dem Präteritum wegen der möglichen Änderung des Stammvokals (*fahren > fuhr*) und dem Partizip Perfekt wegen der unterschiedlichen Formen und Endungen von starken und schwachen Verben und Verben mit besonderen Endungen (*gegangen, gemacht, marschiert*). Von diesen Grundformen lassen sich weitere Formen ableiten, vom Präteritum beispielsweise der Konjunktiv, vom Partizip unter anderem Perfekt und Passiv. Die Silbentrennung ist durch Striche in der Infinitivform mar-

kiert. Die grammatische Hilfsinformation ist in spitzen Klammern
angegeben. Dazu gehören Angaben zum Hilfsverb (*ist*) und zur
Möglichkeit, Objekte zu nehmen (hier: intransitiv, *itr.*, das heißt
ohne Objekt). Die Einträge enthalten auch Informationen zur Verwendung, zu Begriffen mit gleicher Bedeutung (Synonyme) und zu
Gegensätzen (Antonymen).

Langenscheidts Großwörterbuch Deutsch als Fremdsprache

ab.fah.ren **1 etw. a.** (hat) etw. mit e-m Fahrzeug
wegtransportieren **2 etw. a.** (hat/ist) e-e Strecke
suchend entlangfahren **3 etw. a.** (hat) etw. durch
häufiges Fahren abnutzen <e-n Reifen a.> **4 j-m**
etw. a. (hat) j-m e-n Körperteil durch Überfahren
abtrennen: *Ihm wurden bei dem Unfall beide Beine*
abgefahren; **5** (von Personen) = wegfahren
6 etw. fährt ab ein Fahrzeug setzt sich in Bewegung
od. verläßt e-n Ort **7 (voll) auf j-n/etw. a.** gespr;
von j-m/etw. begeistert sein: *auf ein Mädchen, auf*
Rockmusik a. ‖ zu **5** u. **6 ab.fahr.be.reit** Adj

Abb. 3.10

Auszug aus
Langenscheidts
Großwörterbuch
Deutsch als
Fremdsprache

Die Zielgruppe dieses Wörterbuchs sind fortgeschrittene Lerner
des Deutschen als Fremdsprache. Daher sind die Einträge stärker
differenziert und es wird auf grundsätzliche Angaben zur Grammatik und zur Aussprache weitgehend verzichtet. Dafür enthalten
die Einträge stilistische Varianten und zielsprachliche Erklärungen
der Wortbedeutungen. Um Übersichtlichkeit zu gewährleisten,
werden Symbole und verschiedene Schrifttypen (kursiv, fett) verwendet. Das größte derartige Wörterbuch für die deutsche Sprache, abgesehen von wissenschaftlichen Wörterbüchern wie dem
Grimmschen Wörterbuch, ist das *Digitale Wörterbuch der deutschen Spra-*
che (*DWDS*, www.dwds.de).

DUDEN Sinn- und sachverwandte Wörter

Abfahren: ↑abgehen, ↑abnutzen, ↑abreisen,
↑sterben; a. lassen ↑ablehnen; auf jmd. / etwas
a. ↑begierig; der Zug ist abgefahren ↑versäumen.

Abb. 3.11

Auszug aus dem
DUDEN
Sinn- und sach-
verwandte
Wörter

Dieser Duden dient als Nachschlagewerk für Synonyme und sachverwandte Wörter. Die Einträge enthalten Verweise auf weitere
Einträge im Wörterbuch (durch Pfeil markiert) und kurze Erklä-

rungen zu Wörtern, Ausdrücken und Verwendungsformen. Derartige Wörterbücher verwendet man hauptsächlich beim Verfassen eigener Texte, als Hilfsmittel für die stilistische Variation. Wörterbücher, die Synonyme und verwandte Begriffe enthalten, nennt man auch Thesauri (Singular: Thesaurus). Thesauri gibt es auch in den meisten Textverarbeitungsprogrammen in elektronischer Form, zum Beispiel in *Microsoft Word*.

Thesaurus

Noch umfangreichere Hilfen beim Auffinden angemessener Wörter geben so genannte Stilwörterbücher, zum Beispiel das **DUDEN Stilwörterbuch.**

Ein weiteres nützliches Wörterbuch ist der **DUDEN Richtiges und gutes Deutsch.**

Dieser Duden gibt ausführliche Hinweise zu verbreiteten Problemfragen der deutschen Sprache, hier besonders zur Verwendung von Fugenelementen und zur Lenkung der Aufmerksamkeit auf eingefahrene falsche Verwendungsweisen von Wörtern. Ähnlich verfährt auch der Duden zu den Zweifelsfällen der deutschen Sprache. Diese Wörterbücher werden besonders dann verwendet, wenn das Sprachgefühl Bedenken meldet und Klärung nötig ist. Wie alle Wörterbücher lassen sich auch diese von Lernern nutzen und für gezielte Rechercheaufgaben im Sprachunterricht einsetzen.

Wörterbücher zur Rechtschreibung, zum Beispiel der **DUDEN Die deutsche Rechtschreibung,** listen keine Bedeutungen oder grammatischen Merkmale, sondern nur die korrekte Schreibung, Silbentrennung und gegebenenfalls Abkürzungen und Schreibalternativen auf. Die Bedeutung der Rechtschreibung wird in den Kulturen unterschiedlich bewertet. Im Französischen und Deutschen wird sie relativ streng gehandhabt und nötigenfalls auch bestraft, im Englischen wird sie dagegen auch wegen der zahlreichen regionalen Varianten relativ nachlässig behandelt. Durch die Flüchtigkeit neuer Textformen, wie sie etwa in den neuen Medien vorkommen (zum Beispiel Chat), entsteht eine größere Nachlässigkeit bei der Schreibung. Manche Sprachen sind rein mündliche Sprachen und verfügen über keine standardisierte Schriftsprache.

Kulturelle Unterschiede

Zweisprachige Wörterbücher geben in unterschiedlicher Ausführlichkeit grammatische und semantische Informationen wider. Sie wenden sich vor allem an Lerner im Grund- und Mittelstufenbereich und enthalten daher nur die wichtigsten Grundeinträge ohne stilistische oder regionale Variationen. Informationen zur Grammatik und zur Lautung werden meist abgekürzt und, wo möglich,

auch in Symbolen dargestellt. Eines der umfangreichsten zwei-
sprachigen Wörterbücher für Englisch und Französisch ist Leo *Leo*
(Webseite http://dict.leo.org).

Wie lassen sich die Erkenntnisse zum Wortschatzerwerb konkret
für den Fremdsprachenunterricht fruchtbar machen?

Es bietet sich an, die Organisationsprozesse des mentalen Lexikons im Sprachunterricht zu unterstützen, indem man ihnen
soweit wie möglich zuarbeitet oder ihre Verarbeitungsprinzipien
nachempfindet. Das kann auf unterschiedliche Art geschehen:

Wichtige Elemente der Behaltenssteigerung beim Fremdsprachenlernen

▶ Durch Anknüpfen an bekannte Informationen und bereits vorhandenes Wissen. Dabei ist nicht so wichtig, in welcher Sprache
das Wissen vorhanden ist. Konsequent einsprachige Vermittlung fremden Wortschatzes ist nur dann sinnvoll, wenn sie an
entsprechend gesichertes Wissen beim Lerner anschließt.
Ansonsten bleibt eine einsprachige Erklärung eine aufgesetzte
Übung mit gegenläufigen Ergebnissen, nämlich Verwirrung
oder Überforderung des Lerners. Gemischtsprachige Glossare
und Wortvermittlungsverfahren haben in der Regel mehr Erfolg
als einsprachige.

▶ Durch die Verwendung von Internationalismen und Lehnwör-
tern, die die Nachhaltigkeit der Vermittlung erhöhen. Selbst
Hilfsübersetzungen oder andere Brückenkonstruktionen wie
Neuschöpfungen und Wortspiele sind im Sinne der Anknüpfung
an Bekanntes für Grammatik- und Worterklärungen vertretbar,
solange sie nicht zum Einprägen von zielsprachlich falschen
Wörtern führen. Eine besonders wichtige Rolle kommt dabei
den lateinischen Begriffen zu, die als Grundbegriffe in vielen
europäischen Sprachen vorkommen und so ein leichtes
Anknüpfen ermöglichen. Man spricht hier vom **Eurolatein**.

▶ Durch Assoziogramme und andere Verfahren, die das Vorwissen sammeln und aktivieren. Damit lässt sich gleichzeitig
bereits vorhandenes Wissen erweitern.

▶ Durch eine kategorisierende und ordnende (taxonomische) Vermittlung des Wortschatzes und durch eine Darstellung der
semantischen Vernetzung. Sinnvoll eingebettetes Lernen ist effi-

zienter als abgekoppeltes Lernen. Angeregt werden sollten Lernaktivitäten

- die auf Bedeutungen und Konzepten aufbauen, also **konzeptuelles und bedeutungsbezogenes Lernen**,
- die den Lernstoff in sinnvoller Weise etwa nach Zugehörigkeit zu einer Klasse oder nach Ober- und Unterbegriffen ordnen, also **taxonomisches Lernen**,
- die Verbindungen zu anderem Wissen herstellen, also **assoziatives** oder **konnektives Lernen**,
- und die logisches und schließendes Denken fordern und fördern, also **deduktives Lernen**.

▶ Durch möglichst gleichzeitige und abgestimmte Aktivierung verschiedener Kanäle (Lautung, Reim, Schriftzeichen und außersprachliche Information wie Bilder, Geruch, Geschmack und Fühlen).

▶ Durch zyklisches Lernen. **Zyklisches Lernen** mit steigendem Schwierigkeitsgrad oder neuen Aspekten bewirkt abwechslungsreichere Wiederholungseffekte als mechanisches Wiederholen. Je kleiner die Lerneinheiten, desto geringer ist der Wiederholungsaufwand.

▶ Durch Einbindung in authentische Handlungszusammenhänge mit einer möglichst realen Kommunikationsabsicht. Die Nachhaltigkeit des Behaltens lässt sich erhöhen, wenn man Begriffe für den eigenen Gebrauch aktivieren und in Kontexte einbetten muss. Ganz wichtig ist also die Anwendung des Gelernten (**Sprachhandeln**).

▶ Durch Vermittlung von Strategien, Techniken und Ressourcen der Wortschatzerschließung und Erinnerung (Mnemotechniken). Merksätze oder andere mechanische Hilfen wie farbliche Markierungen, Wortkarten und Ähnliches können helfen, Lernstoff wieder abzurufen. Sie garantieren aber nicht die korrekte Verwendung (siehe dazu den nächsten Abschnitt).

▶ Durch Vermittlung von Ausweichstrategien zum Überbrücken von Lücken im Wortschatz, die den Kommunikationsfluss behindern oder unterbrechen könnten.

▶ Durch geeignete Automatisierungsverfahren für die Aktivierung von Wörtern.

▶ Durch Vermittlung von produktiven Prinzipien der Wortbildung: Ableitung (Derivation), Komposition, Neuschöpfung und Entlehnung.

▶ Durch **Lernaktivitäten.** Sie sollten im Unterricht häufig (circa alle 7 bis 10 Minuten) geändert werden. Das kann durch Texte, Themen, Fertigkeiten wie Lesen, Hören, Schreiben oder Sprechen und durch verschiedene Textsorten und Arbeitsformen erreicht werden.

▶ Durch Unterteilung in kleinere Einheiten. In den **Anfangs- und Endphasen** einer Lernaktivität ist die Aufmerksamkeit höher und damit die Behaltensleistung besser. Dazwischen fällt die Behaltensleistung graduell ab. Hilfreich sind daher kürzere Aktivitäten (mehr Anfangs- und Endphasen) und Abwechslung. Der Stoff mit seinem Wortmaterial sollte also in verschiedene kleinere Komponenten unterteilt werden.

Mnemotechniken verwendet man, um Brücken zwischen den Regeln der Zielsprache und der vorhandenen Konzeptwelt des Lerners zu bauen. Man kann funktionale und formale Mnemotechniken unterscheiden. Die Wirkung von formalen Mnemotechniken auf die korrekte Anwendung der betreffenden Regeln ist jedoch beschränkt. Für das bessere Behalten des Genus im Deutschen sind beispielsweise Wörter vorgeschlagen worden, die sich aus den regelmäßigen Endungen der femininen, maskulinen und Neutrum-Wortgruppen ergeben: *die Heitungkeiteischaftion, der Iglingorismus, das Tumchenmamentum.* Ihr Ziel liegt im schnellen Erinnern von Regeln bei der Grammatikkontrolle oder anderem reflektiven Sprachgebrauch.

Formale und funktionale Techniken

Besonders effektiv sind dagegen die funktionalen Mnemotechniken, zum Beispiel für Regeln, die sich vor dem inneren Auge visualisieren lassen. Die Verben, die im Deutschen eine Bewegungsveränderung ausdrücken und daher mit *sein* gebildet werden, können beispielsweise beim Lernen mit dem mentalen Bild eines Gegenstandes wie einem Rennwagen oder einer Person wie Superman zur schnelleren Erinnerung belegt werden. Auch die farbliche Markierung des Genus von Substantiven etwa im Französischen oder Deutschen ist eine sinnvolle Erinnerungstechnik.

Beispiel

Das Vokabellehrwerk *Memo* für Deutsch als Fremdsprache vermittelt die wichtigsten Mnemotechniken im Bereich des Wortschatzes durch:

Memo

- ▶ Eine thematische Organisation
- ▶ Visualisierungen
- ▶ Semantische Vernetzungen mittels Diagrammen, Skalen, Tabellen, Assoziogrammen
- ▶ Anordnungssystematiken (Taxonomien) wie Neben- oder Unterordnungen oder Gegensatzpaare
- ▶ Entdeckende Spiele
- ▶ Gedächtniskarten/Mind Maps
- ▶ Verlaufsdiagramme
- ▶ Wortbildungsprinzipien, Analogien

Abb. 3.12

Kontextualisierung des Wortschatzes anhand von Wortfeldern und Assoziationsübungen in Memo

Verkehrsmittel

❶ a) Lesen Sie die Wörter in der Wort-Kiste. Wählen Sie Wort-Igel aus. Ordnen Sie die Wörter zu.

Sie können auch die Regio-Box, S. 136, zu Hilfe nehmen.

das Flugzeug   der Bus   das Motorrad   der Reisende   das Moped   das Mofa
der Zug   das Fahrrad   das Taxi   der Fußgänger   die Straßenbahn   das Auto
der Passagier   der Pilot   der Wagen   die Maschine   der Kapitän   das Boot   der Polizist
der Schaffner   der Krankenwagen   die Haltestelle   die Trambahn   der Aufzug
der Intercity   das Ticket   die Notbremse   der LKW   das Schiff   der Kofferraum
der Reifen   die Fähre   die Fahrkarte   fahren   gehen   fliegen   halten
stehen   laufen   abbiegen   überholen   spazierengehen   anhalten   bremsen

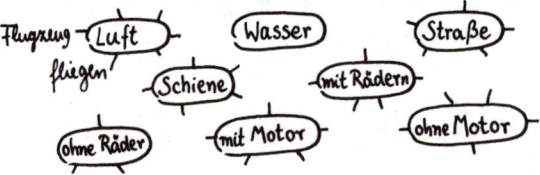

Assoziogramm

Die impliziten semantischen Merkmale eines Konzeptes oder Begriffes können mit solchen Wortigeln (Assoziogrammen) leicht aktiviert werden. In einem Klassenverband ergänzen sich die Beiträge der Lerner dabei meistens. Besonders interessant sind Assoziationsaufgaben in multikulturellen Lernergruppen, weil beim Sammeln der Elemente bereits kulturell unterschiedliche Perspektiven und Schwerpunkte deutlich werden, die Anlass zu weiterer Besprechung geben (Redeanlässe).

Sprachverarbeitung und Fehlerkorrektur | 3.9

Zum Abschluss dieses Kapitels wollen wir noch einen Blick darauf
werfen, was das vorgestellte Modell zur Sprachverarbeitung zum
Problem der Fehler im Fremdsprachenerwerb sagen kann, ein Problem, das für jeden Fremdsprachenunterricht zentrale Bedeutung
hat. Mit viel Akribie und Energie versuchen Lehrer meist, die Fehler ihrer Schüler zu korrigieren. Dazu gehören das korrekte Vorsa-
gen und wiederholte Nachsprechen. Motivierend wirken vielfache
Fehlerkorrekturen aber nur sehr selten, außerdem sind sie meist
nicht erfolgreich. Fehler, die an der Oberfläche festgestellt wer-   Fehlerursachen
den, also vom Artikulator produziert werden, sind nicht unbe-
dingt auch dort entstanden. Der Artikulator setzt nämlich nur
mechanische Befehle um, die an einer ganz anderen Stelle auf
dem Weg zum Artikulator entstanden sein können. Natürlich
kann der Artikulator auch einen eigenen Defekt haben oder über-
lastet sein. In anderen Fällen können die falsche Planung und
Skriptwahl, ein Griff ins falsche Wortrepertoire, eine mangelhafte
grammatische Umsetzung oder eine unvollständige Programmie-
rung des Monitors Fehler hervorrufen. Lehrer nehmen aber in der
Regel an, dass ein Fehler auch da entstanden ist, wo er wahrgenommen wird, das heißt an der Oberfläche. So wird der Lerner
häufig veranlasst, ein korrigiertes Wort nachzusprechen. Der Artikulator schaltet dabei auf Automatik, aber es bleibt wenig davon
haften. Wenn ein Lerner zum Beispiel den konzeptuellen Unterschied zwischen *dir* und *Ihnen* nicht kennt, nutzt auch das Nachsprechen wenig.

Wären wir in der Lage, Fehler da anzugehen, wo sie entstehen,
dann könnten damit eine Reihe von Folgeproblemen und aufwän-   Neukonzeption
dige Korrekturen vermieden werden. Ein solches Vorgehen ist
nicht immer einfach möglich, aber sicher wirkungsvoller als Korrekturen und Erklärungen, die am eigentlichen Problem vorbeige-
hen. Daraus ergibt sich, dass Fehlerkorrekturen und Strategien zur
Produktion der korrekten Formen auf andere Weise als bisher konzipiert werden müssen:

▶ Vor der Fehlerkorrektur muss eine eingehende Fehleranalyse
   erfolgen. Die Ursachen des Fehlers sollten in Bezug auf die Pro-
   duktions- und Verstehensbereiche des psycholinguistischen
   Modells identifiziert werden.
▶ Bei der Fehleridentifikation sind die Gesetzmäßigkeiten des

Fremdsprachenerwerbs zu berücksichtigen (siehe nächstes Kapitel). Viele Fehlproduktionen sind keine Fehler.

▶ Die Fehlerkorrektur sollte gezielt im identifizierten Fehlerbereich erfolgen. Die Wahl der falschen Anrede (*du* statt *Sie*) sollte zum Beispiel nicht grammatisch oder in der Aussprache korrigiert werden, sondern konzeptuell.

▶ Fehlerkorrektur muss nicht immer durch den Lehrer erfolgen. Entdeckende Verfahren eignen sich oft besser als direkte Erklärungen eines Lehrers.

3.10 | Übungsaufgaben zur Wissenskontrolle

1. Wie erfolgt die Informationsverarbeitung beim Sprachverstehen?
2. Welche Prozesse sind an der Sprachproduktion beteiligt?
3. Wie verläuft der Informationsaustausch im Gehirn?
4. Was sind die wichtigsten Prinzipien der Gestaltpsychologie?
5. Was versteht man unter einem mentalen Bild?
6. Welche Rolle spielt der Aktivierungsgrad beim Behalten und wie kann man damit im Unterricht umgehen?
7. Wie lassen sich Bilder lernfördernd im Unterricht einsetzen?
8. Welche Organisationsprinzipien und –prozesse bestimmen das bilinguale mentale Lexikon und wie könnte man im Unterricht darauf Einfluss nehmen?

3.11 | Weiterführende Literatur

Cenoz, Jasone/Hufeisen, Britta/Jessner, Ulrike (Hg.) (2003): The Multilingual Lexicon. Dordrecht.

De Bot, Kees (2004): The Multilingual Lexicon. Modelling Selection and Control. In: *The International Journal of Multilingualism* 1,1. 17-32. (Weiterentwicklung eines früheren kritischen Modells zur Anwendbarkeit psycholinguistischer Forschung auf den Fremdsprachenerwerb).

Dentler, Sigrid/Hufeisen, Britta/Lindemann, Beate (Hg.) (2000): Tertiär- und Drittsprachen. Projekte und empirische Untersuchungen. Tübingen.

Dijkstra, Ton/Kempen, Gerard (1993): Einführung in die Psycholinguistik. Bern/Göttingen. (Gut lesbare Einführung in die Arbeitsbereiche der Psycholinguistik).

Kandel, Eric R./Schwartz, James H./Jessell, Thom M. (Hg.) (1995): Neurowissenschaften. Eine Einführung. Heidelberg/Berlin/Oxford.

Levelt, Willem J.M. (1989): Speaking. From Intention to Articulation. Cambridge.

Müller, Bernd-Dietrich (1994): Wortschatzarbeit und Bedeutungsvermittlung. Tübingen.

Paivio, Allan (1986): Mental Representations: A Dual-Coding Approach. New York.

Raupach, Manfred (1994): Das mentale Lexikon. In: Börner, Wolfgang/Vogel, Klaus (Hg.): Kognitive Linguistik und Fremdsprachenerwerb. Das mentale Lexikon. Tübingen. 19-37.

*****Reetz,** Henning (2003): Artikulatorische und akustische Phonetik. Trier. (Gut verständliche Einführung in die wichtigsten Arbeitsbereiche der Phonetik, wenn auch ohne direkte Verbindungen zum Fremdsprachenunterricht).

*****Roche,** Jörg/Plieger, Petra (2004): Organisationsprozesse des mentalen Lexikons und ihre elektronische Modulation beim Fremdsprachenerwerb. In: Germanistentreffen Deutschland – Italien, 8.-12.10.2003. Bonn, Deutscher Akademischer Austauschdienst. 371-382. (Gut illustrierte, theoretisch fundierte Darstellung des mentalen Lexikons mit konkreten Hinweisen auf die Umsetzung im Fremdsprachenerwerb. Kann über den DAAD direkt bezogen werden).

Visual Thesaurus. www.visualthesaurus.com

Vossen, Piek (1997): EuroWordNet: A Multilingual Database for Information Retrieval. Online: www.ercim.org/publication/ws-proceedings/DELOS3/Vossen.pdf

Zydatiß, Wolfgang (2002): Leistungsentwicklung und Sprachstandserhebungen im Englischunterricht. Frankfurt.

Fremdsprachenerwerb | 4

Inhalt

4.1 Gesteuerter und ungesteuerter Spracherwerb 90

4.2 Spracherwerbsforschung 104

4.3 Sprachenlernen und kognitive Entwicklung 108

4.4 Erwerbssequenzen 110

4.5 Mehrsprachigkeit 117

4.6 Sprachumgebung und Eingabe 120

4.7 Übungsaufgaben zur Wissenskontrolle 128

4.8 Weiterführende Literatur 129

Zusammenfassung

Dieses Kapitel stellt die Grundlagen der Fremdsprachenerwerbsforschung dar. Durch die Erforschung des natürlichen Fremdsprachenerwerbs will man zu Aussagen über einen besseren Sprachunterricht kommen. Anhand von verschiedenen Originalaufnahmen von Lerneräußerungen wird gezeigt, wie sich die Prinzipien des natürlichen Fremdsprachenerwerbs in der Sprache der Lerner abbilden und dabei eine Reihe von strukturellen Gemeinsamkeiten mit bestimmten Sprachregistern und voll entwickelten Sprachen zeigen. Die Struktur dieser Art von Sprache lässt sich als pragmatischer Sprachmodus bezeichnen. Im Laufe der Zeit entwickelt er sich zu einer strukturell stärker ausgebildeten Form, dem syntaktischen Modus. Dargestellt werden auch die wichtigsten Hypothesen zum Einfluss der Ausgangssprache und der Zielsprache auf den Spracherwerb. Von besonderer Bedeutung ist hierbei das

Modell der Erwerbsstufen, über die Lerner trotz gemischter und chaotisch erscheinender Strukturen systematisch eine Zielsprache erwerben. Bei Kindern orientieren sich diese Stufen zudem stark an dem altersgemäßen Entwicklungsstand der Verarbeitungsmöglichkeiten. Es wird gezeigt, wie wichtig die Bedeutungen der Wörter beim Spracherwerb der Kinder, aber auch der Erwachsenen sind.

Der Erfolg des Spracherwerbs hängt darüber hinaus wesentlich von der Verständlichkeit der Sprache ab, die die Lerner in ihrer Umgebung wahrnehmen. Der abschließende Teil dieses Kapitels beschäftigt sich daher anhand eines authentischen Gesprächs mit den Strukturen der Eingabe im Spracherwerb und mit den Prozessen, mit denen sich Lerner und Sprecher der Zielsprache verständlich machen, das heißt, wie sie verständlichen Input aushandeln.

4.1 | Gesteuerter und ungesteuerter Spracherwerb

Ziele der
Erwerbsforschung

Die Fremdsprachenerwerbsforschung untersucht die Lernervariablen, Umweltfaktoren und die internen Gesetzmäßigkeiten des Spracherwerbs im Zusammenspiel, um mit den Erkenntnissen daraus zu effizienteren Verfahren der Sprachvermittlung zu gelangen. In den vorangehenden Kapiteln haben wir gesehen, welchen Einfluss die Personenmerkmale und der Sprach- und Informationsverarbeitungsapparat ausüben. Über die Erforschung der Gesetzmäßigkeiten des Spracherwerbs will man von den eingefahrenen Praktiken des Sprachunterrichts abrücken und die natürlichen Lernprozesse des nicht durch Unterricht gesteuerten Spracherwerbs nutzbar machen. Dem liegt die Annahme zugrunde, dass sich im natürlichen Spracherwerb erfolgreiche Verfahren finden, die man dann im Unterricht nur kopieren und mit unterrichtlicher Steuerung kombinieren muss.

Spracherwerb

Mit **ungesteuertem** (Englisch: untutored) oder **natürlichem** (natural) **Fremdsprachenerwerb** (language acquisition) wird das Lernen von Sprachen außerhalb des Unterrichts oder tutorieller Betreuung bezeichnet. Im Gegensatz dazu spricht man von **gesteuertem Spracherwerb** im Unterricht (tutored language acquisition) und meint damit die Steuerung von außen durch Lehrpläne, Lehrmaterialien und Lehrer. Gesteuert sind aber eigentlich beide Formen des Erwerbs, und zwar durch interne Prozesse. Natürlich sind beide ohnehin. Die Unterscheidung zwischen Erwerb (acquisition) und Lernen (learning), die man gelegentlich in der Literatur findet, ist rein spekulativ und bisher nicht belegt. Wer diesen terminologischen Problemen ausweichen will, verwendet neutral den Begriff Spracherwerb und spezifiziert in den weiteren Ausführungen, um welche Art es sich handelt, also zum Beispiel Spracherwerb im Unterricht oder am Arbeitsplatz. Erst-, Zweit- und Drittsprachenerwerb unterscheidet man als L1-, L2- und L3-Erwerb (first, second, third language acquisition).

Dieser Ansatz gleicht einem Quantensprung in der Fremdsprachendidaktik, stellt er doch jahrhundertealte Sprachlehrpraktiken und landläufige Einstellungen zum Sprachenlernen in Frage.

Das, was im ungesteuerten Spracherwerb, zum Beispiel am Arbeitsplatz oder auf der Straße, passiert, wurde lange Zeit, wenn überhaupt, nur negativ wahrgenommen. Vor allem die vielen Fehler der Sprecher, das Chaos der Grammatik, die falsche Aussprache und falsche Wörter fielen auf. Auch die Menschen selbst, die ungesteuert Fremdsprachen lernen, und ihr Umfeld galten lange Zeit nicht als besonders interessantes Studienobjekt. Auch heute noch sind es vor allem die Migranten, also die Gastarbeiter, die Spätaussiedler und andere Einwanderer, die in großer Zahl ungesteuert die Sprache ihres Ziellandes lernen. Sie gehören aber meist zu den Unterprivilegierten, das heißt den sozial Schwachen mit wenigen Bildungsressourcen, wenig Einkommen, wenig Aufstiegsmöglichkeiten, einem häufig begrenzten und begrenzenden Umfeld und wenig Sozialprestige. Viele von ihnen benutzen auch nach vielen Jahren die Zielsprache noch genauso schlecht wie am Anfang. Den Spracherwerb dieser Menschen als Modell für den Sprachunterricht zu nehmen, scheint vielen Lehrern bis heute nur schwer vermittelbar. Wie kann es überhaupt funktionieren, eine Sprache zu lernen, ohne gleich am Anfang die richtige Grammatik zu ‚pauken'?

Die Spracherwerbsforschung der 70er und 80er Jahre des 20. Jahrhunderts hat sich bewusst nicht davon abhalten lassen, gerade die genannten Lernergruppen in ihrem limitierten Umfeld zu untersuchen, und zwar nicht zuletzt um herauszufinden, warum

Ungesteuerter
Spracherwerb

einige der Sprecher dieser Lernergruppen sehr wohl und sehr schnell in der Lage sind, eine Zielsprache korrekt zu erlernen, während andere es nie zu schaffen scheinen. Mitunter gelingt es Lernern einer fremden Sprache sogar, die fremde Sprache besser zu lernen als die Einheimischen sie sprechen und schreiben. Man denke in Deutschland etwa an den subtilen Sprachhumor von Kaya Yanar in der Fernsehserie *Was guckst Du?!*, an die kabarettistischen Vorstellungen von Django Asül oder die höchst differenzierte Sprachkenntnis der vielen Autorinnen und Autoren, die Gedichte, Romane und Erzählungen auf Deutsch publizieren, obwohl Deutsch nicht ihre Muttersprache ist.

Was guckst Du?!

Aber auch die Gruppe der Lerner, deren Sprachentwicklung schnell zum Stehen kommt, also fossiliert, ist für Forscher insofern interessant, als man daraus die Ursachen der Fossilisierung und Blockade erfahren kann. Kennt man diese dann, lassen sich auch Reparaturmaßnahmen, also zum Beispiel passende Unterrichtsmethoden, entwickeln.

Fossilisierung

Sehen wir uns dazu genauer an, wie der natürliche Spracherwerb aussieht, wie chaotisch und unstrukturiert er tatsächlich ist, und betrachten wir dann die einzelnen Faktoren, die den Spracherwerb in seinen Strukturen, in seinem Verlauf und in seiner Geschwindigkeit beeinflussen. Dabei kann man einige Überraschungen erleben.

Authentische Daten

Die folgenden Ausführungen betreffen vor allem den Erwerb des Deutschen und des Englischen und werden anhand authentischer Aufnahmen und Untersuchungen illustriert. Vieles, was dort beobachtet werden kann, ist aber symptomatisch für den Spracherwerb allgemein, gilt also prinzipiell auch für den Erwerb anderer Fremdsprachen. Wir wollen diesen Fremdsprachenerwerb in seiner Systematik beschreiben, wobei unser Ansatz versucht, sich von den Konzepten der Lerner beim Spracherwerb leiten zu lassen. Er ist also ein **konzeptueller** und **pragmatischer Ansatz**.

Die zwei folgenden Gespräche sind jeweils von deutschsprachigen Ärzten und ihren türkischen Patientinnen geführt worden. Sie wurden mit einem offenen Mikrofon aufgenommen und anschließend verschriftlicht (transkribiert).

Ä = deutschsprachige Ärztin; P = türkische Patientin auf niedrigem Erwerbsniveau

(...)

1 Ä:	Rauchen Sie noch Frau Eski?
2 P:	Ah, nix zu viel (...)
3 Ä:	Wie viel?
4 P:	Zwei, drei Stück, jeden Tag, nicht so viel.
5 Ä:	Zwei bis drei?
6 P:	Früher war zwei Pakett.
7 Ä:	Huijuijui.
8 P:	Aber jetzt nix mehr, jetzt (...)
9 Ä:	Mhm.
10 P:	Wann ich nerven bin, ich rauch weg, ich hab nix lügen (...).
11 Ä:	Mhm.
12 P:	Aber wann nicht nerven (...).
13 Ä:	Mhm.
14 P:	ist nichts.
15 Ä:	Mhm
16 P:	Aber wenn ich merk irgendwas, Probleme oder was, oder schlecht werd (...)
17 Ä:	Mhm.
18 P:	hören oder, oder irgendwas (...)
19 Ä:	Mhm.
20 P:	Oder bin ich
21 Ä:	Mhm
22 P:	krank
23 Ä:	Mhm
24 P:	oder irgendwas mag ich rauchen (...) aber sonst (...)
25 Ä:	Mhm, mhm sonst nicht.
26 P:	Hmhm, nö nö.
27 Ä:	Mhm, ja gut. Also jetzt füllen wir das nachher aus.

(...)

Die türkische Patientin, die in diesem Gespräch mit ihrer Ärztin über ihre Beschwerden spricht, kann sich im Prinzip einigermaßen auf Deutsch verständlich machen. Zumindest versteht sie gut. Allerdings fällt es der Ärztin in diesem Ausschnitt schwer, die

Äußerungsmerkmale

Informationen zum Rauchen auf die möglichen Ursachen der Beschwerden zu beziehen. Die Grammatik der türkischen Patientin ist nicht vollständig entwickelt. Zwar verwendet sie verschiedene Verbformen umgangssprachlich korrekt (*bin, war, merk*), aber diese sind nicht immer vollständig (*war* in Äußerung 6 entspricht hier *habe ich geraucht* oder *waren es, hab nix lügen* in 10 entspricht *habe nichts verschwiegen*). Formen wie *wenn ich nerven bin* in Äußerung 10 sind besonders interessant, weil sie unverständlich erscheinen. Wenn man aber weiß, dass diese Äußerung bedeutet *wenn ich nervös bin*, dann erschließt sich die Form wesentlich leichter. Es ist typisch für die Lernersprache, dass Verläufe und andauernde Aktionen mit Hilfsverben umschrieben werden, auch ohne Adjektive. Klar erkennbar ist trotz größeren Fortschritts in einigen grammatischen Bereichen und trotz verschiedener formelhafter Ausdrücke die vergleichsweise einfache Wortstellung (Syntax): *nix zu viel* (Äußerung 2) zeigt die klare Entwicklungsstruktur einfacher Äußerungen. Das Entscheidende hier ist das Element *zu viel*. Es steht am Ende der Äußerung in der Position, in der das Wichtigste zu stehen hat. Durch die Voranstellung des verneinenden Elementes (Negators) *nix* wird diese einfach negiert, wie auch später *nix lügen* oder *nicht nerven* in den Äußerungen 10 und 12. *lügen* fällt hier also in die Reichweite des Negators. Bekannte Elemente wie *ich* und *rauche* fallen dagegen ganz weg. Ähnlich ist es in Äußerung 6: *Früher (war) zwei Pakett.* Hier erscheint zwar ein verbindendes, leeres Element, nämlich *war*, das hier tatsächlich nur ein Platzhalter ist, der markiert ‚hier gehört ein Verb hin'. Ansonsten finden sich nur zwei Elemente: das zeitlich rahmende *früher* und das zentrale und hervorgehobene *zwei Pakett*. Auch in Äußerung 8 ist das so, hier aber mit drei Elementen: *aber – jetzt – nix mehr.*

Mischformen

Typisch für die Lernersprache sind Mischformen von verschiedenen Erwerbsstufen und auch die nahtlose Kombination von Phrasen und formelhaften Ausdrücken, die es dem ungeübten Zuhörer schwer machen, Sinneinheiten zu identifizieren. In diesem Ausschnitt wird das an vielen Stellen deutlich: etwa in der Reihung in Äußerung 4, in der sich Antwort und Kommentar nahtlos mischen, oder in den vielen Anbindungen mit *oder* und *aber* und den Verwendungen von Überbrückungsausdrücken wie *irgendwas.*

Authentisches Beratungsgespräch

In dem folgenden Gesprächsausschnitt, an dem zwei ganz andere Personen beteiligt sind, finden sich ebenfalls noch einfache neben weiter entwickelten Strukturen, auch wenn die türkische

Patientin in ihrem Deutscherwerb schon weiter vorangeschritten ist und das Gespräch insgesamt viel aktiver erscheint.

A = deutschsprachiger Arzt; P = türkischsprachige Patientin auf mittlerem Erwerbsniveau

(...)

1 A: So, sie sind Frau Kücük?

2 P: Ja.

3 A: Also, wie geht es Ihnen?

4 P: Äh, danke gut, Herr Doktor, aber ich hab immer noch Husten, also ist noch nicht vorbei ganz und ab und zu mal es sticht bei mir, beim Einatmen.

5 A: Mhm. Wie oft ham Sie denn Schmerzen?

6 P: ((überlegend)) Mhm, seit dem Krankheit. Also

7 A: Seit dem, und wie oft am Tag husten Sie?

8 P: Äh, und ja nicht so stark, nicht so viel ab und zu mal so

9 A: Ab und zu?

10 P: aber jeden Tag.

11 A: Und der geht nach ein paar Minuten wieder vorbei?

12 P: Ja.

13 A: Und wie ist es nachts?

14 P: Nachts ok.

15 A: Nachts husten Sie nicht?

16 P: Nein.

17 A: (...) Und wo sticht es noch mal bitte?

18 P: Also hier. (...)

19 A: Mhm, seitlich im Brustbereich, immer nur beim Husten oder unabhängig vom Husten?

20 P: Unabhängig vom Husten. Äh, er ist nicht oft, aber beim Einatmen (...).

21 A: Können Sie alles machen, was Sie so normalerweise tun, ich glaub Sie kümmern sich ja auch ums Kind?

22 P: Ich habe drei Kinder.

23 A: Sie ham drei Kinder? Können Sie denn mit den Kindern alles machen? Die müssen Sie ja auch hochheben.

24 P: Ja.

25 A: und füttern.

26 P: Ja.

27 A: Das geht alles?

28 P: Das mach ich, ja, das geht alles ok, das wird nicht zu viel.

29 A: Sie können Ihren Haushalt normal führen?

30 P: Mhm.

31 A: Aber manchmal merken Sie eben, dass es sticht, und das ist dann unangenehm.

32 P: Ja zum Beispiel beim äh beim unterwegs hab ich gefühlt, also, gefühlt diese Stiche.

33 A: Als Sie unterwegs waren, haben Sie die Stiche gefühlt?

34 P: Ja.

35 A: Wie waren Sie denn unterwegs, mit welchem Verkehrsmittel?

36 P: U-Bahn bin ich da, aber beim Laufen also

37 A: Ja.

38 P: hab ich (...)

39 A: Beim Laufen merken Sie die Stiche?

40 P: Mhm, aber es war natürlich zu Hause, ich geh nicht viel raus, aber zu Hause mach äh

41 A: Sie gehen grundsätzlich wenig raus, ne?

42 P: Mhm.

43 A: Und wie ist das beim Einkaufen?

44 P: Ok (...), beim Einkaufen

45 A: Aus/Einkaufen können Sie? Da müssen Sie

46 P: Ja.

47 A: auch eine Tasche tragen

48 P: Ja.

49 A: und auch ein Stück gehen.

50 P: Mhm, kann ich schon, Treppen, ich wohne in dritte Stock. Treppen kann ich schon, äh, schleppen, natürlich dann

51 A: Sie können die Einkaufstüte drei Stockwerke hochtragen

52 P: Ja.

53 A: und da bekommen Sie keine Schmerzen?

54 P: Nein, also es kommt ab und zu mal nicht so jeden, äh, Bewegungen oder jeden, äh, also (...)

55 A: Es kommt nicht bei jeder Bewegung?

56 P: Hmhm

57 A: Und es kommt auch unabhängig davon, ob Sie sich jetzt körperlich belasten? Weil wenn Sie die Einkaufstüten drei Stockwerke hoch tragen können, (...) dann

58 P: Mhm. Dann bin ich natürlich/ ich bin halt dann (...)
59 A: Dann sind Sie ein bisschen außer Atem. Ok. Darf ich noch
        mal die Lunge abhören bitte.

        (...)

Auch diese Sprecherin verwendet gerne Füllwörter wie *also* und **Äußerungsmerkmale** andere formelhafte Ausdrücke wie *ab und zu*, *mal* oder *das mach ich* und andere. Auch nimmt sie gerne Reihungen vor, die einzelne Aspekte herausgreifen und auf verschiedene Art ausdrücken, so dass es dabei zu Überschneidungen kommt: zum Beispiel in Äußerung 8 „ja nicht so stark, nicht so viel ab und zu mal so", Äußerung 40 „aber es war natürlich zu Hause, ich geh nicht viel raus, aber zu Hause mach äh" oder Äußerung 54 „also es kommt ab und zu mal nicht so jeden, äh, Bewegungen oder jeden, äh, also". Interessant ist auch, dass zwar an einigen Stellen korrekte Dativformen verwendet werden, aber dies wahrscheinlich in Form fester Ausdrücke oder Redewendungen geschieht (*bei mir*, *beim Einatmen* in Äußerung 4). An anderen Stellen, an denen eine Kenntnis der Regel nötig wäre und die Situation grammatisch analysiert werden müsste, verwendet die Sprecherin keine korrekte Form: „wohne in dritte Stock" (Äußerung 50). Dies zeigt deutlich, dass die Sprecherin noch auf dem Weg zur richtigen Grammatik oder genauer gesagt zur nächsten Erwerbsstufe ist. In einer Reihe von Äußerungen greift sie auf eine einfache Syntax zurück: *nachts okay* (14) oder *Treppen* (50), was so viel bedeutet wie „trotz der vielen Treppen, die wir im Haus haben" oder Ähnliches. Die Struktur *unabhängig vom Husten* (20), die als gehobenes Deutsch gelten kann, ist eine direkte Übernahme aus der Frage des Arztes. Ob die Sprecherin sie wirklich versteht oder auch grammatikalisch beherrscht, ist zweifelhaft. Aber solche Übernahmen sind durchaus typisch für den Spracherwerb. Wahrscheinlich hat die Sprecherin eine ungefähre Vorstellung von der Bedeutung und probiert diese nun einfach aus. Zu bemerken ist auch, dass sie das Gesprächssystem mit den Routinen für Sprecherwechsel ganz gut beherrscht. Auch das ist gar nicht einfach. Außerdem versteht sie die Fragen des Arztes einigermaßen korrekt und kann sich insgesamt verständlich machen, trotz begrenzter Grammatik und begrenzten Vokabulars.

Selbsttest

Machen Sie doch bitte mal folgenden Selbsttest: Nehmen Sie sich irgendein Aufnahmegerät und zeichnen Sie damit Ihre eigene Sprache und gegebenenfalls die Ihrer Freunde auf. Ein paar Minuten eines alltagssprachlichen Gesprächs beim Kaffee genügen völlig. Dann schreiben Sie das Gespräch bitte ab. Das nennt man transkribieren. Wenn Sie dann den Text noch einmal in Ruhe lesen, werden Sie wahrscheinlich Ihr blaues Wunder erleben. Sie werden sehen, wie einfach und häufig unvollständig Ihre Äußerungen sind. Wundern werden Sie vielleicht auch die zahlreichen Versprecher, die typisch sind für die gesprochene Sprache. An dieser Norm muss man auch die Äußerungen der Lerner messen. Duden-Deutsch darf man auch von Muttersprachlern in gesprochener Sprache nicht erwarten. Übrigens: wenn Ihre Aufnahme dennoch perfekt ausfallen sollte, dann können Sie sich beim Rundfunk um einen Job bewerben oder eine Laufbahn in der Politik erwägen.

Grammatik stark reduzierter Äußerungen

Sehen wir uns nun die Grammatik der stark reduzierten Äußerungen anhand eines etwas veränderten Beispiels aus Transkript 4.1 genauer an.

früher – zwei Pakett

Leicht lässt sich hier erkennen, dass die Äußerung aus einzelnen, aneinander gereihten Wörtern besteht, die ohne Endungen und ohne andere Funktionselemente wie Artikel, Präpositionen und Konjunktionen auskommen. Einzelne Wörter vertreten ganze Phrasen oder komplexere Konstituenten. Auch bekannte oder redundante Elemente sind nicht realisiert. Dazu gehören die beteiligten Personen (zum Beispiel *ich*), Hilfsverben (zum Beispiel *haben*) und andere implizierte oder implizierbare Wörter (*rauchen*). Chaotisch sind solche Äußerungen aber keineswegs. Die Anordnung der Elemente folgt einem klaren Informationsprinzip, dem gemäß die bekannte oder orientierende Information, das **Thema,** am Äußerungsanfang steht und die neue oder wichtige Information, der **Fokus** oder das **Rhema**, am Ende.

Informationsprinzip

früher	*zwei Pakett*
Thema	Fokus

Das daraus ableitbare linguistische Grundprinzip kann man mit dem amerikanischen Sprachforscher Givòn als **pragmatischen Sprachmodus** bezeichnen. Dieser Modus zeichnet sich dadurch aus, dass die Äußerungen eine klare Thema-Fokus-Struktur aufweisen. Die Äußerungen sind höchstens lose aneinander gereiht, Nebensätze gibt es praktisch nicht. Es überwiegen Inhaltswörter. Funktionselemente, Endungen und dergleichen gibt es kaum. Nomen und Verben finden sich als wichtigste Inhaltswörter in ungefähr gleichem Verhältnis. Es wird sehr langsam gesprochen, wobei die Betonung (Intonation) das Thema-Fokus-Prinzip stark unterstützt. Zu diesen pragmatischen Prinzipien der Äußerungsstrukturierung gehört darüber hinaus die Funktion der Intonation, den Satzmodus zu bestimmen. Die gleiche Anordnung von Wörtern kann so mit steigender oder fallender Intonation in eine Frage, einen Befehl (Imperativ) oder einen Aussagesatz verwandelt werden. Dazu kommen noch eine Reihe außersprachlicher Mittel wie Gestik und Mimik, die Wörter und sprachliche Handlungen ersetzen.

Der pragmatische Sprachmodus findet sich nicht nur im Zweitsprachenerwerb, sondern auch im Erstspracherwerb verschiedener Sprachen. Außerdem liegt er Pidgin- und Kreolsprachen zu Grunde und hilft Patienten, deren Sprache durch einen Unfall oder Schlaganfall und Ähnliches gestört ist, sich mit einfachen Mitteln verständlich zu machen oder ihre Sprache zumindest teilweise wieder zu erlernen.

Aufgabe

Sehen wir uns nun einige Äußerungen aus ganz anderen Bereichen der Zielsprache an:

Beispiele der Zielsprache

1. *41 Einwohner, 1 Bürgermeister, 1 Lehrer, 1 Allianz Fachmann*
2. *Grünenchefin blau im TV?*
3. *Nächster Halt: Max-Weber-Platz. Bayerischer Landtag. Umsteigen. U4.*

Woher stammen diese Texte? Überlegen Sie bitte.

Beim ersten Beispiel handelt es sich um den Anzeigentext einer Versicherungswerbung. Bei der zweiten um eine Überschrift in der meistgelesenen deutschsprachigen Tageszeitung, der Bild-Zeitung (vom 11.2.2003). Der dritte Text ist eine typische Ansage in einem

Lösung

Münchner U-Bahnzug der Linie 5. Diese Texte kommen fast ohne Funktionselemente oder Redundanzen aus. Dennoch ist völlig klar, was sie ausdrücken wollen: die Steigerung oder Pointe in der Reihung (1 *Allianz Fachmann*), die Frage in der Überschrift (auch ohne Fragewort oder Inversion), die telegrafische Präsentation wichtiger Informationen.

Nicht nur im Deutschen, sondern auch in vielen anderen Sprachen wird die Bekanntheit oder Präsenz eines Bezugselementes im Kontext nicht explizit ausgedrückt. Das gilt zum Beispiel für die in einem Gespräch anwesenden Personen (*er, sie, es*). Man spricht in solchen Fällen, in denen die Personenmarkierung ausfällt (*ich kam, sah und siegte*), auch von Null-Anaphora. In manchen Sprachen wie dem Lateinischen, Italienischen, Russischen oder Türkischen gibt es andere Möglichkeiten der Referenzmarkierung, meist am Verb (vergleiche italienisch *ti amo – ich liebe dich*, Markierung der 1. Person Singular durch -*o*).

Ökonomisches Kommunizieren

Der pragmatische Sprachmodus hat eine einzige Funktion: ökonomisches Kommunizieren. Er erlaubt es den Sprechern, mit ganz wenigen sprachlichen Mitteln fast alles auszudrücken, was sie wollen. Entstehende Sprachen, also Sprachen, die sich entweder kollektiv aus einer Sprachgemeinschaft (phylogenetisch) oder individuell im Spracherwerb (ontogenetisch) bilden, sind auf diesen Modus schlichtweg angewiesen. Erst mit zunehmendem Bedarf an Komplexität verfeinern sich auch die sprachlichen Mittel. Sie erlauben schließlich ein differenzierteres und damit für fortgeschrittene Sprecher ökonomischeres Kommunizieren, und zwar nicht zuletzt deshalb, weil die grammatischen Mittel automatisiert eingesetzt werden können. Es bildet sich ein **syntaktischer Sprachmodus**.

Dieser syntaktische Modus weist hoch grammatikalisierte Strukturen auf: meist eine klare, strikte und komplexe Satzstruktur mit Subjekt, Verb und weiteren Nomen, die Markierung semantischer Beziehungen und anderer grammatischer Zugehörigkeiten durch Endungen, Nebensatzkonstruktionen, eine höhere Sprechgeschwindigkeit und eine weniger bedeutende Intonation.

Hier der pragmatische und syntaktische Modus im Überblick (nach Givòn 1979: 98):

Pragmatischer Modus	Syntaktischer Modus
(a) Thema-Fokus Struktur	(a) Subjekt-Verb Struktur
(b) lose Verbindungen	(b) strikte Einbettungen
(c) langsame Sprechge-schwindigkeit mit einem Intonationsmuster	(c) schnelle Sprechgeschwin-digkeit mit verschiedenen Intonationsmustern
(d) die Wortstellung wird von einem pragmatischen Prinzip ge-steuert: alte Information zuerst, neue Information folgt	(d) die Wortstellung signali-siert semantische Kasus-Beziehungen, kann aber auch pragmatische Bezie-hungen ausdrücken
(e) ein ungefähres 1:1 Verhältnis von Verben und Nomen, wo-bei die Verben semantisch einfach sind	(e) mehr Nomen als Verben, wobei die Verben seman-tisch komplex sind
(f) keine grammatische Morpho-logie	(f) entwickelte grammatische Morphologie (Endungen)
(g) deutlicher Intonationsschwer-punkt markiert die neue Infor-mation, die thematische Posi-tion ist weniger klar markiert	(g) ähnlich, aber unter Um-ständen mit weniger funk-tionaler Bedeutung oder gar nicht vorhanden

Sind die Strukturen voll ausgebildet, werden sie über eine gewisse Zeit erprobt. Dabei stellt sich im Laufe der Zeit in der Regel heraus, dass gar nicht alle Mittel immer eingesetzt werden müssen, um auszudrücken, was man will. Viele kommunikative Situationen kommen mit ganz wenigen sprachlichen oder außersprachlichen Mitteln aus, wenn alle Beteiligten die Spielregeln gut kennen, das heißt, die Situation standardisiert oder normiert ist und man auf Bekanntes zurückgreifen kann. So schleifen sich die Sprachen mit der Zeit ab. Englisch ist dafür ein gutes Beispiel: Es besitzt nur noch ein einfaches Artikel- und Kasussystem, kaum noch Endungen bei der Personenmarkierung und nur noch wenige starke Verben. Dafür hat sich aber im Laufe der Zeit – auch wegen der vielen fremden Einflüsse – der Wortschatz des Englischen stark entwickelt und differenziert. Im Deutschen ist es nicht viel anders, nur etwas zeitversetzt: Genitiv und Dativ sind im Verschwinden begriffen, zunehmend werden starke Verben durch schwache ersetzt (zum Beispiel *backte* statt *buk*), synthetische Formen werden von analytischen verdrängt (das Präteritum durch das Perfekt mit den Hilfsverben *haben* und *sein*, der Konjunktiv wird durch *würde*-Formen ersetzt oder fällt ganz weg und Ähnliches), in verschiedenen Regionen verschleifen die Artikelformen und Endungen (zum Beispiel

Wellenbewegungen

mi'm statt *mit dem*) und so weiter. Sprachen entwickeln sich wellenartig: Zunächst sind es pragmatisch bestimmte Konstrukte, dann entwickeln sie sich bis zur grammatischen Blüte, schließlich verschleifen sie, bis sie sich dem pragmatischen Modus nähern und so weiter. Ähnlich also wie es in anderen gesellschaftlichen Strukturen und Lebensbereichen vor sich geht: Aus einem Vakuum entsteht mit viel Nachbarschaftshilfe langsam ein soziales Netz, das sich immer weiter verfeinert, bis es schließlich einen Saturierungsgrad erreicht, der nicht mehr zu halten ist. Ähnlich ist es auch bei Sprechern, die ihre Sprache voll beherrschen, sie aber im Alltagsgebrauch aus den gleichen Gründen nur in verkürzter Form einsetzen.

Prinzipien des Spracherwerbs

Zurück zum Lerner. Für seine frühen Äußerungen sind also die folgenden Prinzipien die entscheidenden:

▶ Bekannte und gegebene Information steht vor neuer Information.

▶ Thematisierende Elemente stehen vor fokussierenden Elementen.

▶ Bedeutungsmäßig zusammengehörige Elemente stehen möglichst nahe beieinander.

▶ In einer Reihung von Nomen hat das erste Element den größten Einfluss.

▶ Funktionale Elemente wie *kein, viel, alle* werden einheitlich vor (oder einheitlich hinter) die von ihnen bestimmten Elemente gestellt.

▶ Orientierende Elemente wie Orts- oder Zeitangaben stehen am Anfang einer Äußerung.

▶ Ereignisse werden nach ihrer tatsächlichen (chronologischen) Reihenfolge berichtet.

▶ Die Betonung bestimmt, ob es sich um eine Aussage, eine Frage oder eine Anweisung handelt.

▶ Die Betonung markiert auch die fokussierten Elemente.

Mittels dieser Prinzipien entwickelt sich die Sprache zunehmend, und zwar nicht nur in grammatischer Hinsicht, sondern auch in Bezug auf das Zusammenspiel der grammatischen, lexikalischen und pragmatischen Prinzipien untereinander und dabei vor allem auch beim Ausbau des Wortschatzes (Lexikons). Mit dem Fortschreiten des Erwerbs nehmen aber auch die Unterschiede zwischen den Lernern zu. Einige Lerner haben sich dann den zielsprachlichen Normen bereits sehr stark angenähert, während andere noch weit davon entfernt sind und zum Beispiel keine zielsprachlichen Nebensatzkonstruktionen oder andere komplexere Strukturen produzieren können. Diese Unterschiede sind durch die Lernervariablen und das Umfeld bedingt. *Zusammenspiel*

Da die dargestellten Strukturen Übergangsstrukturen im Spracherwerb sind, lassen sie sich auch als Hilfsmittel im Sprachunterricht einsetzen. Ansätze dazu finden sich in den Deutsch als Fremdsprache Lehrbüchern *Tangram* und *Schritte international*.

Abb. 4.1

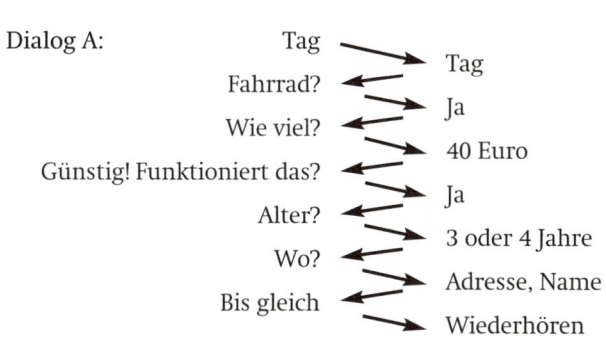

Dialog A:

Dialoggerüst zum Verständnis und als Sprechvorlage in Tangram

Besonders produktiv könnte der pragmatische Sprachmodus bei Lernern eingesetzt werden, in deren Sprachen ähnliche Strukturen wie die oben dargestellten verwendet werden, wie etwa in der Hauptsprache Sri Lankas, dem Singhalesischen. So entspricht die Grundwortstellung in singhalesischen Äußerungen der Struktur der dargestellten Lerneräußerungen.

Singhalesisch

Der Elefant geht heute einkaufen

hat im Singhalesischen etwa folgende Struktur:

Elefant einkaufen heute
oder
Heute Elefant einkaufen.

Einsatz im Sprach-unterricht

Auch die singhalesische Schriftsprache bietet sich als Brücke in der Sprachvermittlung an. Im Singhalesischen ist nämlich die Schriftsprache grammatikalisch betont deutlicher ausgebildet als die gesprochene Sprache und verlangt auch ganz bestimmte von der gesprochenen Sprache unterschiedene Wörter. Es herrscht eine Art Zweisprachigkeit (Diglossie) in der Sprache. Die Grammatik der Schriftsprache entspricht in vieler Hinsicht den Strukturen des Deutschen. Das heißt also, dass sich die Struktur der deutschen Sprache an Lerner aus Sri Lanka, im Anschluss an die Phasen ihrer reduzierten Lernersprache, am besten in Anknüpfung an die singhalesische Schriftsprache vermitteln lässt. Die gesprochene Zielsprache wird in der ersten Phase über einfache Lernerstrukturen und in der zweiten über einen schriftsprachlichen Code der Ausgangssprache der Lerner vermittelt. Die Mutter- oder Ausgangssprache der Lerner kann also verschiedene produktive Funktionen beim Spracherwerb übernehmen.

4.2 | Spracherwerbsforschung

Forschungsrichtungen

In der Spracherwerbsforschung spielen – wie in jedem anderen Forschungsgebiet auch – verschiedene Forschungsrichtungen und -schulen eine Rolle. Diese sollte man kennen und auf ihre Plausibilität und Brauchbarkeit prüfen, ohne sich dabei von ihrer Komplexität oder ihrem Begriffsinventar einschüchtern zu lassen. Die verschiedenen Richtungen der Spracherwerbsforschung gehen von einer jeweils anderen linguistischen Basis aus, da es einen allgemeingültigen Wissensbestand in der Linguistik wie bei den Gesetzen der Naturwissenschaften nicht gibt. Wir wollen hier versuchen, das für den Spracherwerb Nützliche in verschiedenen Ansätzen zu identifizieren und für den Unterricht nutzbar zu machen.

Zu den frühen Hypothesen der Spracherwerbsforschung gehören die **Kontrastivhypothese** und die **Identitätshypothese**. Die Kontrastivhypothese geht davon aus, dass der Zweitsprachenerwerb als Gegenstück zum Erstspracherwerb erfolgt. Die Erstsprache (L1) bildet sozusagen die Folie oder Matrix für den Erwerb weiterer Sprachen. Wo sich die Strukturen der beiden Sprachen unterscheiden, treten dieser Hypothese zufolge die meisten Erwerbsschwierigkeiten auf. Die Schwierigkeiten des Erwerbs, so die Annahme, zeigen sich durch entsprechende Fehler an der Oberfläche, das heißt in der gesprochenen oder geschriebenen Sprache, und zwar erst dann, wenn die Lerner schon über eine gewisse Menge sprachlicher Mittel verfügen. Wo sich die Strukturen gleichen, sind dagegen kaum Fehler zu erwarten. Man spricht daher von **Interferenz** oder **negativem Transfer**, wo Fehler auftreten, und von **positivem Transfer**, wo die Strukturen der L1 ohne Fehler übertragen werden: Als typischer Interferenzfehler ist zum Beispiel die undifferenzierte Verwendung von *nehmen* durch türkische Lerner bezeichnet worden: „Ich gehe einkaufen und nehme eine Käse." Als Ursache wird hier der Verwendungsbereich von *almak* (*nehmen*, *bekommen*) vermutet. Auch durch sprachliche Mischungen, falsche Verallgemeinerungen der Zielsprache und durch Auslassungen können Interferenzen entstehen.

Insbesondere die **Kontrastive Linguistik** der 60er bis frühen 80er Jahre des 20. Jahrhunderts hat sich der Kontrastivhypothese verschrieben. Aus dieser Schule sind zahlreiche Arbeiten hervorgegangen, in denen die strukturellen Unterschiede von Sprachpaaren (zum Beispiel Deutsch-Türkisch) herausgearbeitet und anschließend in Lehrübungen thematisiert wurden. Dabei handelt es sich um eine Weiterentwicklung der Grammatik-Übersetzungsmethode, der es schon früher darum ging, durch die Konfrontation von unterschiedlichen sprachlichen Strukturen zur korrekten Verwendung der Zielsprache und zur Ausbildung eines sprachlichen Bewusstseins zu gelangen. Dass diese Hypothese aber nur teilweise trägt, zeigt sich bereits an einfachen Beobachtungen des Spracher-

Hypothesen

Kritik an der Kontrastivhypothese

werbs. Zwar hilft es natürlich, wenn man als Lerner auf bekannten Strukturen aufbauen kann, nur weiß man zunächst nicht, welche Elemente die Sprachen gemeinsam haben und welche nicht. Außerdem ist die Kenntnis unterschiedlicher Strukturen nicht gleichbedeutend mit ihrer korrekten Verwendung. Noch schwerwiegender sind folgende Einwände gegen die Kontrastivhypothese: Erstens treten Fehler häufig und hartnäckig gerade bei ähnlichen Strukturen der Sprachen auf. Man denke zum Beispiel an die so genannten falschen Freunde, die gerade wegen ihrer Ähnlichkeiten zu Fehlern führen (Englisch *gift*, Deutsch *Gift*). Auch hartnäckige Aussprachefehler bei Sprechern, die schon lange in der Zielkultur leben, illustrieren die Problematik des Ähnlichkeitsargumentes, zum Beispiel bei den Umlauten im Deutschen, mit denen Ausländer Schwierigkeiten haben, obwohl sie auch in ihren Sprachen vorkommen, wie in *tu (Du)* oder *coeur (Herz)* im Französischen oder *a (ein)* und *yearn (streben)* im Englischen, oder den *th-* (in der Lautschrift als [θ] dargestellt) und *v*-Lauten im Englischen, die Deutsche gerade wegen der Ähnlichkeiten mit den deutschen *s*- und *w*-Lauten oft nicht wahrnehmen und korrekt produzieren. Selbst grammatische Abweichungen sind davon betroffen, die etwa durch die ähnliche Wortstellung des Deutschen und des Niederländischen entstehen.

Zweitens wurde in systematischen Untersuchungen nachgewiesen, dass viele vermeintliche Interferenzfehler auch bei solchen Lernern auftreten, deren Sprachen sich in unterschiedlichen Aspekten von der Zielsprache unterscheiden oder in deren Sprachen es gar keine Strukturen gibt, die eine Interferenz auslösen könnten. Ähnliche Äußerungen mit *nehmen* wie die obige finden sich auch bei Lernern mit anderen Ausgangssprachen als dem Türkischen und auch bei solchen, in denen ähnliche Strukturen wie im Deutschen üblich sind.

So ist die Kontrastivhypothese zunehmend in die Kritik und die kontrastive Linguistik in Vergessenheit geraten. Abgelöst wurde sie durch die **Identitätshypothese** in den 80er Jahren, die besagt, dass L1- und L2-Erwerb sich im Wesentlichen gleichen, das heißt, von den gleichen Mechanismen gesteuert werden. Es gibt also so etwas wie eine universelle Sprachlernfähigkeit, die unabhängig vom Einfluss der jeweiligen Muttersprache operiert. Demnach ist auch sekundär, welche Sprachen überhaupt betroffen sind, das heißt, welche Sprachen erworben werden und welche Sprachen der Lerner bereits erworben hat. Die Tatsache, dass viele Lerner trotz verschiedener Ausgangssprachen beim Erwerb etwa des Deutschen ähnliche Fehler machen, spricht für diese Hypothese. Dass das bereits Erworbene einer anderen Sprache und Kultur keinen Einfluss auf den Erwerb einer zweiten oder weiteren Sprache haben soll, widerspricht jedoch den Regeln der Plausibilität und der Lern- und Entwicklungspsychologie.

Der Fremdsprachenerwerb umfasst verschiedene Aspekte, die weder mit der Identitäts- noch mit der Kontrastivhypothese hinreichend erfasst werden können. So kam es zur Entwicklung weiterer Hypothesen.

Die **Monitorhypothese** nimmt eine kognitive Perspektive ein, indem sie zwischen einem Lern- und einem Erwerbsmodus unterscheidet. Diese Unterscheidung basiert auf der Annahme, dass sich das Lernen von Strukturen im Unterricht vom Erwerb von fremdsprachlichen Fertigkeiten in ungesteuerten Situationen unterscheidet. Lernen bedeutet demnach eine gezielte Ausbildung des grammatischen Regelapparates im Monitor, der den korrekten Sprachgebrauch überprüft. Erwerben erfolgt dagegen über den intuitiven Sprachgebrauch. Ob es sich dabei aber tatsächlich um verschiedene Arten der Aneignung von Sprache und um unterscheidbare Lernprozesse handelt, kann bisher an konkreten Daten nicht überprüft werden.

Lernen versus Erwerben

Eine Reihe von Spracherwerbshypothesen betont den interaktiven Charakter des Fremdsprachenerwerbs. Sie betrachten ihn als Wechselspiel zwischen den Sprechern der Zielsprache und den Lernern, wobei die Sprache zwischen den Beteiligten ausgehandelt wird. Die allgemeine Variante dieser Forschungsperspektive ist unter dem Namen **Interaktionshypothese** bekannt geworden. Die **Pidginisierungshypothese** beschreibt dagegen genauer, wie es zu den falschen Strukturen in der Lernersprache kommt und wie diese fossilieren. Lerner und Sprecher der Zielsprache imitieren ihre fehlerhafte Sprache gegenseitig, die Lerner, weil ihnen die Kompetenz fehlt, die Sprecher der Zielsprache, weil sie ihre Sprache künstlich vereinfachen. Dadurch entsteht eine rudimentäre Mischsprache aus Lernersprache und Input.

Interaktion

Die **Akkulturationshypothese** betont den sozialen und psychischen Antrieb der Lerner zum Spracherwerb. Dieser wird durch Nähe zur Zielsprache und Zielkultur verstärkt. Je positiver diese durch innere und äußere Faktoren bestimmte Nähe ausgeprägt ist, desto

Antrieb

erfolgreicher ist der Spracherwerb. Ist die Distanz dagegen groß, bleibt der Spracherwerb unvollständig.

Handlungscharakter

Stärker auf den Handlungscharakter des Spracherwerbs geht die **Outputhypothese** ein. Die aktive Verwendung der Fremdsprache verlangt vom Lerner die aktive Analyse der Sprache und die entsprechenden Anstrengungen zur korrekten Nutzung und Einbettung. Durch die Notwendigkeit, mit der Fremdsprache Ziele umzusetzen, entsteht ein Erwerbsdruck für den Lerner, der den Erwerb vorantreibt.

4.3 | Sprachenlernen und kognitive Entwicklung

Frühe Entwicklung

Bevor ein Kind laufen, springen, klettern oder turnen lernt, muss es erst das Stehen lernen. Und so ist es auch mit der Sprache. Der Erwerb bestimmter Wörter und Strukturen setzt beim Erstspracherwerb den Erwerb einfacherer Wörter und Strukturen voraus. Auch die sprachlichen Konzepte von der Welt müssen sich erst ausbilden. So muss ein Kind erst lernen, was Kausalität bedeutet, bevor es richtig mit *warum* danach fragen und mit *weil* darauf antworten kann. Mit dem Prozess des Erwerbs der ersten Sprache vollzieht sich also ein Prozess der geistigen Entwicklung oder **Maturation**. Bei vielen, die nach Schuleintritt eine zweite Sprache lernen, ist dieser kindliche Prozess der Maturation abgeschlossen. Das heißt, sie können dann ohne Probleme und zeitliche Verzögerung auf das Wissen aus der Erstsprache zurückgreifen und brauchen es nur mit den Begriffen der zweiten Sprache neu zu belegen. Diese Beobachtung spricht übrigens gegen die bereits vorgestellte Identitätshypothese von Erst- und Zweitsprachenerwerb.

Den Erwerb der Erstsprache bei Kindern kann man in folgende Phasen unterteilen:

Entwicklungsstufen im L1-Erwerb

Monate	
(vor der Geburt) 0 – 6	Ausfiltern des offenen Lautinventars und Prägung intonatorischer Muster
6 – 10	Verstehen von einzelnen Wörtern
10 – 18	Wortproduktion (bis circa 50 Wörter, primär situativ verwendet)

18 – 20	Wachstum des Wortschatzes, primär zur Benennung konkreter Objekte in 1-Wort-Äußerungen, mit Übergeneralisierungen und Überdiskriminierungen
20 – 24	Wortkombinationen (bis zu 250 Wörter)
ab 24	Einsetzen der Grammatik in 2-Wort-Äußerungen

Der Psychologe Jean Piaget (1896 – 1980) unterteilt die kognitive Entwicklung des Kindes in vier Phasen zunehmender Komplexität. In der ersten Phase, die von der Geburt bis etwa zum 2. Lebensjahr dauert, entwickelt sich die Intelligenz der Kinder durch sensorische Erfahrungen und durch Bewegung, das heißt durch das Lernen mittels konkreter Objekte und durch motorische Kontrolle. Man nennt diese Phase deshalb auch die **sensomotorische Phase**. Die zweite Phase, die vom 2. bis zum 7. Lebensjahr dauert, betrifft das Lernen von Symbolen, die Konzepte und Objekte repräsentieren, so wie es Bilder oder Wörter tun. Hierzu gehört auch das Benennen von Objekten und das intuitive Handeln. Diese Phase heißt die **präoperationale Phase**. In der dritten Phase, die vom 7. bis zum 12. Lebensjahr dauert, lernt das Kind anhand von konkreten physischen Beispielen logisch zu denken. Der Umgang mit Zahlen und anderen abstrakten Bezügen gehört zu dieser Phase. Man nennt sie die **konkret operationale Phase**. In der vierten Phase lernt das Kind abstrakte Konzepte logisch und systematisch zu verarbeiten, das heißt an Hand von formalen Operationen und unabhängig von der konkreten Anschauung. Diese Phase beginnt mit circa 12 Jahren und endet mit dem 15. Lebensjahr. Sie heißt **formal operationale Phase**.

Aus Erfahrung wissen wir, dass diese Vorstellung idealtypisch ist. Zum einen sind die Altersperioden sicher flexibler als angenommen. Zum anderen belegen neuere Studien, dass viele Erwachsene zumindest diese letzte Phase der kognitiven Entwicklung kaum erreicht haben oder erreichen werden. Piaget geht aber davon aus, dass durch die Spannung von Ist- und Soll-Zustand **Anpassungsprozesse** ausgelöst werden. Die Spannung dieses Ungleichgewichts ist der treibende Motor des Lernens. Der Lerner passt sich in verschiedenen Formen den Anforderungen der Umwelt an, zum Beispiel dadurch, dass er neue Begriffe lernt, die zu einer Konzeptkategorie gehören

Phasen nach Piaget

(beim Kind etwa neue Namen von Autos), oder dadurch, dass er die Wahrnehmung differenziert (etwa durch neue Wahrnehmungskategorien wie LKW, Zug, Flugzeug für sich bewegende Gegenstände). So besteht Lernen aus **Assimilations-** und **Akkomodationsprozessen**. Die entscheidende Frage für Sprachvermittler und andere Lehrer ist demnach die nach der möglichen Steuerbarkeit dieser Prozesse.

4.4 | Erwerbssequenzen

Systematik von Sequenzen

Im Lauf der Zeit hat sich die Fremdsprachenerwerbsforschung zunehmend auf die Prozesse konzentriert, die im Lerner ablaufen. Diese Forschung verbindet man vor allem mit den Begriffen **Interlanguagehypothese** und **Erwerbssequenzen**. Man geht davon aus, dass sich ein Lerner graduell einer Zielsprache nähert und dabei sowohl von den generischen Prinzipien des Spracherwerbs als auch von den Vorerfahrungen mit anderen Sprachen und den spezifischen Problemen der Zielsprache geleitet wird. Inwieweit das jeweils der Fall ist, welche Faktoren dabei stärker wirken als andere und ob und wie sie beeinflussbar sind, ist jedoch noch strittig. Im Mittelpunkt der sequenziellen Modelle stehen die Prozesse des Erwerbs und nicht die Ausrichtung auf Fehlerprodukte. Mit dem konzeptuellen Ansatz, der eingangs ausführlicher dargestellt wurde, wurde der grundlegende Verlauf der Erwerbsprozesse bereits beschrieben.

Einige Modelle heben besonders die angeborenen Erwerbsstrukturen hervor. Ihnen zufolge läuft der Erwerb der Fremdsprache auch in Stufen, aber in universell festgelegten und daher wenig beeinflussbaren Sequenzen ab.

Erwerbsstufen

Am besten – wenn auch schematisch vereinfachend – lässt sich dieser Erwerbsprozess am Beispiel einer umgekehrten Pyramide darstellen. Horizontal sind dabei die verschiedenen Varianten der Zielsprache (V...) abgetragen. Das kann das einfache Deutsch des Arbeitsplatzes (nennen wir es mal *V 1*), die Umgangssprache oder die Schriftsprache (*V 7*) sein. Vertikal sind die verschiedenen Stufen abgetragen, über die sich der Lerner einer bestimmten Zielvariante nähert.

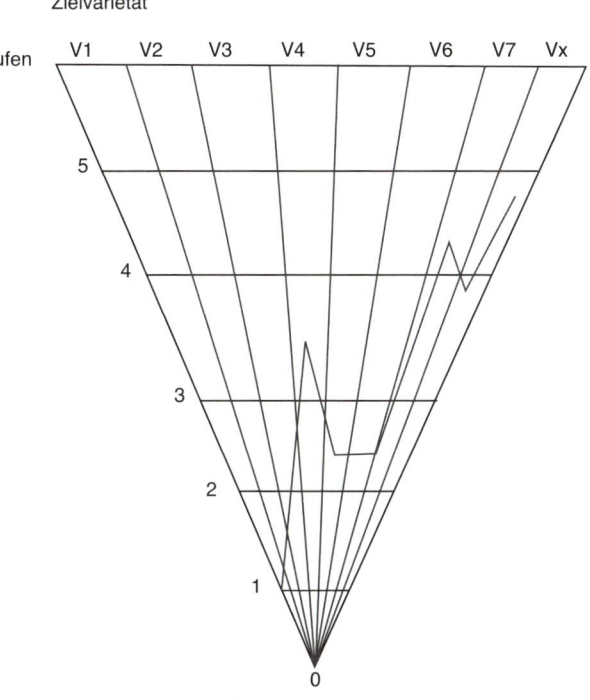

Zielvarietät

Erwerbsstufen V1   V2   V3   V4   V5   V6   V7   Vx

Abb. 4.2

Modell sechsstufiger
Erwerbssequenzen

Wichtig ist die Abfolge der Erwerbsstufen, die Erwerbssequenz.
Diese beginnt für das Deutsche im Bereich der Syntax (Wortstellung) bei Ein- und Zwei-Wortsätzen (0/1), führt über die adverbiale
Voranstellung einzelner Elemente ohne Inversion (2), die Verbtren-
nung bei mehrteiligen Verben (3), die Inversion (4) und die Verb-
endstellung in deutschen Nebensätzen (5) zu noch komplexeren
Strukturen der Zielsprache. Der Lerner fängt bei Null an und arbeitet sich zur Zielstruktur der Stufe 5 vor. Dabei kann er eine Stufe
gar nicht oder nur schwer überspringen. Wenn man ihn zum Überspringen zwingt, kann es zu einer Bruchlandung kommen. Das
heißt, er produziert Fehler, die er ansonsten vermieden hätte. Das
passiert zum Beispiel, wenn durch eine lineare Grammatikprogres-
sion in den Lehrwerken komplexere Strukturen vor einfacheren
eingeführt werden wie etwa Adjektivendungen vor dem einfachen
Gebrauch der Adjektive.

Der Erwerbsprozess erfolgt in den wenigsten Fällen linear nach   **Kreative Pausen**
oben. Vielmehr macht der Lerner in der Regel kreative Pausen, in

denen er das neue Material verdaut oder sich auf eine neue Struktur konzentriert. Dabei können bereits erworbene Strukturen vorübergehend verloren gehen. Fehlt es am Lerndruck (Interesse und Motivation) oder ist die Eingabe nicht stimulierend genug, dann kommt

Verfestigung

es zu einer Fossilisierung des Spracherwerbs auf einer unteren Stufe. Das kann man häufig bei Gastarbeitern und Migranten beobachten, die schon viele Jahre in einem fremden Land leben, die Zielsprache aber nur rudimentär beherrschen. Meist haben sie entweder nur wenig Gelegenheit am Arbeitsplatz oder außer Haus, die Zielsprache zu verwenden (das ist zum Beispiel bei vielen Arbeitern am Fließband der Fall), oder sie suchen die bekannte Umgebung von Freunden und Familienmitgliedern, die ihre eigene Muttersprache sprechen. Das ist unter anderem bei vielen Spätaussiedlern, in den so genannten ‚Türkenvierteln' deutscher Großstädte oder in den China Towns amerikanischer Städte der Fall.

Mehrfachsequenzen

Erwerbssequenzen gibt es in allen Bereichen der Grammatik und auch der Wortbildung. Sie können versetzt auftreten, das heißt, eine Position auf Stufe 3 beim Erwerb der Syntax bedeutet noch nicht, dass alle weiteren Strukturen auf dieser Position sind. Zwar gibt es eine Reihe natürlicher Zusammenhänge zwischen verschiedenen sprachlichen Strukturen, aber im Grunde ist jede Sequenz einzeln zu betrachten. Sehen wir uns verschiedene Sequenzen unterschiedlicher grammatischer Bereiche an.

Hier zunächst die angenommene Sequenz beim Erwerb der Syntax des Englischen als Fremdsprache, die nach Aussage einiger Forscher sprachübergreifende (universelle) Geltung hat.

Beispiel: ESL/EFL

Englisch als Fremdsprache

Die Erwerbssequenzen für die Syntax des Englischen als Zweit- und Fremdsprache (ESL/EFL)

Stufe 1:
    Subjekt – Verb – Objekt (SVO)
    Die Strukturen entsprechen auf dieser Stufe der als allgemein gültig angenommenen SVO Struktur.
    You are student?
    I no like.
    I like Sydney.

Stufe 2:

Auch bei Voranstellung von Elementen bleibt hier die SVO Reihenfolge intakt.

In Vietnam, I am teacher.

Do you have apartment?

Why you not eat?

Stufe 3:

Veränderungen in der Wortstellung treten auf (hier Inversion) und trennbare Elemente werden verschoben.

Have you job?

I like to eat my friend house.

You can take your coat off.

Stufe 4:

Auf dieser Stufe gelingt es den Lernern bereits, bestimmte grammatische Kategorien zu identifizieren und entsprechende Veränderungen vorzunehmen. Diese Umstellungen sind auch nicht einfach Elemente fester Ausdrücke.

Why did you go? (Hilfsverb in der 2. Position)

She does not know. (Hilfsverb mit Personenanpassung)

He gave the money to the police. (Dativ Nomen mit *to*)

She eats too much. (3. Person, Singular *-s*)

Stufe 5:

Eingebettete Strukturen (Nebensätze) werden erkannt und korrekt integriert.

She makes me work hard. (Strukturen mit *make* statt *I have to work hard*)

He has never met her. (Adverbphrase)

He didn't leave, did he? (Nachfrage mit korrekter grammatischer Anpassung)

Ähnliche Erwerbsstufen gibt es wie gesagt auch in anderen Bereichen der Grammatik. Die verschiedenen Grammatikbereiche sind aufeinander abgestimmt und beeinflussen sich gegenseitig. Das sieht dann nach Pienemann (1988) ungefähr folgendermaßen aus:

Abb. 4.3 | *Tabellarische Darstellung der Erwerbssequenzen in allen Grammatikbereichen für die Fremdsprache Englisch*

Stufe	Verb	Nomen	Person	Frage
	Wörter und formelhafte Ausdrücke			
1	nicht-standardgemäße -*ing*-Formen		Endungen der 1., 2. und 3. Person	SVO?
2	-*ed* (zur Markierung der Vergangenheit)	regelmäßige und unregelmäßige Pluralendungen	Possessivpronomen	Voranstellung von *do* und Fragewörtern
3	Hilfsverben mit Vollverben auf -*ed* und -*ing* (aber nicht immer mit der richtigen Bedeutung)	Possessiv		Pseudo-Inversion durch einfache Voranstellung und Inversion bei Ja/Nein-Fragen
4	3. Person Singular -*s*	Pluralendungen nach Mengenangaben u.Ä.	Kasusmarkierung der Pronomen in der 3. Pers.; adverbiale oder emphatische Verwendung adverbialer Pronomen	*do* oder *have* in 2. Position
5	Gerundformen		reflexive Strukturen	Nachfragen

Stufe	Negation	Adverb	Adjektiv	Präposition	Wortstellung
1	*no* *no*+X			Präpositionalausdrücke	SVO
2	*don't*+Verb	Adverbien	Steigerung *more*		Voranstellung (z.B. Adverbien)
3			*better* *best*	Ergänzung von *to* in Ausdrücken wie *want to do*	Trennung von zusammengehörigen Elementen
4	*some*-Umwandlung in *any* in der Negation	-*ly*	-*er* -*erst*		indirektes Objekt mit *to*
5					Adverbiale Verbalphrasen; Dativumstellung; *machen*- und *lassen*- Sätze; Subjektergänzungen mit Verben wie *want*

Im Folgenden noch ein Beispiel aus dem Bereich Deutsch als Fremdsprache. Die Vergangenheitsformen werden in folgenden Sequenzen erworben:

> In der Grundphase werden Zeitmarkierungen durch einzelne Wörter mit zeitlicher Bedeutung ausgedrückt. *Heute* kann so zum Beispiel auch *gestern, morgen* oder einfach *Zeitmarkierung* heißen. Diese Markierungen können auch unvollständig sein. Die meisten Zeitmarkierungen stehen auch auf den späteren Stufen weiterhin zur Verfügung.

> In der zweiten Phase erscheinen Perfekt Partizipien als mechanisch verwendete Formen von Verben. Diese haben dann eine feste perfektive Bedeutung (zum Beispiel *gefunden*). Die morphologische Struktur des Partizips oder der Tempusmarkierung allgemein ist noch nicht erkannt. Die Formen werden nicht korrekt verwendet.

> In der dritten Phase gibt es diese genuin perfektiven Partizipien neben unmarkierten Formen des Verbs, die für andere Zwecke verwendet werden (zum Beispiel *finde(n)*). Der Lerner erwirbt eine Regel der Zeitmarkierung, die sich nur auf wenige Verben erstreckt. Meist sind dies starke Verben, weil diese auffälliger sind.

> In der vierten Phase erfolgt die Ausweitung der Regel auf alle Verben. In dieser Phase wird die perfektive Kategorie dennoch nur selektiv im Gespräch markiert. Die Formen sind nicht immer ganz korrekt. Auch Formen wie *gemachten, gehte* und *gegingen* können hier erscheinen.

> Erst in der fünften Phase erfolgt die nötige Markierung temporaler Kategorien beim Verb (Tempus), wie sie in der Zielsprache üblich sind, zum Beispiel *sind gefahren, ging, machten*.

Zeitmarkierungen

Dieses temporale Basissystem baut stark auf der Bedeutung einzelner Wörter auf. Erst langsam entwickelt sich eine formalisierte Zeitmarkierung, die zu einem späteren Zeitpunkt ausgebaut werden kann. Diese Ausbaustufe enthält dann auch komplexe zielsprachliche Normen wie Strukturen mit Konjunktionen und Nebensätzen.

Manche Forscher behaupten, die Abfolge der Erwerbssequenzen sei nicht veränderbar. Allerhöchstens variiere die Geschwindigkeit

Erwerbssystem

Lernbarkeit
Lehrbarkeit

des Durchlaufens der Sequenzen. Nur was in der vorgegebenen Reihenfolge präsentiert werde, sei auch zu diesem Zeitpunkt lernbar. Und nur was zu einem bestimmten Zeitpunkt lernbar sei, sei auch tatsächlich lehrbar. Insofern ist es sinnlos, die Formen der Hilfsverben beim Perfekt einzuführen, wenn nicht die Grundfunktionen der Partizipien beherrscht werden. Man spricht hier von **learnability** und **teachability (Lern- und Lehrbarkeitshypothese).** In letzter Zeit setzt sich aber immer mehr die Erkenntnis durch, und zwar auf Grund von konkreten (empirischen) Forschungen, dass einige der Variablen des Spracherwerbs doch stärker veränderbar und beeinflussbar sind, als man zunächst angenommen hat, das heißt, dass der Erwerb bestimmter Strukturen in einem gewissen Rahmen durch Unterricht vorweggenommen oder beschleunigt werden kann.

Fehlerkorrektur

Wenn es die Erwerbssequenzen in dieser oder einer anderen Abfolge gibt, dann hat das starke Auswirkungen auf unser Verständnis von Fehlern. Je nachdem, wie man den Erwerb betrachtet, ergeben sich unterschiedliche Auffassungen von dem, was überhaupt ein Fehler ist. Misst man die Lerneräußerungen an den Normen der Hochsprache oder der Schriftsprache, dann wird man in der Regel viele Abweichungen feststellen, die aber auch in der gesprochenen Sprache vorkommen. Geht man dagegen davon aus, dass bestimmte Fehler entwicklungsbedingt auftreten, dann relativiert sich auch das Thema Fehlerkorrektur sehr schnell. Die Entwicklungsstufen werden ja in Richtung einer Zielvariante durchlaufen. Viele Fehler können daher als Zeichen einer Entwicklung, also als Entwicklungsfehler oder Entwicklungsstufen angesehen werden. Sie markieren damit eher Fortschritt als Rückschritt. Zum Beispiel zeigt eine typische Äußerung aus dem Erstspracherwerb im Englischen, die Verbform *goed*, dass der Lerner zwar noch nicht die starke Form des Partizips oder der Vergangenheit von *to go* erworben hat, aber immerhin schon weiß, dass die Endung *–ed* im Englischen als Suffix des Verbstamms das Tempus der Vergangenheit markiert. Vermeintliche Fehler markieren einen bestimmten Fortschritt, bestehen nur vorübergehend und verschwinden teilweise ohne weiteres Zutun im Laufe der weiteren Sprachentwicklung. Man kann sich damit viele der mühsamen Korrekturen im Unterricht ersparen.

Das Wichtigste zur Spracherwerbsforschung ist damit schon gesagt. Festzuhalten bleibt, dass Spracherwerb ein systematischer Vorgang ist, der nach bestimmten Prinzipien abläuft, auch wenn er manchmal chaotisch erscheint. Es gibt aber bisher keinen Forschungsansatz, der alle Faktoren dieser Systematik erklären kann. Das frühe Verständnis von Spracherwerb als Kontrast oder Identität zum Erwerb der Erstsprache wird den Erwerbsprozessen nicht ausreichend gerecht und konnte durch empirische Untersuchungen nur teilweise bestätigt werden. Die dargestellten Ansätze der Erwerbssequenzen fassen dagegen die wichtigsten Aspekte der neueren Forschung zusammen. Der eine ist ein **konzeptueller und pragmatischer Ansatz**. Er erlaubt eine Erklärung der Strukturen von Äußerungen. Der andere ist ein **universalistischer**. Er beschreibt verschiedene Sequenzen als feste Abläufe der Sprachentwicklung. Die einzelnen Stufen können dabei unterschiedlich formalisiert beschrieben werden. Wie gezeigt wurde, kann man sie als mehr oder weniger fest programmierte, quasi angeborene Reihenfolge ansehen. Hier spricht man von einem **nativistischen** Ansatz. Oder man geht auch innerhalb der festen Sequenzen von der stärkeren Bedeutung funktionaler und konzeptueller Kriterien aus. Dann kann man je nach den Umständen und Zielen des kommunikativen Umfeldes auch die Variation in den Sequenzen besser erklären. Schließlich gibt es noch Ansätze, die das Hauptgewicht des Spracherwerbs vor allem auf die Umgebung des Lerners legen, also interne Steuerungsmechanismen weitestgehend außer Acht lassen. Solche **soziolinguistischen** Ansätze untersuchen vornehmlich Personenmerkmale wie den sozialen Status, den Bildungsstand, die Integrationsmöglichkeiten, die Bleibeabsicht im Zielland und andere, um Erklärungen für bestimmte Auffälligkeiten des Spracherwerbs zu liefern.

Mehrsprachigkeit | 4.5

Der Begriff Mehrsprachigkeit lässt sich in Bezug auf den Beherrschungsgrad der Sprachen unterschiedlich weit fassen. Im Folgenden soll es aber nur um die Fälle gehen, in denen ein Sprecher sich ähnlich flüssig und problemlos in den wesentlichen Bereichen mehrerer Sprachen ausdrücken kann. Wie verhalten sich die erworbenen Sprachen zueinander und haben sie Effekte auf die allgemeine Kognition? Eine Zeit lang ist von Gegnern der Mehrsprachigkeit und Mehrkulturalität angenommen worden, dass Mehrsprachigkeit sich insgesamt negativ auf die beteiligten Sprachen und eher verwirrend auf den allgemeinen Geisteszustand auswirken würde. Auch als politisches Argument gegen die Eingliederung ethnischer Minderheiten wurden diese vermuteten negativen Effekte der Mehrsprachigkeit herangezogen. So zum Beispiel in der Nazizeit gegenüber slawischsprachigen Minderheiten in Deutschland. Inzwischen hat sich diese Einstellung grundsätzlich geändert, auch wenn nicht immer verstanden wird, welche Folgen dieses positive Verständnis gerade mit Blick auf die Entwicklung des Denkvermögens hat.

Die wichtigsten Antworten liefern zwei Hypothesen, die inzwischen durch eine umfangreiche Feldforschung auch hinlänglich abgesichert sind: Die **Schwellenhypothese** und die **Interdependenzhypothese**. Die Schwellenhypothese geht von zwei Schwellen aus, von denen aus sich unterschiedliche Effekte auf den Spracherwerb ergeben. Unterhalb der ersten Schwelle zeigen sich eher negative Effekte auf beide Sprachen. Das Ergebnis kann dann sogar eine **doppelte Halbsprachigkeit (doppelter Semilingualismus)**, eine sehr niedrige und bruchstückhafte Kompetenz in Erst- und Zweitsprache sein. Ein typisches Beispiel hierfür sind Kinder von Migranten, die zu Hause eine rudimentäre Variante einer Sprache sprechen und in der Zielkultur nur ungenügend integriert sind beziehungsweise sich vorwiegend in instabilen gemischtsprachigen Gruppen aufhalten. Hier kann die Zweitsprache zu negativen Einflüssen auf die Erstsprache führen, besonders dann, wenn es an Systematik fehlt und wenig auf sprachliche Korrektheit geachtet wird. Zwischen dieser unteren Schwelle und der oberen Schwelle befinden sich die so genannten **Standard-** oder **Normalfälle**, in denen die Erstsprache gut entwickelt ist, die Zweitsprache weniger. Positive und negative Effekte der Sprachen aufeinander halten sich die Waage. Repräsentativ hierfür sind schulische Lernsituationen. Der Fremdsprachenunterricht bleibt meist eine Akkumulation von neuem Wissen, aber zu einer echten Mehrsprachigkeit führt er selten. Erst oberhalb der zweiten Schwelle sind die Kompetenzen in beiden Sprachen sehr gut ausgebildet und beeinflussen sich auch gegenseitig positiv. Hier spricht man von **ausgeglichener** oder **additiver Zweisprachigkeit**.

Schwellenhypothese

Die Interdependenzhypothese geht noch einen Schritt weiter. Sie besagt, dass mit zunehmendem Grad der Sprachbeherrschung die in einer der Sprachen erworbenen Kenntnisse, wie zum Beispiel fachliches Wissen, übertragbar sind und vor allem zunehmend positive Effekte auf die allgemeinen kognitiven Fertigkeiten haben. In dem Schema von Toukomaa/Skutnabb-Kangas (1977) sind beide Hypothesen zusammengefasst:

Interdependenz-hypothese

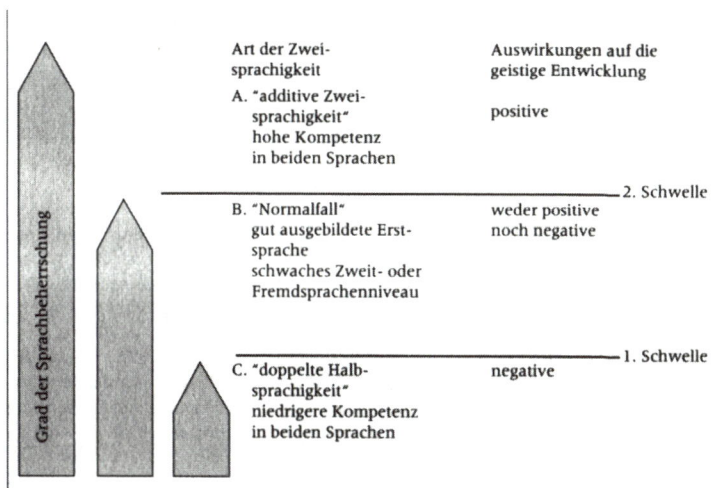

Abb. 4.4

Die Effekte der Mehrsprachigkeit und die Schwellen- und Interdependenzhypothese

Diese Hypothese hat in Schulversuchen in Deutschland unter anderem dazu geführt, Förderunterricht für Immigrantenkinder in deren Erstsprache einzuführen, wenn diese nicht gut ausgebildet ist. Erst später kommt dann Unterricht in der Fremdsprache hinzu.

Förderunterricht

Studie

In einer neueren langfristigen (longitudinalen) Untersuchung konnten Reeder und Bournot-Trites (2001) die Entwicklung von Schülern mit der Muttersprache Englisch von der 4. bis zur 7. Klasse in einer bilingualen Schule in Kanada in Bezug auf sprachliche Kompetenzen in Englisch und Französisch und in Bezug auf ihre Leistungen in Mathematik beobachten. Die eine der untersuchten Gruppen hatte dabei 50% des Unterrichts in der Zweitsprache Französisch, die andere 80% des Unterrichts, unter anderem den Mathematikunterricht. Die Rahmenbedingungen der beiden Gruppen wurden ansonsten soweit wie möglich identisch gehalten. So hatten beide Klassen bis auf wenige Ausnahmen die gleichen Lehrer und wurden nach den gleichen Lehrplänen unterrichtet. Die Kernthesen der theoretischen Annahmen bestätigen sich in der Studie nachdrücklich: Zum einen zeigte sich, dass die Lerner beider Gruppen selbst im Englischunterricht die kanadischen Standards von gleichaltrigen einsprachigen (monolingualen) Schülern übertrafen, zum Beispiel in Leseverstehenstests. Das ist insofern beachtenswert, als beide Gruppen höchstens die Hälfte des Unterrichts auf Englisch hatten, die eine Gruppe sogar nur 20%. Genauso beachtlich sind aber auch die Ergebnisse der Mathematiktests, die in den beiden letzten Schuljahren der Untersuchung auf Englisch durchgeführt wurden, obwohl die 80%-Gruppe Mathematikunterricht ausschließlich auf Französisch erhalten hatte. In allen getesteten mathematischen Bereichen des *Stanford Diagnostic Mathematics Test* schnitten die Schüler der 80%-Französischgruppe deutlich besser ab, als alle Schüler, die den Unterricht auf Englisch hatten. Das zeigt nicht nur, dass das in einer Sprache erworbene Wissen bei einem entsprechend gut entwickelten Sprachstand in andere Sprachen übertragen werden kann, sondern auch, dass sich die vertiefte Fremdsprachenkompetenz offensichtlich ebenso auf andere Fertigkeiten positiv auswirkt, also positive Effekte auf die kognitive Entwicklung hat.

4.6 | Sprachumgebung und Eingabe

In der bisherigen Darstellung haben wir uns vor allem mit den Erwerbsprozessen des Lerners befasst. Der Fremdsprachenerwerb orientiert sich aber auch an der sprachlichen Umgebung, dem **Input** oder der **Eingabe**. Im Folgenden befassen wir uns daher mit der Art und Weise, wie Sprecher der Zielsprache mit Ausländern sprechen. Diese Eingabe weist häufig ähnliche Strukturen auf, wie sie in den Äußerungen der Lerner erscheinen, was sich vor allem aus der Gesprächsabsicht erklären lässt. Diese wird in Aushandlungsprozessen an das ungefähre Niveau der Lerner angepasst und stellt damit ein sehr wirksames Mittel der Erleichterung des Spracherwerbs dar.

Aushandlung

Wie groß der Einfluss des Inputs auf den Spracherwerb und seine Fossilisierung ist und wie er sich steuern lässt, um effektiv zu sein, ist allerdings noch nicht vollends geklärt, aber es steht fest, dass Lerner von ihrer sprachlichen Umgebung geprägt werden, das heißt, dass die sprachliche Umgebung einen Modellcharakter besitzt. Sonst müssten ja alle Menschen die gleiche Sprache sprechen oder es würde reine Sprachenwillkür herrschen. Dem ist aber nicht so. Natürlich sind Lerner nicht nur auf die Imitation des Gehörten angewiesen. Sie haben ständig die Möglichkeit, die Sprache kreativ zu verändern. Lerner können, je nachdem wie weit fortgeschritten sie sind, immer nur einen Teil der Eingabe verstehen oder aufnehmen. Man spricht hier deshalb von **Intake** im Gegensatz zum Input. Das, was sie aufnehmen, ist dabei stark bestimmt von dem, was sie schon kennen oder wissen. Um den Lernern ihre Aufgabe des Verstehens zu vereinfachen, verändern die Sprecher der Zielsprache oft ihre eigene Sprache. Kindern gegenüber verwendet man so zum Beispiel Kinderwörter oder einfache Lautketten, für die man sich wahrscheinlich schämen würde, wenn man sie vorgehalten bekäme. Ausländern gegenüber verwenden Deutsche gerne Infinitive und andere Vereinfachungsformen, sehr viel Gestik, auch Lautstärke und eine Menge seltsamer Wortkreationen. Vieles von dem, was Ausländern am Arbeitsplatz, in Geschäften oder auch in persönlichen Gesprächen zu Ohren kommt, entspricht nicht gerade den Dudennormen der Grammatik. Daher könnte man auch annehmen, wie es zeitweise getan wurde, dass diese ungrammatische Eingabe zwangsläufig auch zu falschen Lerneräußerungen führen müsse. Wie sollen die ausländischen Lerner Deutsch lernen, wenn sie es ständig falsch hören?

Wenn man sich echte (authentische) Gespräche mit ausländischen Lernern etwa am Arbeitsplatz ansieht, dann merkt man schnell, dass die Sprecher der Zielsprache nicht in einem Register von falschem Deutsch verharren. Vielmehr variieren sie ihre Sprache sehr stark, und zwar gemäß den Anforderungen des Gesprächspartners, der Gesprächssituation und der Gesprächsabsicht. Um diese Systematik und ihre Variation begrifflich besser fassen zu können, spricht man in neuerer Zeit von **Xenolekten**, ähnlich wie man von sprachlicher Variation in Dialekten und sozialen Kontexten (Soziolekten) spricht. Wie bei der Beschreibung von Lerneräußerungen strebt man auch bei Xenolekten eine konstruktive Perspektive der Beschreibung an. Das Inventar dieser Sprachform Xenolekt besteht aus vier erstaunlich gut unterscheidbaren Äußerungsebenen (Anpassungsniveaus):

Aufnahme

Variation

Xenolektinventar

- einer Ebene umgangssprachlicher Strukturen,
- einer Ebene mit geringerer Sprechgeschwindigkeit,
- einer Ebene begrenzter Veränderungen oder einzelner Auslassungen: *er geht Bahnhof*
- und schließlich einer Ebene von Inhaltselementen ohne Endungen und andere Funktionselemente: *du gehen Bahnhof.*

Authentische Daten

Sehen wir uns dazu einen Ausschnitt aus einem authentischen Gespräch an, bei dem ein circa 30-jähriger deutscher Versicherungsvertreter, der nach Feierabend auf Kommission arbeitet (D), einem jungen türkischen Arbeiter (T) erklärt, was Haftpflichtversicherungen sind.

Transkript 4.3

(...)

5 D: Du brauchst
Wenn du hier in Deutschland bist
äh
Jeder junge Mann der achtzehn Jahre
äh
älter wie achtzehn Jahre ist und arbeiten tut
oder nischt arbeit
is egal
brauch Haftpflicht in Deutschland.

6 T: Haftpflicht?

7 D: Haftpflicht
Siehst du?
Un däs is däs.

8 T: Vas Haftpflicht?

9 D: Is däs
Wohnung.
Wenn was passiert.
Alles was in Deutschland passiert is über Haftpflicht abgeschlossen.
Gell?
Däs is wichtigste Versicherung.
In Höchst.
Türkische Familie.
Familie hinter Opel-Fabrik
mal Haus brennen.

Die Familie hat nix gehabt.
10 T: Haus?
Haus?
11 D: Ne?
Feuer.
Feuer.
12 T: Feuer.
13 D: Ne?
Feuer.
Haus kaputt.
Alles abbrennen unt so.
Alles mitnander.
Siehst du?
14 T: Ja.
15 D: Feuer.
Kinder mit – Streichholz.
Genau wie du oder irgendwas passiert, ne?
Und das is wichtig ne?
Gell?
äh
Jetzt is wichtig für dich.
äh
Kostet.
Ganze Jahr.
Neunundneunzig Mark achtzig, ne?
Däs is ganze Jahr für dich.
Wenn du Frau hättest oder Kinder.
Alles zusammen.
Neunundneunzig achtzig, ne?
Für ganze Jahr.
Auch wenn du in Urlaub fährst.
äh
Gildet auf der ganzen Welt.
Überall äh gildet die Versicherung, gell?
16 T: Ja, ich Türkei gehen, ja?
17 D: Türkei gehen
und dir was passiert.
Gildet Versicherung.
Gell?
Weil du ja hier in Deutschland wohnst.

> Jetzt.
> Und wenn du noch Türkei gehst
> bist du ja in Urlaub in Türkei,
> ne?
> Gildet auch, ne?
> Gell
> (...)

Äußerungsmerkmale

Diese stark veränderten Äußerungen des deutschsprachigen Versicherungsvertreters (D) entsprechen dem pragmatischen Modus, wie ihn auch die Lerner selbst verwenden (siehe Seite 101). Vergleiche zum Beispiel die Ein-Wort-Äußerungen in 13: *Feuer – Haus kaputt – Alles abbrennen unt so*, die hier mit wenigen Worten illustrieren sollen, welche Schäden durch die Versicherung abgedeckt sind. In Äußerungen wie 17 werden ganze Texte nach den bekannten Prinzipien von Rahmung, Thema und Fokus produziert: *Türkei gehen und dir was passiert – Gildet Versicherung*. Da auch der junge türkische Kunde einen ähnlichen Telegrammstil verwendet, liegt die Vermutung nahe, Lerner und Sprecher der Zielsprache imitierten sich gegenseitig. Aber das tun sie nicht. Vielmehr greifen sie aus verschiedenen Gründen auf die gleichen Vereinfachungsprinzipien zurück.

Anpassungen

Interessant daran ist, dass die Anpassungen der Sprecher der Zielsprache besonders dort auftreten, wo es den Sprechern ganz wichtig ist, verstanden zu werden, also etwa in Erklärungen und Erzählungen. Häufig wird dabei das, was ausgedrückt werden soll, massiv verdichtet. In unserem Gespräch sieht man das zum Beispiel deutlich an der Erzählung des Versicherungsvertreters in der Sequenz 9 bis 11. Dabei will er dem türkischen Kunden eindringlich illustrieren, wie wichtig eine Haftpflichtversicherung ist. Dazu greift er einzelne Begriffe aus dem Kontext heraus, wie die Namen des Ortes und der Fabrik, um zunächst die Grundlagen zu verankern. Schnell kommt er zur dramatischen Pointe: *Mal Haus brennen*. Aber nur für kurze Zeit. Gleich kehrt er zu seiner Umgangssprache zurück, indem er das Geschehen kommentiert: *Die Familie hat nix gehabt*. Denn diese Art reduziert zu sprechen bedeutet für Sprecher, die normalerweise in ganzen Sätzen sprechen, eine erhebliche Mühe. Unsere Sprachproduktion ist zu stark automatisiert, als dass wir sie leicht verändern könnten. Die Sprecher kehren daher schnellstmöglich wieder zu ihrer normalen Sprache zurück oder verwenden schwächere Anpassungen, die ihnen nicht so viel Mühe machen. So erscheinen vor allem rahmende Äußerungen (hier zum Beispiel in Äußerung 5 *Wenn du hier in Deutschland bist*), Klärungen als Folge von Nachfragen, Kommentare inklusive Schimpfwörter und Exkurse sowie Bewertungen, Bestätigungsbitten und metalinguistische Einleitungen zu direkter und indirekter Rede in der Regel als weniger stark veränderte Äußerungstypen oder umgangssprachlich. In dem Gespräch oben betrifft das unter anderem Nachfragen wie *Gell?*, *Ne?*, *Ja?* oder *Siehst Du?*, aber auch Kommentare wie *Alles was in Deutschland passiert is über Haftpflicht abgeschlossen* in Äußerung 9. Zitierte Rede (direkte oder indirekte Rede) erscheint dabei normalerweise in umgangssprachlichen Äußerungen oder der angenommenen beziehungsweise imitierten Form des Originals (*Türkei gehen* in 17). Zusätzlich finden sich in solchen Gesprächen immer semantische und lexikalische Vereinfachungen, auch wenn gar nicht klar ist, was die Vereinfachung ist oder ob sie ihr Ziel erreicht. In dem obigen Gespräch sind das Ausdrücke wie *gildet* statt *gilt*, wohl wegen der besser wahrnehmbaren Silbenstruktur, und *kaputt* statt *abgebrannt*, wohl wegen der angenommenen Prägnanz des Begriffes. Vereinfachungsprinzipien

Die Anpassungsniveaus lassen erkennen, wie der Sprecher die kommunikative Relevanz des Gesagten einschätzt. Diese Einschätzung ergibt sich aus den Zielen und Absichten des Sprechers und den von ihm vermuteten Verständnisfähigkeiten des Adressaten. Anpassungsniveaus

Dass diese Einschätzungen in der Regel nicht statisch festliegen, sondern häufig erst ausgehandelt werden müssen, zeigen auch in diesem Gespräch die zahlreichen Fehlansätze und Verzögerungsphänomene wie *äh* und so weiter. Zum Beispiel die Erklärung in Äußerung 5, warum man Haftpflichtversicherungen braucht: *Du brauchst – Wenn du hier in Deutschland bist – äh – Jeder junge Mann, der 18 Jahre – äh –....* Vergleichsuntersuchungen von verschiedenen Sprechern belegen, dass die strukturellen Veränderungen der entsprechenden Äußerungen desto stärker sind, je höher sie die kommunikative Relevanz der Information einschätzen. Allerdings basiert diese Einschätzung auf subjektiven Prozessen, die von einer Reihe von zusammenhängenden Faktoren abhängig sind. Sie muss die tatsächliche Erwerbsstufe des Adressaten daher nicht immer richtig erfassen. Darüber hinaus unterliegt die Realisierung xenolektaler Äußerungen bestimmten sozialen Normen, zum Beispiel Kommunikative Relevanz Normen dem, was in einer Kultur als akzeptabel, hilfreich, lustig, höflich oder beleidigend betrachtet wird. Sprachen besitzen verschiedene Möglichkeiten der Anpassung an Ausländer und sie lassen verschiedene Grade der Anpassung zu. Diese Tatsache kann erklären, warum xenolektale Veränderungen von Sprache zu Sprache variieren. So tauchen die beschriebenen Strukturen zwar auch bei englischsprachigen Sprechern auf, tendenziell aber mit dem Schwerpunkt auf einer sehr lauten Aussprache.

Auswirkungen auf den Spracherwerb

Was bedeuten die Xenolekte für die Lerner? Fest steht, dass die Lerner im privaten Bereich keiner beschränkten, sondern einer komplexen Sprachumgebung ausgesetzt sind. Diese wird im öffentlichen Bereich durch Fernsehen, Radio, Presse und dergleichen ergänzt und durch verschiedene Maßnahmen verstehbar gemacht. Zum Beispiel dadurch, dass Bedeutungen ausgehandelt werden, durch Nachfragen, Erklärungen, einfachere Begriffe, kurze Äußerungen und Umschreibungen. In xenolektalen Gesprächen lässt sich immer wieder beobachten, dass Sprecher einem Lerner den gleichen Inhalt in verschiedenen sprachlichen Variationen anbieten, bis er ihn verstanden hat. So sind Xenolekte oft ein regelrechtes Lehrmittel, das gleichzeitig auch den Sprecher bei seinen Anpassungsaufgaben entlastet. In ähnlicher Weise lässt sich die Eingabe auch im Unterricht gestalten. Verschiedene Vereinfachungsstrukturen könnten so helfen, Brücken zu bauen. Die **Inputhypothese** übernimmt die Vorstellung, die Eingabe solle verständlich sein, formalisiert sie aber so, dass sie nicht mehr umsetzbar ist. Sie schränkt den idealen Input darauf ein, dass er immer eine Stufe über der Erwerbsstufe (i) der Lerner sein soll (i + 1). Abgesehen davon, dass sich eine genaue Analyse des Sprachstandes von ungeübten Sprechern nicht vornehmen lässt, lässt sich ein genau angepasster Input etwa in einer Klasse von zwanzig Schülern nur schlecht realisieren.

Die Sprachverarbeitungskette

Eingabe (Input) →	**Aufnahme (Intake)** →	**Verarbeitung (Processing)** →	**Ausgabe (Output)**
reduziert oder komplex	gefiltert nach Vorwissen und Interessen	nicht linear, aber systematisch und konzeptuell geprägt	unterschiedlich nahe an zielsprachlichen Normen

Die wichtigsten Hypothesen zum Fremdsprachenerwerb

Die **Kontrastivhypothese**: Erst- und Zweitsprachenerwerb unterscheiden sich in dem Maße, wie Ausgangs- und Zielsprachen sich in ihren Strukturen unterscheiden. Ähnlichkeiten der Sprachen sind lernerleichternd (positiver Transfer), Unterschiede der Sprachen führen zu Fehlern (Interferenzen). Die Kontrastivhypothese ist behavioristisch geprägt.

Die **Identitätshypothese**: Erst- und Zweitsprachenerwerb folgen den gleichen Prinzipien. Diese Prinzipien basieren auf angeborenen Eigenschaften. Interferenzen kann es daher kaum geben. Die Identitätshypothese ist nativistisch und kognitivistisch geprägt.

Die **Monitorhypothese**: Sie unterscheidet zwischen einem Lern- und einem Erwerbsmodus. Das bewusste Regellernen führt zur Ausbildung des Monitors, der den korrekten Sprachgebrauch überprüft. Erwerben erfolgt dagegen über den intuitiven Sprachgebrauch. Ob es sich dabei aber tatsächlich um verschiedene Arten der Aneignung von Sprache und verschiedene Lernprozesse handelt, kann bisher nicht überprüft werden.

Die **Pidginisierungshypothese**: Lerner und Sprecher der Zielsprache imitieren ihre fehlerhafte Sprache gegenseitig, die Lerner, weil ihnen die Kompetenz fehlt, die Sprecher der Zielsprache, weil sie ihre Sprache künstlich vereinfachen. Dadurch entsteht eine rudimentäre Mischsprache aus Lernersprache und Xenolekt.

Die **Inputhypothese**: Fremdsprachenerwerb kann nur erfolgreich sein, wenn der angebotene Input, die Eingabe also, jeweils nur etwas über dem jeweiligen Erwerbsstand des Lerners liegt und so immer eine gerade noch machbare Herausforderung an den Lerner bietet. Für den Unterricht würde das ganz genaues Inputmanagement bedeuten.

Die **Interaktionshypothese**: Spracherwerb entsteht durch Interaktion und Aushandlungsprozesse zwischen Lerner und Sprechern der Zielsprache.

Die **Akkulturationshypothese**: Der Antrieb zum Spracherwerb entsteht durch soziale und psychische Nähe zur Zielsprache und Zielkultur. Je positiver diese durch innere und äußere Faktoren bestimmte Nähe ausgeprägt ist, desto erfolgreicher ist Spracherwerb. Ist die Distanz dagegen groß, bleibt der Spracherwerb unvollständig.

Die **Outputhypothese**: Der aktive Gebrauch der Fremdsprache verlangt vom Lerner die aktive Analyse der Sprache und die entsprechenden Anstrengungen zur korrekten Nutzung und Einbettung.

Die **Interlanguagehypothese**: Fremdsprachenerwerb folgt eigenen Gesetzmäßigkeiten, die sowohl von allgemeinen Prinzipien der Sprachverarbeitung als auch von den Einflüssen der Umgebung bestimmt sind. Die Systematik des Spracherwerbs drückt sich in Stufen und Sequenzen aus. Diese können je nach Forschungsperspektive stärker oder schwächer festgelegt sein. Ob sie universell im Sinne von angeboren sind oder allgemeine Sprachverarbeitungsprinzipien widerspiegeln, ist noch nicht hinreichend geklärt. Man spricht hier allgemeiner auch von Erwerbssequenzen oder sich entwickelnden Grammatiken.

Die **Lernbarkeits-/Lehrbarkeitshypothese**: Nur was in einer Erwerbssequenz auf der jeweils nächsten Stufe erscheint, kann vom Lerner gelernt werden. Und nur was gelernt werden kann, kann auch gelehrt werden. Es ergibt daher keinen Sinn, durch eine steilere grammatische Progression schwierigere Strukturen der fremden Sprache vorwegzunehmen.

Die **Schwellenhypothese**: Es gibt zwei markante Schwellen der muttersprachlichen und der fremdsprachlichen Kompetenz, die erreicht sein müssen, damit sich positive Effekte auf die Sprachbeherrschung einstellen. Wird die untere Stufe nicht erreicht, so wirkt sich der Erwerb einer neuen Sprache eher negativ auf beide aus. Wird die obere Stufe erreicht, so ergeben sich dagegen positive Effekte in beiden Sprachen.

Die **Interdependenzhypothese:** Bei Erreichen einer hohen Kompetenz in der zweiten Sprache (obere Schwelle) ergeben sich positive Effekte nicht nur auf die beteiligten Sprachen, sondern diese sind übertragbar auf andere kognitive Leistungen, zum Beispiel auf künstlerische, aber auch mathematische Fertigkeiten.

4.7 | Übungsaufgaben zur Wissenskontrolle

1. Kennen Sie (andere) mehrsprachig aufgewachsene oder aufwachsende Mitmenschen? Was fällt Ihnen an deren Sprache auf? Hören Sie genau zu und finden Sie heraus, wie und in wel-

chen Situationen diese Mitmenschen die Mehrsprachigkeit erfahren haben.

2. Wie lassen sich einfache Äußerungsstrukturen von Lernern am besten beschreiben?

3. In welchen wichtigen Bereichen unterscheiden sich pragmatischer und syntaktischer Äußerungsmodus?

4. Welchen Einfluss hat die Ausgangssprache der Lerner auf den Spracherwerb?

5. Was versteht man unter Identitätshypothese?

6. Warum ist es sinnvoll, von Erwerbssequenzen auszugehen?

7. Welche Rolle spielen Fehler in einem Erwerbsstufenmodell?

8. Wie wirkt sich die kognitive Entwicklung der Kinder auf deren Erstspracherwerb aus?

9. Welche Hürden und Vorteile entstehen bei mehrsprachigem Spracherwerb und wie könnte man ihn fördern?

10. Was sind typische Merkmale der Eingabe im Spracherwerb und wie lässt sich die Variation der Eingabe erklären?

Weiterführende Literatur | 4.8

Bausch, Karl-Richard/Königs, Frank/Krumm, Hans-Jürgen (Hg.) (2004): Mehrsprachigkeit im Fokus. Tübingen.

Bournot-Trites, Monique/Reeder, Ken (2001): Interdependence Revisited. Mathematics Achievement in an Intensified French Immersion Program. In: *Canadian Modern Language Review* 58,1. 27-43.

Butzkamm, Wolfgang (2002): Psycholinguistik des Fremdsprachenunterrichts. Tübingen.

Cummins, Jim/Swain, Merril (1986): Bilingualism in Education. Aspects of Theory, Research, and Practice. London/New York.

Givòn, Talmy (1979): From Discourse to Syntax: Grammar as a Processing Strategy. In: Givòn, Talmy (Hg.) (1982): Discourse and Syntax. New York. 81-112.

Goebl, Hans/Nelde, Peter/Starý, Zdeněk (Hg.) (1996): Kontaktlinguistik. Ein internationales Handbuch zeitgenössischer Forschung. Berlin/New York.

*Handwerker, Brigitte (2002): *Chunks,* Raster und Regeln. Vom Lexikon zur Grammatik in der Fremdsprachenvermittlung. In: Börner, Wolfgang/Vogel, Klaus (Hg.): Kognitive Linguistik und Fremdsprachenerwerb. Tübingen. 207-230. (Gute Einführung in die effiziente Nutzung der ersten Phasen des Spracherwerbs im Unterricht).

Hufeisen, Britta/Neuner, Gerhard (Hg.) (2003): Mehrsprachigkeitskonzept – Tertiärsprachenlernen – Deutsch nach Englisch. Straßburg (Europarat).

*List, Gudula (2004): Eigen-, Fremd- und Quersprachigkeit: psychologisch. In: Bausch, Karl-Richard/Königs, Frank/Krumm, Hans-Jürgen (Hg.): Mehrsprachigkeit im Fokus. Tübingen. 132-138. (Gute Vermittlung einer produktiven Sicht von Sprachvariation beim Erreichen von Mehrsprachigkeit).

Piaget, Jean (1948): Psychologie der Intelligenz. Zürich.

Neuland, Eva (Hg.) (2005): Variation im heutigen Deutsch. Perspektiven für den Sprachunterricht. Frankfurt/New York. (Vermittlung einer produktiven Sicht von Sprachvariation bei Erreichen und Nutzung von Mehrsprachigkeit).

Quetz, Jürgen (2004): Polyglott oder Kauderwelsch? In: Bausch, Karl-Richard/Königs, Frank/Krumm, Hans-Jürgen (Hg.): Mehrsprachigkeit im Fokus. Tübingen. 181-190.

Roche, Jörg (1998): Variation in Xenolects. In: Ammon, Ulrich et al. (Hg.): Variationslinguistik. Tübingen. 117-139.

Stutterheim, Christiane von (1991). European Research on Second Language Acquisition. In: Freed, Barbara (Hg.): Foreign Language Acquisition Research and the Classroom. Lexington/Toronto. 135-154.

Toukomaa, Perti/Skutnabb-Kangas, Tove (1977): The Intensive Teaching of the Mother Tongue to Migrant Children of Pre-School Age and Children in the Lower Level of Comprehensive School. Helsinki: The Finnish National Commission for UNESCO.

Sprache | 5

Inhalt

5.1	Sprachbeschreibung und Sprachnormen	134
5.2	Allgemeinsprache	137
5.3	Fachsprachen	137
5.4	Sprachvariation und Sprachwandel	140
5.5	Bereiche der Sprache	144
5.6	Grammatik	151
5.6.1	Schulgrammatik	153
5.6.2	Valenz-, Dependenzgrammatik	155
5.7	Text	158
5.8	Handlung	172
5.9	Grammatik und Fremdsprachenunterricht	173
5.10	Übungsaufgaben zur Wissenskontrolle	178
5.11	Weiterführende Literatur	178

Zusammenfassung

Gegenstand dieses Kapitels sind die verschiedenen Möglichkeiten, Sprache als Zeichensystem zu beschreiben. Dies kann man nach formalen Aspekten der Satzstellung, Wortbildung und Lautung, nach inhaltlichen Aspekten oder nach Wirkungsgesichtspunkten tun, auch wenn alle beim Sprachverstehen und der Sprachproduktion zusammenwirken. Je nach Perspektive ergibt sich ein jeweils unterschiedlicher Beschreibungsansatz. Hierzu gehören beschreibende und normative Schulgrammatiken, Referenzgrammatiken, systematische und wissenschaftliche Grammatiken, funktionale, generative und kontrastive Grammatiken, Valenzgrammatiken, Text- und Diskursgrammatiken. Dabei weisen Sprachen eine große Variation auf, die sich unter anderem aus allgemeinsprachlichen, fachsprachlichen, dialektalen, soziolektalen und vielen weiteren Aspekten der Kommunikation ergibt. Der Sprachgebrauch unterliegt indirekten oder, wie bei Fachsprachen, expliziten Normen. Schriftsysteme sind meist sekundäre Systeme, die sich aus dem mündlichen Gebrauch von Sprache ergeben.

Die Grammatiken eignen sich unterschiedlich für Lehr- und Lernzwecke. Im Konzept der didaktischen Grammatik wird versucht, funktionale Grammatikbeschreibungen zu entwickeln, die für unterschiedliche Lernzwecke angewendet werden können und sich am Lernstand und den Lernbedingungen des Lerners ausrichten und damit den Hilfscharakter der Grammatik im Spracherwerb betonen.

Normen

Sprache ist der Hauptgegenstand des Sprachunterrichts. Deshalb wollen wir uns in diesem Kapitel eingehend mit der Beschreibung und Funktion von Sprache und daraus abgeleiteten Empfehlungen für den Fremdsprachenunterricht befassen. Sollte man sich bei der Vermittlung des Deutschen zum Beispiel an die Normen der Klassiker Goethe und Schiller halten, sich an der Sprache der Alltagskommunikation orientieren, die sich um Praktikabilität und große Reichweite bemüht, oder muss man im Sprachunterricht zuerst und ausschließlich die Sprache der korrekten Grammatik behandeln, wie sie im Duden beschrieben wird? An welche Sprache der Lerner schließt die Fremdsprache an, wie beschreibt man Sprache angemessen, welche Varietät ist die maßgebende? Ist es beim Englischen etwa die der Queen oder die von Camilla, die aus Cambridge oder Oxford, die der Aussies oder der kanadischen Newfies? Welche Textsorten setzen die Normen: die der Zeitungssprache, die der Bühnensprache, die der Umgangssprache? Wie steht es mit den situativen Aspekten des Sprachgebrauchs, wie mit dialektalen Varianten, wie mit der natürlichen Mehrsprachigkeit des Menschen und der naturgegebenen Veränderbarkeit von Sprachen?

Aus didaktischen Gründen beschränkt man sich im Unterricht meistens auf die eine oder andere Sprachvariante, auf bestimmte Erklärungsverfahren und auf weitere Vereinfachungen, ohne diese später wieder in den Gesamtzusammenhang zurückzuführen. Direkte Kontrastverfahren sprachlicher Strukturen ersetzen so zum Beispiel ein tieferes Verständnis vom Aufbau, vom Funktionieren und von den Entwicklungsprozessen der Sprachen. Meist bleibt hierfür einfach keine Zeit. Sprache kommt im Sprachunterricht paradoxerweise oft zu kurz.

Sprache im Unterricht

Sprachen sind keine Gebilde, die sich beschneiden lassen. Die kreativen Kräfte von Sprachen und ihren Nutzern sind so gewaltig,

Kreative Kräfte

Abb. 5.1

Sprachbaum der indoeuropäischen Sprachenfamilie

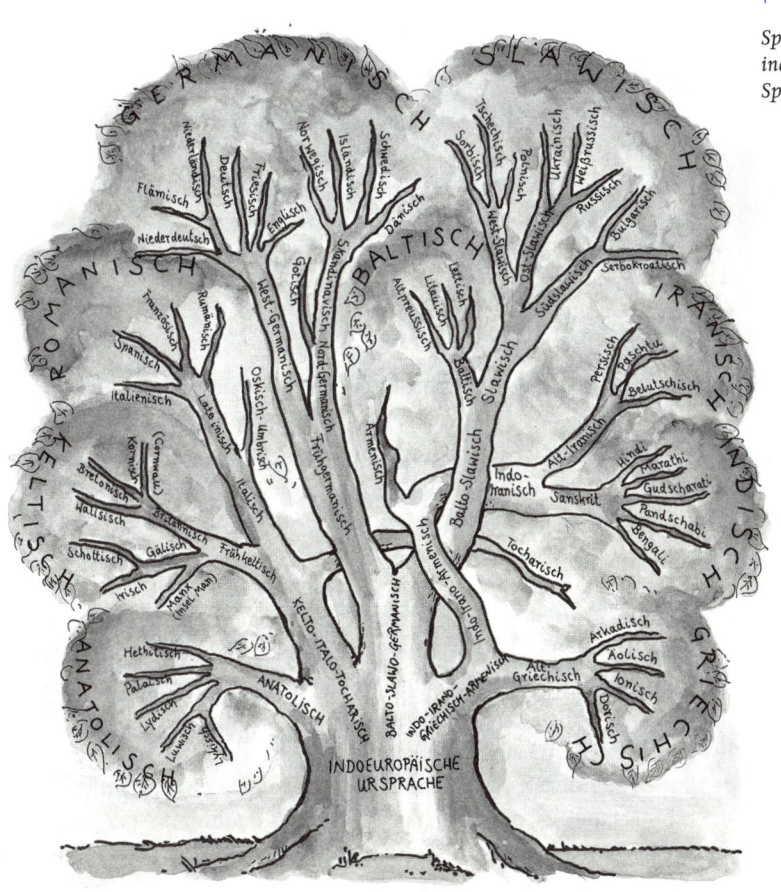

dass schon so mancher machtvolle Zensurapparat daran gescheitert ist. Wieso sich also im Sprachunterricht der freiwilligen Selbstkontrolle unterwerfen? Hält das Schlagwort ‚keine Zeit für Sprachvariation' der Kraft der Kreativität stand?

Sprachenvielfalt

Schon die Sprachenvielfalt auf der Erde ist ein eindrucksvolles Zeichen der Kreativität von Sprache schlechthin: es gibt über 4.000 größere Sprachgruppen mit hunderten und tausenden von verwandten Sprachen und Dialekten. Und alle gehen auf eine oder wenige Ursprachen zurück, wobei die indoeuropäischen Sprachen noch vergleichsweise überschaubar sind.

Varietäten

Was sprachübergreifend (interlingual) gilt, gilt in ähnlichem Umfang auch sprachintern (intralingual). Man denke nur an die verschiedenen regionalen Varianten (Dialekte), die verschiedenen Jargons und Register (zum Beispiel Jugendsprache, Fachsprachen), Stile (zum Beispiel Zeitungssprache), Textsorten (zum Beispiel Brief, Zeitungsartikel, Theaterprogramm, Vortrag), Neuschöpfungen (zum Beispiel Kanak-Sprak oder *fraudeutsch*) und so weiter. Wie aber kann entschieden werden, welche Varianten im Sprachunterricht vorrangig zu behandeln sind? Lassen sich vielleicht sogar bestimmte Sprachformen für bestimmte Lernzwecke besser verwenden als andere? Diesen Fragen soll im Folgenden nachgegangen werden.

5.1 | Sprachbeschreibung und Sprachnormen

Sprache als Zeichensystem

Sprache ist ein Zeichensystem, das es uns erlaubt, die Welt zu benennen und nichtsprachliche (abstrakte) Vorgänge zu vermitteln. Das geht nur erfolgreich, wenn die Beteiligten das gleiche System beherrschen. Sprache setzt das, was dem Sprecher wichtig erscheint, in Zeichen um, die sie für solche Zwecke schon hat oder verwenden kann, weil sie den Zwecken am nächsten kommen. Wo dies nicht möglich ist, schafft sie sich neue Möglichkeiten. Die Sprache nutzt zunächst das vorhandene Inventar und spannt dabei auch andere Zeichensysteme, wie Gestik, Mimik, Symbole, Zeichnungen und Icons, ein. Sie operiert nach ökonomischen Gesichtspunkten, das heißt, dass sie gar nicht alles benennen muss. Wo nach Einschätzung der Sprecher klar ist, was gemeint ist, kann sie ganz auf Wörter verzichten. So gelingt Kommunikation häufig auch da, wo sie unvollständig und unpräzise ist, und sie misslingt oft gerade da, wo sie übergenau definieren und spezifizieren muss, wie zum Beispiel bei Rechtsstreitigkeiten. Die Bezeichnungen, die Sprachen für das jeweilige Bezeichnete wählen, sind subjektiv oder willkürlich gewählt. Sie sind **arbiträr**.

Thematik, Ausführlichkeit, Genauigkeit, Perspektive und Schärfe richten sich grundsätzlich nach dem Interesse des Sprechers und den bekannten oder vermuteten Verstehensmöglichkeiten des Zuhörers. Danach entscheidet sich auch, welche Wörter für einen bestimmten Gedanken ausgewählt werden und welche grammatischen und stilistischen Strukturen dafür am ehesten in Frage kommen. Das illustriert das folgende Beispiel, in dem die Perspektiven, die Genauigkeit und die Ausführlichkeit der Antworten inhaltlich und sprachlich variieren. Die Frage ist in allen Versionen die gleiche.

Verstehensmöglichkeiten

Beispiel: Sprachvariation

Warum überquerte das Huhn die Straße?

Karl Marx und das Huhn

Kindergärtnerin:
Um auf die andere Straßenseite zu kommen.

Aristoteles:
Es ist die Natur von Hühnern, Straßen zu überqueren.

Karl Marx:
Es war historisch unvermeidbar.

Sigmund Freud:
Die Tatsache, dass Sie sich überhaupt mit der Frage beschäftigen, dass das Huhn die Straße überquerte, offenbart Ihre unterschwellige sexuelle Unsicherheit.

Albert Einstein:
Ob das Huhn die Straße überquerte oder die Straße sich unter dem Huhn bewegte, hängt von der Relativität des Referenzrahmens ab.

Captain James T. Kirk, Raumschiff Enterprise:
To boldly go where no chicken has gone before.

Erkan und Stefan:
Ej. Däs war krass, Mann.

Roland Berger:

Deregulierung auf der Straßenseite, wo sich das Huhn befand, bedrohte seine dominante Marktposition. Das Huhn sah sich der signifikanten Herausforderung gegenüber, die Kompetenzen zu entwickeln, die erforderlich sind, um in den neuen Wettbewerbsmärkten bestehen zu können. In einer partnerschaftlichen Zusammenarbeit mit dem Klienten hat Roland Berger dem Huhn geholfen, seine physische Distributionsstrategie und Umsetzungsprozesse zu überdenken. Unter der Verwendung des Geflügel-Integrationsmodells (GIM) hat Roland Berger das Huhn befähigt, seine Fähigkeiten, Methodologien, Wissen, Kapital und Erfahrung einzusetzen, um die Mitarbeiter, Prozesse und Technologien des Huhns für die Unterstützung seiner Gesamtstrategie innerhalb des Programm-Management-Rahmens auszurichten. Die Besprechungen fanden in einer parkähnlichen Umgebung statt, um eine wirkungsvolle Testatmosphäre zu schaffen, die auf Strategien basiert, auf die Industrie fokussiert ist und auf eine konsistente, klare und einzigartige Marktaussage hinausläuft. Roland Berger hat dem Huhn geholfen, sich zu verändern, um erfolgreicher zu werden.

Trotz gleicher Frage ist die sprachliche Realisierung der Antworten jeweils gänzlich anders: Nicht nur, dass Captain Kirk auf seinen vielen Auslandsreisen bisher kein Deutsch gelernt hat. Auch die Direktheit der Antworten, ihre Ausführlichkeit (Explizitheit), die Wahl von eingebetteten Strukturen (Attribute, Nebensätze) und die gewählten Aspekte unterscheiden sich.

Sprachgebrauch und Normung

Da der Sprachgebrauch von einer Reihe subjektiver Faktoren und vom Kontext abhängt, ist es nicht leicht zu entscheiden, wie man Sprache am besten beschreibt und erklärt. Es kommt darauf an, was einem wichtig ist. Genauso ist es auch bei der Angabe von sprachlichen Normen. Bei den obigen Beispielen kann man nicht einfach entscheiden, welche Äußerungen der Norm entsprechen und welche nicht. Sie sind alle in sich korrekt. So lässt sich auch nicht entscheiden, ob diese Äußerungen Fehler enthalten und wenn ja, worin sie bestehen und wie sie zu korrigieren sind. Selbst die Erkan und Stefan untergeschobene Äußerung entspricht den Normen des Umgangsdeutsch Jugendlicher im Jahre 2005. Zwar kann man hier die Differenz zu einer schriftsprachlichen Norm bestimmen, wie sie etwa der Duden vertritt, aber dadurch würde man den Regeln dieses besonderen Registers und ihren Sprechern nicht gerecht. Die Behandlung solcher Äußerungen im Unterricht bietet die Chance, eine Sprachform zu verwenden, die den Lernern vielleicht besonders nahe liegt oder sie besonders interessiert.

Allgemeinsprache | 5.2

Es gibt nicht nur verschiedene Ausdrucksmöglichkeiten innerhalb von Sprachen, sondern auch verschiedene Möglichkeiten, diese Formen zu benennen. Die gängige Trennung von Allgemeinsprache/Standardsprache und Fachsprache ist zu grob. Zunächst müsste man festlegen, was allgemein ist. Einen Durchschnittsstandard gibt es nämlich nicht. Auch normierende Werke wie die *Oxford Grammatik* im Englischen oder das spanische Wörterbuch der *Real Academia Española* beschreiben immer nur einen Teil des Sprachsystems und Sprachgebrauchs.

Es gibt verschiedene Möglichkeiten, allgemeine Normen festzulegen. Eine Möglichkeit ist, eine Norm für die gesprochene und eine für die geschriebene Sprache zu bestimmen. Für die gesprochene deutsche Sprache hat die **Bühnensprache** im Bereich der Aussprache diese Funktion übernommen. Sie legt zum Beispiel fest, dass die Endungen *-ig* als *ch* (in der Lautschrift als [ç] dargestellt) und *ik* [ik] ausgesprochen werden können, aber nicht als *sch* [ʃ]. Im Bereich der Rechtschreibung gilt eine gesetzlich verbindliche Norm nur im Rahmen des öffentlichen Sprachgebrauchs an Schulen und in staatlichen Institutionen. Für Zeitungen, den Geschäftsbereich oder die private Nutzung gelten diese Normen nur als Orientierung. Was darüber hinaus als Allgemeinsprache verstanden wird, entspricht meistens der Norm der Zeitungssprache. Im englischsprachigen Kanada etwa gilt *MacLeans Magazine* als Bezugspunkt. Die Standards der Allgemeinsprache müssen vor allem als stilistische Orientierung verstanden werden, die sich als Schnittmenge von Merkmalen vieler Varianten ergibt. Sie lassen sich daher nur in Annäherungen fassen und werden im Fremdsprachenunterricht und in Lehrmaterialien meist im Sinne intuitiver Normen zu Rate gezogen. Folglich ist es problematisch, die Allgemeinsprache als Norm des Sprachunterrichts oder Lehrmaterials zu bemühen.

Gesprochene und geschriebene Sprache

Fachsprachen | 5.3

Anders verhalten sich die Fachsprachen. Sie lassen sich mit ihrem eigenen Wortschatz sowie ihren speziellen Redewendungen und Strukturen klar von anderen Sprachformen unterscheiden. Allerdings teilen sich Fachsprachen die Grammatik bis auf wenige Ausnahmen mit der Allgemeinsprache. Darüber hinaus überschneiden sich die Fachsprachen verschiedener Fachgebiete in Teilmengen.

Normierungsdruck Fachsprachen dienen der Normierung. Sie streben eindeutige und effiziente Zuordnungen von Sprache und ihren Gegenständen und Verfahren an. Schließlich kann man sich im fachlichen Umgang keine Ungenauigkeiten und Interpretationsspielräume leisten. Bei Medizinern etwa hängt viel von der richtigen Bezeichnung der Körperteile, Instrumente oder Medikamente ab. Auch in der Technik ist korrekte Kommunikation und die genaue Bezeichnung von Werkzeugen und Materialien oft lebensnotwendig.

Komplexitätsstufen Fachsprachen unterteilt man in verschiedene Komplexitätsstufen, und zwar in mindestens drei: die wissenschaftliche **Expertensprache**, die **Sprache des Fachpraktikers** und die **populärwissenschaftliche Sprache**. Sie sind unterschiedlich stark fachlich verdichtet und verwenden zum Teil andere Begriffe. Darüber hinaus stellt die **allgemeinsprachliche Fachsprache** eine Brücke zwischen Fachgesprächen und allgemeinsprachlicher Kommunikation her. Sie wird verwendet, wenn Fachleute nicht ausschließlich über ihr Fachgebiet reden, sondern Fachaspekte mit Themen des Alltagslebens verbinden, zum Beispiel in Konferenzpausen zwischen Referaten. Die

DIN-Normen Struktur von Fachsprachen ist durch DIN-Normen standardisiert. Diese schreiben genau vor, nach welchen Kriterien Begriffe gebildet werden müssen und in welcher Hierarchie sie zueinander stehen. Das Inhaltsverzeichnis der DIN 2330, der Sammlung relevanter Sprachnormen des Deutschen Instituts für Normung, verdeutlicht die Komplexität der sprachlichen Normung in Fachsprachen (siehe Abb. 5.2).

Misskommunikation Trotz ihrer Bestrebungen, Eindeutigkeit herzustellen, entsteht in Fachsprachen immer wieder ungewollter Interpretationsspielraum. So kommt es auch dort zu Misskommunikation und Problemen mit technischen Abstimmungen und Abläufen.

Fachsprachenunterricht Wegen ihrer inhaltlichen Dichte und ihrer begrifflichen Standardisierung auch über Sprachgrenzen hinweg sind Fach- und Berufssprachen für Fremdsprachenlerner meist leichter verständlich als allgemeinsprachliche Äußerungen und Texte. Die Lerner können vor allem durch einzelne, international oft ähnliche Begriffe an ihr Vorwissen anknüpfen und sich damit den Inhalt erschließen, selbst wenn sie nur einen geringen Teil der fremden Sprache wirklich verstehen. Das gilt besonders für Fachbegriffe in den Naturwissenschaften, in der Medizin und in den Agrarwissenschaf-

DK 001.4 : 003.62   Dezember 1993

Abb. 5.2

Begriffe und Benennungen Allgemeine Grundsätze	**DIN 2330**

Auszug aus den DIN-Normen 2330: Definition von Begriffen

Concepts and terms; general principles   Ersatz für Ausgabe 03.79

Zusammenhang mit der von der International Organization for Standardization herausgegebenen Internationalen Norm ISO 704 siehe Erläuterungen.

Inhalt

Seite

1 Anwendungsbereich und Zweck 2

2 Begriffe 2

3 Allgemeines 2

4 Begriff 3
4.1 Begriff und Gegenstand 3
4.2 Merkmal 3
4.2.1 Einteilung der Merkmale 4
4.2.1.1 Beschaffenheitsmerkmal 4
4.2.1.2 Relationsmerkmal 4
4.2.2 Beziehung zwischen Merkmalen 4
4.3 Begriffsinhalt und Begriffsumfang 4
4.4 Begriffsbeziehung 4
4.4.1 Hierarchische Begriffsbeziehung 4
4.4.1.1 Abstraktionsbeziehung 4
4.4.1.2 Bestandsbeziehung 5
4.4.2 Nichthierarchische Begriffsbeziehung 5
4.4.2.1 Sequentielle Begriffsbeziehung 5
4.4.2.2 Pragmatische Begriffsbeziehung 5
4.5 Gruppierung von Begriffen 5
4.6 Darstellung von Begriffssystemen 5
4.7 Begriffsverknüpfung 6

5 Definition 6
5.1 Zweck von Definitionen 6
5.2 Arten von Definitionen 6
5.2.1 Definitionen mit Hilfe von hierarchischen
    Beziehungen 6
5.2.1.1 Inhaltsdefinition 6
5.2.1.2 Umfangsdefinition 6
5.2.1.3 Bestandsdefinition 7
5.2.1.4 Mischformen von Definitionen 7
5.2.2 Definitionen mit Hilfe von
    nichthierarchischen Begriffsbeziehungen 7
5.3 Grundsätze für das Erstellen von Definitionen . 7
5.3.1 Terminologischer Vorrang der Inhaltsdefinition . 7
5.3.2 Auswahl von Merkmalen für Definitionen 7
5.3.3 Verwendung von Begriffen und ihren
    Benennungen in Definitionen 7

Seite

5.3.4 Gültigkeitsbereich von Definitionen 7
5.3.5 Fachbezogenheit von Definitionen 7
5.3.6 Systembezogenheit von Definitionen 7
5.3.7 Genauigkeit von Definitionen 8
5.3.8 Knappheit von Definitionen 8
5.3.9 Vermeidung von zu engen und zu
    weiten Definitionen 8
5.3.10 Vermeidung von Zirkelschlüssen
    in Definitionen 8
5.3.11 Vermeidung tautologischer Definitionen 8
5.3.12 Vermeidung von Negativdefinitionen 8

6 Benennung 8
6.1 Anforderungen an Benennungen 8
6.1.1 Genauigkeit von Benennungen 8
6.1.2 Knappheit von Benennungen 8
6.1.3 Orientierung am anerkannten Sprachgebrauch .. 8
6.2 Formaler Aufbau von Benennungen 8
6.2.1 Einwortbenennungen 8
6.2.1.1 Bestandteile von Wörtern 8
6.2.1.2 Wortbildungsprodukte 9
6.2.2 Mehrwortbenennungen 9
6.3 Aufbau von Benennungen zur Darstellung
    von Begriffsverknüpfungen 9
6.4 Benennungszuordnung 9
6.5 Verfahren und Grundsätze der
    Benennungsbildung 9
6.5.1 Verfahren der Benennungsbildung 9
6.5.2 Allgemeine Grundsätze der Benennungsbildung .10
6.5.3 Spezielle Grundsätze für einzelne
    Verfahren der Benennungsbildung 10
6.5.3.1 Übernahme von Benennungen innerhalb
    derselben Sprache 10
6.5.3.2 Benennungsbildung durch Kombination 11

7 Darstellung von Terminologien 12

Zitierte Normen 12
Frühere Ausgaben 12
Änderungen 12
Erläuterungen 12

Fortsetzung Seite 2 bis 12

Normenausschuß Terminologie (NAT) im DIN Deutsches Institut für Normung e.V.

ten, die auf lateinischem und griechischem Wortschatz aufbauen, für Fachbegriffe in den Rechtswissenschaften, in der Technik oder der internationalen Flugsicherung, die sich immer stärker an das Englische anlehnen und für den Wortschatz der Musik und der Philosophie, die international auf Begriffe des Deutschen und Italienischen zurückgreifen. So eignen sich Fachsprachen, entgegen der verbreiteten Annahme, besonders gut für die Vermittlung von fremden Sprachen, und zwar gerade im Anfängerunterricht – zumindest dann, wenn die Lerner ein bestimmtes Sachwissen in einem Fachgebiet haben. Für das Funktionieren von Lehrverfahren, die in dem beschriebenen Sinne das Vorwissen der Lerner im Unterricht produktiv nutzen, gibt es eine Fülle überzeugender Beispiele (zum Beispiel die CD-ROM Serie *Reading German* für Wirtschaftsdeutsch, Chemie und Musik; vergleiche auch die Softwareliste in Kapitel 8).

5.4 | Sprachvariation und Sprachwandel

Entwicklungsprozesse

Jede Form von Sprache durchläuft ständig Entwicklungsprozesse. Diese Prozesse bemerkt man nicht leicht, wenn man mit einer Sprache lebt. Am ehesten kann man die stetigen Veränderungen der Sprache noch beim Wortschatz und bei den Redewendungen feststellen. Wenn man sich aber ansieht, wie sich Sprachformen mit der Zeit verändert haben (Sprachwandel), kann man Erstaunli-

Abb. 5.3 |

Sprachvariation am Beispiel von Wilhelm Tell: *die literarische Sprache des Originals in den Einleitungs- und Überleitungspassagen, die Szenesprache der 80er und 90er Jahre in den Dialogen*

Das Land der Schweizer ist gar schwer gebeuget von Übermut und Tyrannis der edlen Herren. Das graus'ge Ziel der Vögte ist's, gar jedes freiheitliche Sinnen im Keime zu ersticken. Zwingburgen lassen sie errichten, das Volk muß Frondienst tun, und in Altdorf — einem Flecken — soll gar einen Hut auf einer Stange geben, dem muß das Volk an Kaisers Statt mit bloßem Haupte und gebognem Knie die Reverenz erweisen.

Volk: Das is ja wohl der totale Hammer! Wohl bescheuert, diese Peoples! Null Bock auf Hüte!

Doch im Volke schwelt bereits ein Funke der Empörung, und manchem wack'ren Mann steht drauf der Geist, die Hand zu heben gegen jene ungeliebten graus'gen Herren.

Mann aus dem Volk: Mal ordentlich ans Bein fahren müßte man diesen Obermackern! Denen ein volles Pfund reinhauen, würde mich wahnsinnig antörnen!

Doch noch ist es nicht an der Zeit. Denn größer werden muß der Bund.

ches erleben. Dies betrifft die Schrift, die Aussprache, die Bedeutung von Wörtern und die grammatischen Strukturen. Sehen wir uns zur Illustration eine Variation des Klassikers *Wilhelm Tell* an. Die erzählenden Teile lehnen sich an Schillers Originaltext an. Die direkten Redeteile sind in einer neueren Variante realisiert. Diese entspricht zwar nicht der heutigen Standardsprache, drückt aber deutlich den Generationenunterschied zwischen den beiden Texten aus.

Für die Zwecke des Spracherwerbs besonders interessant sind die ganz frühen Phasen der Sprachentstehung, weil man davon ausgehen kann, dass sich dort ähnliche Entwicklungsprozesse abgespielt haben wie im Spracherwerb. Allerdings sind diese Phasen kaum belegt. Man kann nur dadurch Rückschlüsse auf sie ziehen, dass man sich ansieht, wie sich neue Sprachen bilden. Das geschieht, wie wir bereits im vorangehenden Kapitel gesehen haben, in einem Wechselspiel von loser und starker Grammatikalisierung, dem wechselnden Bezug zu einem pragmatischen oder syntaktischen Modus. Dabei bleiben bestimmte sprachliche Fossilien zurück, archaische Sprachstrukturen, wie man sie besonders in Gedichten, Liedern oder auch Orts- und Eigennamen findet.

Frühe Phasen der Sprachentstehung

Folgende Faktoren beeinflussen Sprachvariation und Sprachwandel:

Einflussfaktoren sprachlicher Variation

▶ Funktion (Register, Textsorte ...)
▶ Soziales Umfeld
▶ Regionales Umfeld
▶ Berufliches Umfeld
▶ Geschlechtsspezifische Präferenzen
▶ Fremdsprachliche Einflüsse
▶ Mehrsprachigkeit (Codewechsel)
▶ Ungleiche Kommunikationssituationen
  • mit Ausländern: *Xenolekte*
  • Kindersprache (Mütterisch, *Pädolekte*)
  • mit Alten: *Gerolekte*
▶ Eingeschränkte Kommunikationssituationen (einseitige Kommunikation, mediale Einschränkungen ...)
▶ Spracherwerb

▶ Externe Normung (DIN, Sprachakademien ...)
▶ Stil und Ästhetik (Literatur, Film, Parodie, Cartoons ...)
▶ Zensur (indirekte/direkte, eigene oder externe)
▶ Medien (SMS, Chat, Mails, Morsecode ...)
▶ Zeit (Epochen ...)
▶ Krankheiten (Aphasien, Gehörlosigkeit, Sehbehinderungen ...)

Die Entwicklungen der Sprache drücken sich in Inhalten, Strukturen und Wörtern aus. Der folgende Auszug aus einem Interview mit zwei Bergleuten im Ruhrgebiet illustriert, nach welchen Aspekten die Entwicklung des Wortschatzes vonstatten gehen kann.

Beispiel: Regionale und sozial-bedingte Variation

Bergmannsprache im Ruhrgebiet

Die beiden ehemaligen Bergleute B und S werden in dem Interview von I über die Entwicklung der Bergmannsprache im Ruhrgebiet befragt. Beide nennen verschiedene Begriffe für den gleichen Gegenstand, einen Förderschacht, der keinen direkten Ausgang nach draußen hat (*Blindschacht, Stapel, Aufbruch, Gesenk*).

In Zeile 13 gibt B einen Hinweis auf die sozial bedingte Wahl des Ausdrucks *Blindschacht* als einem Element der Sprache der Vorgesetzten. Von dieser Sprache und anderen Varianten des Standarddeutschen hebt sich der Ruhrdialekt der beiden Bergleute stark ab, wie das Beispiel zeigt. Bei Sprecher B wird an einzelnen Stellen deutlich, dass er zwischen Dialekt und Standardsprache wechseln kann (zum Beispiel *dat/das*), möglicherweise um sich der hochdeutschen Varietät des Interviewers anzupassen. Das Interview ist zur besseren Verständlichkeit in Partiturschreibweise verschriftlicht und in Bezug auf die standarddeutsche Grammatik oder Lautung nicht verändert. Es finden sich auch unvollständige und überlappende Formen und nicht abgestimmte Äußerungen der beiden Interviewten. Unverständliche Teile des Interviews sind in ( ) angegeben.

Dieses Beispiel soll zugleich illustrieren, wie Sprachwissenschaftler sich ihre Quellen zugänglich machen – oft ein schwieriges Unterfangen.

Transkript 5.1

I   Hm. Hm.
B   S zwei war dat. Stapel zwei heißt das.   Äh, weil der erste Stapel nach

1

I   Was is eigentlich der Unterschied zwischen
B   nach de zweiten Sohle war.

2

I   'Stapel' und 'Blindschacht'? Gibt's da einen?
B   Ja, ga keinen.   Gibt
S   (   )

3

B   keinen Unterschied, im Grunde genommen nich. Stapel sacht man dazu, wenn

4

I   Hm.
B   man nach oben geht   und von / äh / äh und / äh / Blindschacht hat man dann

5

I   Hm.
B   gesacht, weil (   ) kommt das Wort wie der Schacht nach unten.
S   Also

6

I   Hm. Hm.
B   Früher hat man gesacht 'Aufbruch'   oder 'Gesenk' (   )
S   das is jetz/

7

B   aber Stapel bleibt immer Stapel.   Stapel bleibt n Blind-
S   Stapel bleibt so ( )

8

B   schacht, ehrlich gesacht. Ob viereckig oder wat. Dat is so übernommen.

9

B   Wenn / wenn / wenn . . ja ( ) Aufbrüche (   )
S   Viereckig auch /   Blindschacht/

10

S   Blindschacht / Blindschacht / ham wer überhaupt das Wort nur selten benutzt.

11

B   Blindschacht gabs (...), ham wer auch gesagt,
S   Wir ham immer Stapel gesacht.

12

B   das gabs schon, aber das war widda der Genuß der höheren Gehaltsklassen,

13

B   die dann Blindschächte different/
S   Das ist nur so, wenn man das einen erklärt:

14

I   Hm.   Hm.   Hm.
S   Das heißt Blindschacht, weil das nicht bis zum Tage kommt.

15

Unterrichtsaspekte

Auch wenn man sprachliche Variation im Fremdsprachenunterricht nur auswahlweise behandeln kann, muss man als Lehrer bei der Auswahl des Sprachmaterials, beim Feststellen von Parallelen in Ausgangs- und Zielsprache und bei der Korrektur von Fehlern die Reichweite der Sprachvariation kennen.

Variantenreichtum

Variantenreichtum ist ein grundlegendes Merkmal der lebendigen und authentischen Sprache. Diese Authentizität zu vermitteln ist daher auch eines der wichtigsten Anliegen des kommunikativen Sprachunterrichts. Sprache soll in ihrem natürlichen Umfeld und in ihrer ganzen Breite vermittelt werden. Dagegen steht die falsch verstandene methodische Auffassung vieler Lehrer und Lehrbücher, man müsse die natürliche Vielfalt der Sprache für Lernzwecke reduzieren, indem man die Unterrichtstexte und -gespräche vereinfacht. Dadurch fallen aber wichtige Elemente der natürlichen Sprache weg. Elemente, die so wichtig sind, dass man ohne sie in der Fremdsprache kaum vernünftig kommunizieren oder die Fremdsprache verstehen kann. Wenn man Authentizität im Unterricht erreichen will, muss man zwischen den Bedingungen der Zielsprache und den jeweiligen Möglichkeiten des Lerners mit viel Fingerspitzengefühl und Kenntnis der zielsprachlichen Ausdrucksmöglichkeiten vermitteln. Dies gelingt am ehesten mit authentischen Texten, die eine dem Entwicklungsstand der Lerner entsprechende reduzierte Komplexität aufweisen. Wie wir schon bei der Darstellung der Strukturen von Lerneräußerungen gesehen haben, eignen sich manche Werbetexte oder Zeitungsüberschriften dafür ausgezeichnet (siehe Kapitel 4.1, S. 100).

5.5 | Bereiche der Sprache

Arbeitsbereiche der Linguistik

Das, was man allgemein als Sprache bezeichnet, kann man in einzelne Bereiche unterteilen und dementsprechend auch genauer untersuchen, in Sätzen und immer kleiner werdenden Einheiten oder in Äußerungen und größeren Einheiten. Mit der Bedeutung von Wörtern, Äußerungen und Texten beschäftigt sich die **Semantik** und mit dem Wortschatz allgemein die **Lexik**. Die Ordnung der Wörter im Satz ist das Feld der **Syntax** und mit den bedeutungstragenden Elementen der Wörter, also auch mit Aspekten der Wortbildung und den veränderbaren Endungen der Wörter befasst sich die **Morphologie**. Die **Phonologie** untersucht die kleinsten Elemente der Sprache, die Laute und Silben. Die **Phonetik** beschäftigt sich mit deren Umsetzung in hörbare Sprache, also der Artikulation, der Intonation und den Lautsignalen schlechthin. Mit den größeren, satzübergreifenden Einheiten der Sprache, den Textsorten, Genres, Textmustern und so weiter befassen sich die **Textlinguistik** aus der Sicht des Textes, die **Diskurslinguistik** aus der Sicht des Gespräches und die **Pragmatik** oder Handlungslinguistik aus der Sicht des sprachlichen Handelns allgemein.

Die Bedeutungsebene, der Arbeitsbereich der Semantik, regelt, wie sich die unterschiedliche Wahrnehmung der Welt auf Begriffe projiziert. Die Auswahl (Wahrnehmung) wie auch die Bewertung des Wahrgenommenen sind dabei nicht nur regional, sozial und nach den anderen der oben genannten Kriterien, sondern auch von Sprache zu Sprache meist gänzlich unterschiedlich. Das Konzept *Familie* hat so zum Beispiel in unterschiedlichen Kulturen auch unterschiedliche Bedeutungen: in der einen Kultur umfasst es einen engeren Kreis der im ersten Grad Verwandten, in einer anderen unter Umständen auch noch ganz entfernte Verwandte oder Gleichgesinnte. Welche Rollen die Familie und ihre Mitglieder spielen, wie sie miteinander umgehen und so weiter ist Teil der Bedeutung. Kernelemente der Bedeutung bezeichnet man auch als **Sememe**.

Die Ebene der Wörter, die lexikalische Ebene also, umfasst die bedeutungstragenden Einheiten der Sprache (**Lexeme**), nach welchen Prinzipien sie produziert und wie sie klassifiziert werden können, nach welchen Regeln sie sich mit anderen Elementen kombinieren lassen und wie sie sich zu immer neuen Wörtern zusammensetzen (Kombinatorik). Sprachen haben hierbei ganz unterschiedliche Präferenzen: manche setzen vor allem auf die Zusammensetzung von Elementen in der Wortbildung (*Boden-see-dampf-schiff-fahrt*), andere bevorzugen Ableitungen durch ändernde Elemente wie Vor-, Innen-, oder Nachsilben (Präfixe, Infixe und Suffixe, zum Beispiel: *machen* – *ge-mach-t*). Wieder andere modifizieren bestimmte Elemente in existierenden Wörtern, um neue zu produzieren (*gehen* – *ging*; *Mutter* – *Mütter*). Man unterteilt Sprachen daher in verschiedene Sprachtypen, zum Beispiel solche, die die Elemente der Wörter aufeinander abstimmen und verschmelzen lassen (agglutinierende) wie Ungarisch, Japanisch oder Türkisch (vergleiche Türkisch *ulumluyum* oder *alamlayam ich komme aus Ulm* oder *Alm*) und ableitende (flektierende) wie viele westeuropäische Spra-

Bedeutungsebene

Wörter

Sprachtypen

chen. Das Deutsche oder Lateinische leiten beispielsweise vom Verbstamm mit Personenendungen andere Wörter ab (*du kommst, ihr kommt*).

Wortstellung

Die Ebene der Syntax umfasst die Regeln der Linearisierung von Wörtern. Im Deutschen steuert sie die verschiedenen Satztypen, und zwar in Abhängigkeit von der Stellung des Verbs, inklusive der Klammerung des Satzes durch verschiedene Verbteile. Die Verbstellung ist im Deutschen fix vorgegeben, während die anderen Elemente eines Satzes relativ flexibel nach kommunikativen Prinzipien bewegt werden können. Das Englische hat demgegenüber eine feste Abfolge der Elemente im Satz. Bekanntheit und Wichtigkeit sind zum Beispiel kommunikative Faktoren, die die Wortstellung im Deutschen und Herausstellungen im Englischen regeln oder beeinflussen. Andere Sprachen, wie etwa das Chinesische oder Japanische, nutzen grammatikalisierte syntaktische Prinzipien dagegen fast überhaupt nicht. Hier sorgen semantische Kriterien für die Zuordnung der Elemente. So werden Konzepte in einzelne Elemente aufgeteilt statt in neuen Begriffen zusammengefasst (vergleiche *rorohiko* (Gehirnblitz) im Maori, Kapitel 3, Seite 76).

Bedeutungstragende Elemente

Im Bereich der Morphologie werden die bedeutungtragenden Elemente (**Morpheme**) als unterteilbare Einheiten realisiert und es wird das Verhältnis der Elemente zueinander geregelt. Für diese Aufgabe stehen ein Inventar von Markierungen für Einzahl und Mehrzahl (Numerus), die Personenmarkierungen, das grammatische Geschlecht der Nomen (Genus) und die Funktionen der Nomen im Verhältnis zum Verb (Kasus) zur Verfügung. Auch die Wortstämme setzen sich aus einzelnen Morphemen zusammen. Manche Sprachen bevorzugen auch hier eher aneinander reihende, analytische Strukturierungsprinzipien, wie zum Beispiel das Türkische, oder eher zusammenziehende (synthetische) Verfahren, die Elemente integrieren und mehrere Bedeutungen zusammenziehend in einem Element markieren (zum Beispiel markiert *kam* gleichzeitig die erste Person und das Präteritum).

Lautstruktur

Die kleinsten bedeutungsunterscheidenden Einheiten nennt man **Phoneme**. Sie erlauben uns etwa den Bedeutungsunterschied zwischen *Hallenparty* und *Höllenparty* auszudrücken. Bei der Realisierung der lautlichen Struktur stützen sich Sprachen auf verschiedene Prinzipien. So verwendet etwa das Italienische eine strikte Konsonanten- und Vokalabwechslung (KVKV). Im Deutschen wechseln sich zwar auch Vokale und Konsonanten ab, aber auch Konsonantenverbindungen (Cluster) sind für Sprecher des Deutschen verdaubar.

Zusätzlich zum lautlichen Bereich gibt es noch einen Bereich, der die Artikulation und die intonatorischen Prinzipien regelt, also zum Beispiel, wie etwas ausgesprochen wird, ob es hervorgehoben werden soll oder nicht, ob eine Äußerung eine Frage ist oder ein Befehl, wie lange die Pausen sind oder ob Laute gedehnt werden. Auch Tonhöhen, rhythmische Strukturen und andere Aspekte, die nicht in den Lauten selbst zu fassen sind, gehören in den Bereich der Phonetik. Bei diesen Einheiten, die nicht mehr zerlegt werden können, handelt es sich um suprasegmentale Markierungen, also um Elemente der Sprache, die kleiner als die zerlegbaren Segmente (Silben, Laute) sind. Sprachen verhalten sich auch hier gänzlich unterschiedlich, wie man leicht hören kann. Das Chinesische etwa arbeitet sehr intensiv mit der Tonqualität seines Lautinventars und nutzt auch feinste Differenzen für Bedeutungsunterscheidungen. Obwohl dies vielleicht sogar die auffälligste Ebene von Sprachen ist, ist sie bisher allgemein am schlechtesten untersucht.

(Randnotiz: Artikulation / Intonation)

Sprache ist aber nicht nur in immer kleiner werdenden Einheiten vollständig zu erfassen. Sie wird auch in größeren Strukturen wie Texten oder Sprachhandlungen verwendet. Demnach setzen sich die Textlinguistik, die Diskurslinguistik und die Pragmatik oder Handlungslinguistik mit Textstrukturen, Diskursabläufen und Sprechakten auseinander. Zur Kommunikation gehören darüber hinaus außersprachliche Aspekte, also zum Beispiel **Gestik** und **Mimik**.

(Randnotiz: Textlinguistik / Diskurslinguistik / Handlungslinguistik)

Wie diese Ebenen in der Realität zusammenspielen, kann man an jedem Bereich der Sprache zeigen, am Beispiel des Passivs und seiner Ersatzformen lässt es sich besonders gut illustrieren. Das Passiv im Deutschen wird lexikalisch durch die Hilfsverben *werden* und *sein* mit den entsprechenden Partizipien gebildet (*etwas wird nicht gelernt*). Die Kombination von Hilfsverb und Partizip bildet einen syntaktischen Rahmen, der bei bestimmten Ersatzformulierungen zwar auch noch, aber mit anderer lexikalischer Realisierung, erhalten bleibt (*kann/darf/soll man nicht lernen*). Das Passiv kann aber noch kompakter ausgedrückt werden (*ist nicht zu lernen*), oder in einem Morphem ganz verschwinden (*nicht lernbar*). Hier übernimmt also das Morphem -bar die lexikalische und syntaktische Funktion anderer Passivalternativen.

(Randnotiz: Beispiel Passiv)

Sprechabsicht

Zusammengebracht werden die Bereiche durch die Sprechabsicht oder Intention. Das heißt, sie werden für bestimmte kommunikative Ziele im Rahmen sprachlicher Handlungen eingesetzt, und zwar in den einzelnen Sprachen unterschiedlich. Diesen Bereich der Sprache nennt man linguistische Pragmatik oder einfach Pragmatik. Wie Höflichkeit ausgedrückt wird, welchen Sprachstil man für welche Zwecke wählt, wie ausführlich etwas ausgedrückt wird, ob man dies mit Fragen, Aussagen oder Befehlen tut und vieles mehr, regeln pragmatische Prinzipien. In Analogie zu den bereits genannten Begriffen könnte man daher von **Pragmemen** sprechen.

Kultur

Da Sprachen nicht nur intern eine große Variation aufweisen, sondern auch wegen der zugrunde liegenden kulturellen Konzepte unterschiedlich vorgehen, ist auch die Einheit **Kulturem** als Klassifikationswerkzeug vorgeschlagen worden. Hiermit wird versucht, größere kulturelle Sinneinheiten wie Begrüßungen, Verabschiedungen, Beschwerden, Glückwünsche, Problemdarstellungen und so weiter kultur- und sprachenübergreifend angemessener zu beschreiben, als dies vielleicht eine kontrastive Gegenüberstellung von Satztypen leisten könnte.

Viele Fehler, die man bei Lernern feststellen kann, entstehen aus mangelnder Kenntnis der pragmatischen Bedingungen der Kommunikation wie einer nicht der Situation angemessenen Verwendung von Redemitteln. Als Lehrer und Schüler muss man sich immer bewusst sein, dass Sprachen Gedanken auf ganz andere Art, mit unterschiedlichen strukturellen Mitteln oder implizit ausdrücken können. Die Definition von Teilbereichen der Sprache und die Kenntnis wichtiger sprachlicher Prinzipien kann diese Aufgabe wesentlich erleichtern.

Schrift als sekundäres System

Die **Schrift** ist in der Regel ein sekundäres System, das heißt, es wird zu einem bestimmten Zeitpunkt geschaffen, um mündliche Sprache zu fixieren. Dabei entwickelt es natürlich eigene Konventionen und Prinzipien, die ihrerseits wieder auf die mündliche Sprache zurückwirken können. So passt sich der gehobene gesprochene Stil oft an schriftsprachliche Normen an. Als sekundäres System entwickelt sich die Schrift zwar anders und meist viel konservativer als die gesprochene Sprache. Dies verdeckt heute leicht die Tatsache, dass die Schriftzeichen ursprünglich nicht abstrakte Symbole waren, sondern auf konkrete Objekte verwiesen. Diese konkrete Funktion der Schrift ist im lateinischen Alphabet, aber auch in anderen Schriftsystemen wie dem Kyrillischen oder dem des Singhalesischen nicht mehr erkennbar. So kann die Schrift nur einen bedingten behaltensfördernden Effekt beim Lernen haben. In einigen Bereichen der japanischen und chinesischen Schriftsysteme sind die visuellen Symbole dagegen noch präsent und produktiv. Sehen wir uns einmal an, wie sich japanische Schriftzeichen zusammensetzen:

火	[hi] Feuer
炎	[honoo] Flamme
灰	[hai] Asche
女	[onna] Frau
姦	[kashimashii] laut, lärmend
好	[konomu] mögen
木	[ki] Baum
林	[hayashi] Baumgruppe, Wäldchen
森	[mori] Wald

| **Abb. 5.4**

Visuelle Symbole in japanischen Schriftzeichen

Aus dem stilisierten Symbol für *Feuer* wird bei Verdoppelung eine *Flamme*. Das Flackern kann man fast noch spüren. Legt man ein Dach darüber, so entsteht das Schriftzeichen für *Asche*. Aus dem Symbol für *Frau* wird bei einer Verdreifachung *laut* und einer Ergänzung *mögen*, aus dem Symbol für *Baum* wird bei Verdoppelung eine *Baumgruppe*, bei Verdreifachung ein *Wald*, fast so wie man es in der Legende einer Landkarte verzeichnen würde. Auf ähnliche Weise lassen sich durch die Kombination verschiedener selbstständiger Schriftzeichen neue Wörter und Zusammensetzungen bilden:

Feuer und Flamme

Abb. 5.5 | *Kombination visueller Symbole in japanischen Schriftzeichen*

出口　　[deguchi]　(„de" = verlassen) + („kuchi" = Mund) = **Ausgang**

入口　　[iriguchi]　(„iri" = hineingehen) + („kuchi" = Mund) = **Eingang**

新聞　　[shinbun]　(„shin" = neu) + („bun" = hören) = **Zeitung**

大学　　[daigaku]　(„dai" = groß) + („gaku" = lernen) = **Universität**

音楽　　[ongaku]　(„on" = Ton) + („gaku" = angenehm) = **Musik**

音楽会　　[ongakukai]　(„ongaku" = Musik) + („kai" = Treffen) = **Konzert**

就職活動　[shûshokukatsudou]　(„shû" = aufnehmen) + („shoku" = Arbeit) +
(„katsu" = Leben) („dou" = bewegen) = **Arbeitssuche**

Abb. 5.6 |

Ein Teil der Schrift-zeichen genügt zu ihrer Erkennung

Sprachen, die das lateinische Alphabet nutzen, repräsentieren Begriffe dagegen sehr abstrakt, geradezu formelhaft. Hier kommt es dann auch nicht mehr auf das gesamte Symbol an. Für die Erkennung der Zeichen genügen die oberen Teile der Buchstaben, die herausragenden Teile der Schrift, wie bei Silhouetten von Bergen oder Städten.

Erwerbsmodus

Jeder Erwerbsmodus unterliegt eigenen Regeln. Eine flüssige Beherrschung mündlicher Kommunikation führt nicht automatisch zu einer ebenso entwickelten Beherrschung der schriftlichen Kommunikation. Umgekehrt lässt sich nicht von fehlenden Fertigkeiten und Kompetenzen in einem Bereich auf Mängel im anderen schließen. Demnach sind auch Testergebnisse von sprachlichen Kompetenzen nur bedingt aussagekräftig für die Sprachbeherrschung allgemein.

Grammatik

Die Beschreibungsvielfalt der Sprache, die sich in den linguistischen Teildisziplinen widerspiegelt, ist einerseits eine große Bereicherung für unser Sprachverständnis, andererseits stellt sie eine große Herausforderung für die Sprachvermittlung dar. Lerner kommen mit unterschiedlichen Konzepten und Begriffen von Sprache in den Unterricht. An dieses Vorverständnis muss man möglichst unkompliziert anschließen können. So ergeben sich im Fremdsprachenunterricht zwei Erfordernisse: die Abstimmung der verschiedenen linguistischen Perspektiven in Richtung auf ein kohärentes System und die Abstimmung der Darstellungsverfahren auf das Vorwissen und die Erwartungen der Lerner. Die Grammatikvermittlung ist der zentrale Bereich für diese Aufgabe.

Beschreibungsvielfalt der Sprache

Vorwissen der Lerner

Je nachdem welche Aspekte der Sprachbetrachtung man in den Vordergrund rückt, gibt es verschiedene Arten von Grammatiken. So kann man Norm setzende (**normative**) Grammatiken von beschreibenden (**deskriptiven**) Grammatiken und didaktischen oder **didaktisierten Gebrauchsgrammatiken** unterscheiden. Schulgrammatiken, mit denen die Regeln der Muttersprache im Schulunterricht vermittelt werden, sind meist normative Grammatiken. Man kann die Grammatik aber auch in Bezug auf ihre historische Dimension oder einen jeweils gültigen Jetzt-Zustand beschreiben. Dann spricht man von einer **diachronen** (historischen) oder **synchronen** (den gegenwärtigen Stand betreffenden) Grammatik. Manche Grammatiken konzentrieren sich auf bestimmte Fertigkeiten, wie das Schreiben oder Lesen. Dementsprechend unterscheidet man zwischen **Produktions-** und **Rezeptionsgrammatiken**. Während die meisten Grammatiken Regeln angeben, gibt es auch solche Grammatiken, bei denen die sprachlichen Verhältnisse als Probleme dargestellt werden (Problemgrammatiken, Grammatik für die Zweifelsfälle der Sprache). Schließlich spielt auch das Kriterium Ein- oder Mehrsprachigkeit eine wichtige Rolle: So gibt es einzelsprachige Grammatiken oder kontrastive Grammatiken, bei denen zwei oder mehrere Sprachen gegenübergestellt werden. Dabei wird unterschieden, ob die Sprachbeschreibung auf die Muttersprache oder die Vermittlung einer Fremdsprache ausgerichtet ist.

Arten von Grammatiken

Zeit

Fertigkeiten

Die Darstellungen in Grammatiken lehnen sich in der Regel an ein sprachwissenschaftlich erforschtes theoretisches Modell an, das selbst als Regelapparat in wissenschaftlichen Grammatiken zusammengefasst werden kann. Diese **wissenschaftlichen Grammatiken** orientieren sich sehr an den Annahmen und der Terminologie des jeweiligen Forschungsansatzes und sind für Nicht-Experten meist schwer zugänglich. Zu den wichtigsten Ansätzen der Grammatikdarstellung gehören die folgenden:

▶ Die traditionelle **Schulgrammatik**, die Bezeichnungen für sprachliche Formen aus dem Lateinischen entlehnt und sich auf Laut-, Wort- und Satzstrukturen bezieht.

▶ Die **kontrastive Grammatik**, die aus der Gegenüberstellung von Strukturen verschiedener Sprachen Fehlerquellen ableitet und Verfahren zu ihrer Vermeidung und Korrektur vorschlägt.

▶ Die **strukturalistische Grammatik**, die mit einem strikt unterteilbaren Kategorieninventar für die einzelnen Bereiche der Sprache arbeitet und diese weitgehend isoliert darstellt.

▶ Die **generative Grammatik**, die von stark formalisierbaren Regeln einer universellen (angeborenen) Satz-Grammatik mit unterschiedlichen Oberflächen ausgeht.

▶ Die **Valenz-** und **Dependenzgrammatik**, die Abhängigkeitsverhältnisse innerhalb von Sätzen darstellt und dabei das Verb als zentrales steuerndes Element betrachtet.

▶ Die **funktionale** und **pragmatische Grammatik**, die Sprache als Ausdruck von Handlungen betrachtet und daher die Funktionen sprachlicher und nichtsprachlicher Strukturen über die Satzebene hinausgehend beschreibt.

▶ Die **Diskursgrammatik** und **Gesprächsanalyse**, die sprachliche Handlungsabläufe in der mündlichen Kommunikation untersuchen.

▶ Die **Textgrammatik**, die die Verweis- und Signalstruktur von Sprache als Netz darstellt.

Nicht alle Grammatikdarstellungen sind für Lerner von Fremdsprachen von gleichem Nutzen. Die generative Grammatik stellt mit ihren universalistischen Annahmen gar den Sinn von Sprachunterricht in Frage. Daher gibt es auch keine generativen Grammatiken oder Verfahren, die von Lernern angewendet werden können. Einen beachtlichen Einfluss hat die generative Linguistik jedoch auf die Darstellung von Prozessen des Spracherwerbs und auf die Formulierung von Erwerbshypothesen genommen.

Im Folgenden werden anhand von konkreten Beispielen die wichtigsten Ansätze der Behandlung von Grammatik im Fremdsprachenunterricht dargestellt. Der kontrastive Ansatz und seine Problematik sind bereits im Kapitel Fremdsprachenerwerb ausführlich beschrieben worden, so dass hier auf eine weitere Behandlung verzichtet wird (vergleiche Seite 105 f.).

Schulgrammatik

5.6.1

Unter Schulgrammatik versteht man erstens die traditionelle Art der Grammatikdarstellung, wie sie ursprünglich aus der lateinischen Grammatik abgeleitet wurde. Meist ist die Beschreibung auf die Klassifikation der Wortarten, also Nomen, Artikel, Adjektiv, Pronomen, Adverb, Verb und so weiter, beschränkt, deren wichtigste Formmerkmale sowie gegebenenfalls kurze Beschreibungen der wichtigsten Funktionen. Ziel ist es, die Normen der Sprache als Modell für die Ausbildung der eigenen Sprache der Schüler vorzugeben. Schulgrammatik bezeichnet daher auch alle Grammatiken, die für Schulunterrichtszwecke gemacht werden.

Wortarten

Beispiel

Die *Grammatik der deutschen Sprache* von Schulz/Griesbach, die sich nach dem Zweiten Weltkrieg zur tragenden Säule des Deutsch-als-Fremdsprache-Unterrichts (DaF-Unterricht) entwickelte, gilt als Bezugspunkt vieler schulgrammatischer Lehrmaterialien. Geschrieben wurde sie von einer deutschsprachigen Autorin und einem deutschsprachigen Autor für fremdsprachige Lerner im In- und Ausland. Ihre Vermittlungssprache ist Deutsch. Sie betont fast ausschließlich die formalen Aspekte des Sprachsystems. Auf den Sprachgebrauch wird nur am Rande und ohne funktionalen Bezug eingegangen. Die Terminologie ist eine traditionell schulgrammatische. Die Beispiele orientieren sich an schriftsprachlichen Normen, sind vom Alltagsgebrauch abgehoben und haben keinen erkennbaren inhaltlichen Bezug zueinander. Der folgende Ausschnitt illustriert die Darstellung des Perfekts.

Grammatik der deutschen Sprache

PERFEKT

Das Perfekt wird mit dem Präsens der Hilfsverben *haben* oder *sein* [→ B 43] und dem Partizip II des sinntragenden Verbs gebildet. Dabei bleibt das Partizip stets unverändert und bildet den 2. Prädikatsteil.

> Ich *habe* gestern einen Brief *geschrieben*.
> Ich *bin* heute einem Bekannten *begegnet*.

Die meisten deutschen Verben bilden das Perfekt mit dem Hilfsverb *haben*. Das sind:

1. alle transitiven Verben, d. h. alle Verben, die ein direktes Objekt im Akkusativ haben können;

> Mein Freund *hat mich* gestern *besucht*. – Ich *habe* das Heft *gefunden*. – Er *hat* das Buch *gelesen*.

2. alle reflexiven Verben, gleichgültig, ob das Reflexivpronomen im Akkusativ oder im Dativ steht;

> Der Mann *hat sich* nach dem Weg *erkundigt*. – Wir *haben uns* sehr *gefreut*. – Du *hast dir* gute Kenntnisse in der deutschen Sprache *angeeignet*.

Beispiel

Systematische Grammatik:

German Grammar

Auch die *German Grammar* von Hammer geht systematisch vor und bezieht sich sehr stark auf die formalen Aspekte der Sprache. Grammatiken aus dem Ausland bemühen sich oft um besondere Exaktheit und Vollständigkeit. So auch die *German Grammar*, die von englischen Autoren für anglophone Lerner geschrieben wurde und stets aktualisiert wird. Das hat zwei Ursachen: Zum einen haben Grammatikautoren, die sich mit einer fremden Sprache beschäftigen, einen geschärften Blick. Ihnen fällt vieles auf, wozu Muttersprachlern die Distanz fehlt. Zum anderen wollen diese Grammatiken den Lernern durch möglichst viele und differenzierte Regeln einen Ersatz für den fehlenden Kontakt mit der Fremdsprache bieten, also in diesem Sinne auch Gebrauchsgrammatiken sein. Die Grammatik von Hammer beschränkt sich daher nicht auf formale Beschreibungen, sondern liefert eine Reihe von Hinweisen zum regionalen Gebrauch verschiedener Strukturen und zu funktionalen Aspekten der Grammatik. Anders als die Grammatik von Schulz/Griesbach verwendet die *German Grammar* die Ausgangssprache der Lerner als Vermittlungssprache. So wird sie auch für Lerner der Grundstufe zugänglich. Allerdings setzt auch die *German Grammar* die Vertrautheit mit den grammatischen Begriffen bereits voraus und geht nicht auf kontrastive Aspekte zum Englischen ein. Die Terminologie schließt nicht an die Konzepte der englischen Grammatik an. Die Beispiele sind in Bezug auf praktische Verwendung im Alltag gewählt, allerdings nicht in einen zusammenhängenden Kontext eingebettet, der das Erinnern erleichtern würde. Zahlreiche Redewendungen und Verwendungsbeispiele helfen dem Lerner bei der Orientierung und dem Auffinden von Antworten für konkrete Sprachfragen.

12.3.2 *haben* or *sein* in the perfect?

Whether the perfect tense is constructed with *haben* or *sein* depends on the meaning of the verb.

(a) The following groups of verbs form their perfect with *sein*
All these verbs are *intransitive*, i.e. they do not have a direct object in the accusative case (see 18.3):

(i) Intransitive verbs of motion:

Ich **bin** in die Stadt gegangen	Wir **sind** aus dem Haus entkommen
Sie **war** zu Boden gefallen	Ihr **wart** auf die Mauer geklettert
Um die Zeit werden wir schon angekommen **sein**	

NB: Some verbs of motion take *sein* or *haben* in different contexts, see (c) below.

(ii) Intransitive verbs expressing a change of state. This group includes a large number of verbs which point to the beginning or end of a process, notably those with the prefixes *er-* and *ver-* (see 22.4):

Sie **ist** schon eingeschlafen	Die Bombe **ist** um zwei Uhr explodiert
Das Licht **ist** ausgegangen	Mein Buch **ist** verschwunden

| **Abb. 5.8**

Auszug aus der German Grammar *mit formellen und funktionalen Beschreibungen*

Valenz-, Dependenzgrammatik

| 5.6.2

Der Valenzgrammatik oder Dependenzgrammatik geht es darum, die Beziehungen der Elemente eines Satzes zueinander zu beschreiben. Im weiteren Sinne betrifft das alle Bereiche der Grammatik, also auch phonologische und morphologische Beziehungen neben Syntax und Semantik. Im engeren Verständnis behandelt die Valenzgrammatik vor allem die Syntax und Semantik von Sprachen. Nur diese Bereiche sind bisher auch für den Sprachunterricht nutzbar gemacht worden. Der aus der Chemie entlehnte Begriff Valenz bedeutet, dass ein bestimmtes Wort oder eine Wortklasse die Fähigkeit hat, andere Wortklassen zu binden und ihnen bestimmte Rollen zuzuweisen. Diese Rollen oder Funktionen ergeben sich aus der Bedeutung der Wörter, sind also im Lexikon markiert. Die wichtigste Rolle in der deutschen Grammatik spielt dabei das Verb, denn es bestimmt, welche anderen Rollen im Satz besetzt werden, also welche Spieler (Aktanten) mitspielen dürfen oder

Mittelpunkt Verb

müssen. Jedes Verb hat nämlich eine bestimmte Wertigkeit oder Valenz, die angibt, ob ein Subjekt vorhanden sein muss, ob dieses Subjekt gegebenenfalls ein leeres Subjekt wie in *es regnet* ist und ob und welche weiteren Ergänzungen (Objekte) vorhanden sein können. Dementsprechend gibt es ein-, zwei oder dreiwertige Verben im Deutschen. Darüber hinaus legt die Verbsemantik (die Bedeutung des Verbs) fest, welche weiteren Angaben im Satz gebraucht werden können, also zum Beispiel welche Adverbiale (Zeit, Ort, **Einheitliche Darstellung** Mittel und andere) realisiert sein sollen. So lassen sich mit recht wenigen Mitteln auf vergleichsweise einfache Art Satzstrukturen darstellen und erklären. Ein Hauptsatz mit zusammengesetztem Verb (V1 ist das Modalverb, V2 das dazugehörige Hauptverb) kann in diesem Ansatz mit einfachen Balken für die Satzfelder folgendermaßen schematisiert werden:

Abb. 5.9

Einfache Darstellung der Satzstruktur in der Valenzgrammatik des Deutschen *von Rall/Engel/Rall*

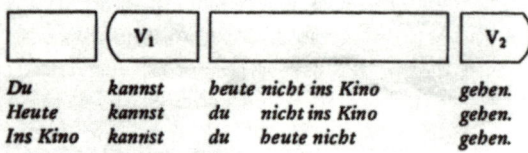

Du	*kannst*	*heute nicht ins Kino*	*gehen.*
Heute	*kannst*	*du nicht ins Kino*	*gehen.*
Ins Kino	*kannst*	*du heute nicht*	*gehen.*

Das einfache Schema ermöglicht eine einheitliche Darstellung für die unterschiedliche Besetzung von Vor- und Mittelfeld. Im Vorfeld kann demnach bei gleicher Struktur das Subjekt oder ein Adverbial (hier Zeit- und Richtungsangabe) stehen. Im Mittelfeld hat die Reihung der Elemente keinen Einfluss auf die Gesamtstruktur.

Auch Nebensatzstrukturen lassen sich in der Valenzgrammatik noch einfach darstellen:

Abb. 5.10

Einfaches Schema von Nebensatzkonstruktionen in der Valenzgrammatik des Deutschen *von Rall/Engel/Rall*

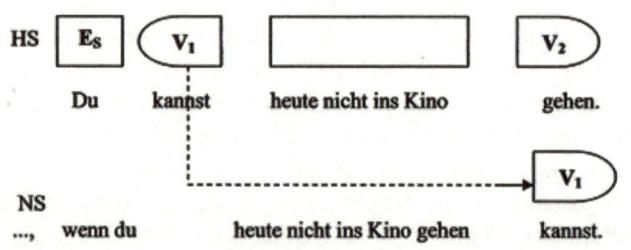

Das Schema stellt die Struktur des einleitenden Hauptsatzes (HS) mit der Subjektergänzung (E_S; auch Nominativergänzung genannt) dar. Der zweite Teil gibt die gleichen Elemente in der Nebensatzanordnung (NS) wieder. Dabei wandert das Modalverb (V1) als schließendes Element der Satzklammer an das Ende des Satzes.

Die Wertigkeit der Verben wird gestuft angegeben. Avalent sind die Verben mit leeren Subjekten. Das Subjekt *es* in *es friert* ist nur ein Platzhalter und semantisch leer. Monovalent bezeichnet einwertige Verben, die meist Zustände beschreiben und kein direktes Objekt haben, das heißt intransitiv sind wie in *er mosert*. Hier ist das Subjekt *er* die einzige Ergänzung. Divalent nennt man zweiwertige Verben wie in *Michael dirigiert Ferrari*. Hier sind Subjekt und Objekt realisiert. Trivalent sind dreiwertige Verben meist des Sagens oder Gebens wie in *Der Boss trichtert seinen Kumpels den neuen Plan ein*. Die Spieler oder Aktanten nennt man Ergänzungen. Man unterscheidet zwischen notwendigen Ergänzungen, das heißt solchen, die realisiert sein müssen, damit ein Satz Sinn ergibt, und fakultativen Ergänzungen, bei denen eine Stelle vorgesehen ist, die aber nicht besetzt sein muss, wenn die Information nicht wichtig erscheint. In *Sie wartet auf ihren Macker* ist *der Macker* abkömmlich, auch wenn ihm das selbst vielleicht nicht gefallen würde. Das Subjekt kann hier jedoch in keinem Fall fehlen. Man unterscheidet die Ergänzungen von den Angaben, die zusätzliche Informationen etwa zur Zeit, zur Art und Weise oder zum Ort geben. Ohne sie ist ein Satz nicht ungrammatisch, aber er müsste ohne spezifizierende Informationen auskommen. Viele Angaben sind in diesem Sinne freie Angaben. In *Sie essen in der Mensa* ist *in der Mensa* eine Präpositionalergänzung, die eine spezifische Information liefert, aber nicht unbedingt vorhanden sein muss.

Wegen der relativ einfachen Darstellungsmöglichkeiten hat die Valenzgrammatik seit den 1970er Jahren verbreitet Einzug besonders in Lehrwerke für Deutsch als Fremdsprache gefunden. Das erste und bekannteste ist *Deutsch Aktiv*. Außer schulgrammatischen Darstellungen ist die Valenzgrammatik eigentlich der einzige grammatische Ansatz, der systematisch in Lehrwerken zum Einsatz kommt. Allerdings ist er in mancherlei Hinsicht nur begrenzt verwendbar und daher auch in neueren Lehrwerken stark modifiziert worden. Für Lerner besonders schwer verständlich ist die Terminologie, die in umgekehrtem Verhältnis zur Zielsetzung der Ein-

(Marginalien:) Wertigkeit der Verben

Lehrwerke

fachheit der grammatischen Darstellung zu stehen scheint. Begriffe wie Nominativergänzung (statt Subjekt) oder obligatorische Akkusativergänzung (statt direktes Objekt) und Ähnliches sind für Lerner schwer nachvollziehbar und kaum zu behalten, zumal für Einsteiger. Kritisch ist aber nicht nur die Begrifflichkeit, sondern auch das semantische Vorverständnis, das hier von den Lernern erwartet wird. Die Funktionen der Ergänzungen und Angaben sind für Lerner ohne Vorwissen kaum ersichtlich. Sie ergeben sich erst, wenn man die Wörter kennt und versteht und schon etwas über die Grammatik weiß. Ein weiterer Nachteil der Valenzgrammatik ist ihre Beschränkung auf Satzstrukturen. Größere sprachliche Einheiten wie Äußerungen, Gespräche oder andere Texte lassen sich damit nicht erfassen.

Wegen seiner funktionalen Ausrichtung eignet sich der valenzgrammatische Ansatz in vieler Hinsicht aber dennoch als Grundlage für didaktisierte Grammatiken, wie sie noch genauer beschrieben werden.

5.7 | Text

Die Textlinguistik untersucht Sprache in satzübergreifenden Einheiten. Damit sollen die Beschränkungen der bisher dargestellten linguistischen Ansätze überwunden werden, die sich mit Sätzen als den größten Einheiten befasst haben. Die Textlinguistik geht von der Grundannahme aus, dass Sprache überhaupt nur in Texten vorkommt, schriftlichen und mündlichen. Die Prinzipien stellt sie in Textgrammatiken dar, für die sie auch eine eigene Begrifflichkeit entwickelt. Die Textgrammatik ist in erster Linie eine wissenschaftliche Grammatik. Für Lernzwecke hat sie bisher nur insofern Bedeutung, als einige ihrer Erkenntnisse als Grundlage didaktischer Grammatiken dienen können. Ein besonderes Verdienst der Textlinguistik ist die systematische Erfassung von Verweisstrukturen. Hierzu gehören vor allem Verweise auf vorangegangene und folgende Information wie sie zum Beispiel in Pronomen oder bestimmten Artikeln ausgedrückt werden. Neue Personen oder Gegenstände werden in der Regel mit dem unbestimmten Artikel *ein, eine* ... eingeführt und dann mit dem bestimmten Artikel oder Pronomen wieder aufgenommen: *es war einmal ein kleines Mädchen ... es war treu und lieb* ... Auch zeigende Verweise auf die jeweilige

Sprechsituation wie *heute, ich, du, hier* bauen Texte, das heißt Netze, auf. Diese nennt man deiktische Ausdrücke. Sie haben keine eigenständige Bedeutung, sondern bekommen diese erst durch den tatsächlichen Bezug auf die entsprechenden Referenten. So kann *hier* unendlich viele Orte betreffen, von der 5th Avenue in New York bis zum Hühnerstall in Schimpflingsöd oder der Disko in Wippertskirchen. An die sechs Milliarden Menschen könnten mit Fug und Recht den Begriff *ich* für sich als Patent anmelden, und es werden jede Sekunde mehr. Ähnliche Verweisstrukturen gibt es auch in anderen Bereichen der Sprache, zum Beispiel beim Tempus. Schließlich bilden sich in Texten bestimmte typische Strukturen aus, die zur Ausbildung von **Textsorten** führen.

Verweisstrukturen

Merkmale der Textualität

Die interne Struktur von Texten ergibt sich aus zwei Kriterienbündeln (textzentrierte Kriterien):

Textzentrierte Kriterien

▶ Aus der expliziten Verbindung von Sätzen durch sprachliche Mittel wie Pronomen, Artikel und andere Verweismittel: **Kohäsion**
▶ Durch einen nachvollziehbaren inhaltlichen Zusammenhalt des Textes durch logische oder zeitliche Abläufe und andere semantische und pragmatische Beziehungen: **Kohärenz**

Aus der Sicht des Lesers ergibt sich Textualität unter folgenden Aspekten (nutzerzentrierte Kriterien):

Nutzerzentrierte Kriterien

▶ Erkennbare Zielsetzung: Kommunikationsabsicht/Intentionalität
▶ Erfüllung sprachlicher Ansprüche und Umsetzbarkeit der Nachricht: Akzeptabilität
▶ Gehalt des Textes: Informativität
▶ Einbettung in den Textkontext: Situationalität
▶ Erfüllung von Textsortenkriterien: Intertextualität

Sehen wir uns zur Illustration die Textsorte Kontaktanzeige an. Sie verfügt über folgende Komponenten:

1. Informationen zum Inserenten
2. *sucht* oder ähnliche Begriffe
3. Adressat
4. Ziele
5. Kommentar
6. Adresse und Sonstiges

Hierzu zwei Beispiele aus dem Oberbayerischen Volksblatt vom 1.1.2005. Die Nummerierung und Zeilenaufteilung ist zur besseren Illustration geändert worden.

(1.) **Mami** (25) m. Kind
(2.) sucht
(3.) Papi m. Kind, gerne a. alleinerzieh., 30-40,
(4.) f. den das Wort Romantik, Natur u. Familie kein Fremdwort ist.
(5.) Antworten bitte m. Bild
(6.) Z20264RO an OVB Ros.

(1.) **Katja, 26 J.**, bin ein sehr hübsches, natürliches Mädl mit toller, schlanker Figur, kein Discotyp, deshalb schon länger allein.
(2.) Ich hätte auch gerne
(3.) einen netten, treuen Freund,
(4.) der zu mir hält, es ehrlich meint und der sich auch Zeit für mich nimmt.
(5.) Hab Mut und melde Dich gleich, ich freu mich,
(6.) üb. Single-Service, kostenlos 0800-4466500

Textsorten

Textsorten sind Muster von bestimmten Verwendungsarten von Sprache. Nur die Füllung des Musters ist unterschiedlich, so wie in den Beispielen der Textsorte Kontaktanzeige. Zeitungsartikel, Anzeigen, Protokolle, Gedichte, Fernsehberichte, Beratungsgespräche, Reden, kurzum die ganze Sprache ist im Grunde in Textsorten organisiert. Textsorten sind in verschiedenen Kulturen meist unter-

Kulturspezifische
Ausprägung

schiedlich ausgeprägt, können aber auch international genormt sein. Sie ermöglichen das schnelle und angemessene Erfassen und Produzieren von Sprache und sind damit für den Fremdsprachenunterricht als Vermittlungsgegenstand besonders wichtig.

Eine Textgrammatik lässt sich mit sechs Merkmalen fassen:

▶ Sie ist eine **Textgrammatik**, weil Sprache nur in natürlichen Texten vorkommt.
▶ Sie ist eine **Dialoggrammatik**, weil die Grundeinheit der Kommunikation aus Sprecher und Hörer (Autor und Leser) besteht.
▶ Sie ist eine **anthropologische Grammatik**, weil sie die Beziehungen der an der Kommunikation Beteiligten, wie zum Beispiel das direkte Gegenüber der Gesprächspartner, die *face-to-face*-Position, thematisiert und veranschaulicht.
▶ Sie ist eine **Instruktionsgrammatik**, weil sie Wörter und andere sprachliche Strukturen als Anweisungen eines Sprechers an einen Hörer versteht.
▶ Sie ist eine **Merkmalgrammatik**, weil jeder grammatische Begriff durch die spezifische Verbindung verschiedener semantischer Merkmale definiert ist.
▶ Sie ist schließlich auch eine **deskriptive Grammatik**, weil sie Texte untersucht und verwendet, die eine repräsentative Auswahl für die jeweilige Sprache darstellen.

In diesem Sinne erfasst und beschreibt sie Sprache auf verschiedenen Ebenen. Das kann am Beispiel des Tempus illustriert werden.

Die Tempus-Perspektive

Die Tempus-Perspektive ist eine Kategorie der Einstellung, mit der die Geltungsweise einer Prädikation zeitlich festgelegt wird. Bei den meisten Prädikationen (etwa 80 % der Vorkommen) spielt die zeitliche Perspektive jedoch keine Rolle, und so gebraucht man, je nach dem Tempus-Register, entweder das besprechende Neutral-Tempus Präsens oder das erzählende Neutral-Register Präteritum. Bei diesen beiden Tempora ist also hinsichtlich der Tempus-Perspektive nichts Besonderes zu bemerken (»Null-Perspektive«).

Anders verhält es sich mit den Tempora, die eine Differenz-Perspektive zum Ausdruck bringen, und zwar entweder die Rückperspektive, die durch das semantische Merkmal

Abb. 5.11

Auszüge aus der Textgrammatik der deutschen Sprache von Weinrich zur Illustration der funktionalen Beschreibung von Textstrukturen

<RÜCKSCHAU> gekennzeichnet ist, oder die Voraus-Perspektive, für deren Kennzeichnung das semantische Merkmal <VORAUSSCHAU> gewählt wird. Zur Übersicht:

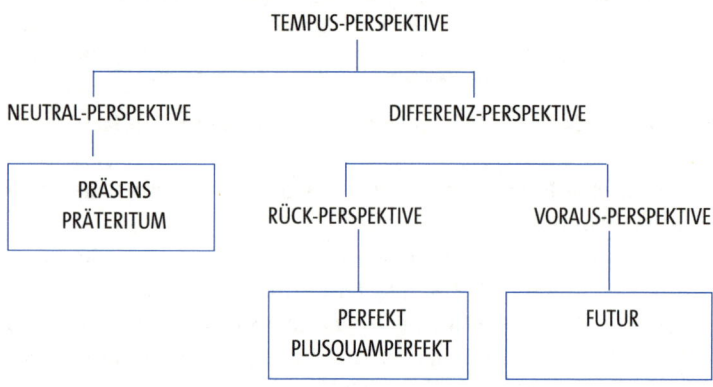

TEMPUS-PERSPEKTIVE

NEUTRAL-PERSPEKTIVE   DIFFERENZ-PERSPEKTIVE

PRÄSENS
PRÄTERITUM   RÜCK-PERSPEKTIVE   VORAUS-PERSPEKTIVE

PERFEKT   FUTUR
PLUSQUAMPERFEKT

Es handelt sich bei den Bedeutungen der perspektivischen Tempora Perfekt, Plusquamperfekt und Futur ebenfalls, wie auch beim Tempusregister, um Instruktionen, die sich auf die Geltungsweise der jeweiligen Prädikation beziehen.

3.1.1.2.1 Formen des Perfekts

Der Perfekt wird mit einer Tempusklammer gebildet, die als Vorverb eine Präsensform der Hilfsverben *habe* oder *bin* und als Nachverb das Rück-Partizip eines Verbs benutzt:

VORVERB IM   NACHVERB IM
PRÄSENS   RÜCK-PARTIZIP

/wir

haben die Altstadt   *besichtigt/*

sind als Touristen   *gekommen/*

└─ TEMPUSKLAMMER ─┘

Die Wahl entweder des Hilfsverbs *habe* oder des Hilfsverbs *bin* als Vorverb der Tempusklammer im Perfekt richtet sich nach der Valenz und Bedeutung der Verben. Dafür gelten die folgenden Regeln:

(A) Hilfsverb *habe*

Die meisten Verben der deutschen Sprache bilden ihr Perfekt mit dem Hilfsverb *habe*. Dieses steht immer bei objektwertigen Verben:

In dieser Darstellung kommt der Signalcharakter der Textgrammatik deutlich zum Vorschein. Sprachliche Elemente enthalten Anweisungen zur Vor- oder Rückschau im Text. Andere Elemente drücken die Einstellung oder Perspektive des Sprechers oder Schreibers zum Sachverhalt (der Prädikation) aus, zum Beispiel durch Modalverben, Konjunktiv oder bestimmte Zeitperspektiven zum Ablauf von Ereignissen (Aspekt). Für die Darstellung der grammatischen Regeln, wie hier beim Perfekt, verwenden Textgrammatiken daher ihre eigene Terminologie, wie zum Beispiel Tempusklammer, Rück-Partizip, Vor- und Nachverb.

Im Fremdsprachenunterricht spielen zwar Texte eine Rolle, in der Regel aber nicht ihre textgrammatische Behandlung. Unter Text verstehen die meisten Lehrwerke, so könnte man vereinfachend sagen, eine Aneinanderreihung von Sätzen wie in folgendem Beispiel:

Beispiel

Landeskundetext als Aneinanderreihung einzelner Sätze im Lehrwerk Tangram 1B | **Abb. 5.12**

Welche Texte passen? Vergleichen Sie mit der Karte und ergänzen Sie die Namen der Bundesländer.

Die Bundesrepublik Deutschland liegt im Herzen Europas. Sie hat neun direkte Nachbarn: Dänemark im Norden, die Niederlande, Belgien, Luxemburg und Frankreich im Westen, die Schweiz und Österreich im Süden und die Tschechische Republik und Polen im Osten. Deutschland hat rund 80 Millionen Einwohner und besteht seit dem 3. Oktober 1990 aus 16 Bundesländern.

Nordrhein-Westfalen   Bevölkerungsreichstes Bundesland und größtes Ballungsgebiet Europas: Rund die Hälfte der Menschen sind in Großstädten mit mehr als 500 000 Einwohnern zu Hause. Das Ruhrgebiet ist Europas größtes Industriegebiet (Kohle, Stahl, Motorenbau, Brauereien). Kulturelle Zentren sind die Landeshauptstadt Düsseldorf und Köln, Geburtsort des bekannten Schriftstellers Heinrich Böll (1917–1985) und berühmt für seinen gotischen Dom und den Karneval.

_____ „Deutschlands grünes Herz". Landeshauptstadt ist die „Gartenstadt" Erfurt mit sehr schöner Altstadt. In Weimar lebten für längere Zeit die beiden großen deutschen Dichter Johann Wolfgang von Goethe und Friedrich Schiller. Wichtige Wirtschaftszweige: Werkzeugmaschinen und optische Geräte – die Namen der Stadt Jena und des Mechanikers Carl Zeiss sind weltbekannt. Spezialität: Thüringer Rostbratwurst.

_____ Deutschlands alte und neue Hauptstadt, ein europäisches Kulturzentrum, aber auch eine „grüne" Stadt mit Parks, Wäldern und Seen. Wahrzeichen: das Brandenburger Tor. Wichtiger Industriestandort (Siemens AG und AEG). Neben Hamburg und Bremen einer der drei „Stadtstaaten".

_____ Ein landschaftlich reizvolles Bundesland: Beliebte Ausflugs- und Urlaubsziele sind der Schwarzwald, der Bodensee und Heidelberg (Schloss). Beliebtes Souvenir: die traditionellen Schwarzwälder Kuckucksuhren. Spezialität: die Schwarzwälder Kirschtorte. Wirtschaftliches Zentrum ist die Region um die Landeshauptstadt Stuttgart: Weltfirmen wie Daimler-Benz (Mercedes), Bosch oder Porsche haben hier ihre Zentrale.

Unterrichtsbezug

Aspekte der Textstruktur und ihrer Vernetzung (Textualität) spielen hier eine untergeordnete Rolle. Das heißt, solche Texte werden kaum in ihrer internen Struktur und Textsortenspezifik, sondern vor allem in ihrer Eigenschaft als Sprachmaterial behandelt. Auch literarische Texte oder Lieder dienen meist nur als Informationsquellen für ein bestimmtes Thema oder als Illustration eines grammatischen Merkmals. Wie Textualität auch im Anfängerunterricht behandelt werden kann, zeigt folgendes Beispiel aus dem Bereich Deutsch als Fremdsprache. Der Text und die dazu gehörenden Aufgaben illustrieren die internen textuellen Bezüge, das heißt den sprachlichen und inhaltlichen Zusammenhang (Kohäsion und Kohärenz), an einer Fabel.

Beispiel

Abb. 5.13 | *Die textgrammatische Behandlung der Fabel* Der Rabe und der Fuchs *von Lafontaine in* Deutsch Aktiv

Der Rabe und der Fuchs

Nach Lafontaine

Auf einem Baum sitzt ein Rabe. In seinem Schnabel hält er ein Stück Käse. Der Fuchs riecht den Käse. „Ich muß den Käse haben", denkt er und läuft zum Raben.

„Ah, Herr Rabe, guten Tag! Wie wunderbar sind deine Augen. Und wie herrlich ist dein Fell! Und dein Schnabel ist so hübsch. Wie schön du bist! Ist deine Stimme auch so schön? Dann bist du der König hier im Wald."

Ü7 Der Rabe ist natürlich sehr stolz. Was macht er? Bitte erzählen Sie die Geschichte weiter.

Ü8 Auf einem Baum sitzt ein Rabe. In seinem Schnabel hält er ein Stück Käse. Der Fuchs riecht den Käse. „Ich muß den Käse haben", denkt er und läuft zum Raben.

Verweisstruktur

Als Vertreter der Textsorte Fabel weist dieser grammatisch und lexikalisch einfache Text eine Reihe typischer Merkmale auf wie zum Beispiel die bildliche Sprache (Metaphern), den chronologischen Ablauf der Ereignisse und die Moral. Wenn Lerner diese

Strukturierungsprinzipien kennen, unter Umständen auch aus ihrer Muttersprache, dann fällt ihnen das Verstehen leichter. Allerdings werden gerade in Fabeln die Metaphern in verschiedenen Kulturen mit anderen Bildspendern besetzt. Ein Fuchs gilt nicht in allen Kulturen als schlaues Tier, ein Rabe nicht als dummes. Textgrammatisch ist dieser Text besonders durch seine vielfältigen Bezüge interessant, die aus formaler Sicht viel Verwirrung stiften könnten. Die pronominalen Elemente *er* und *seinem* bezeichnen zum Beispiel eine 3. Person Singular. Formal gesehen könnte daher auch der Baum einen Schnabel haben und ein Stück Käse halten. Nur das Weltwissen erlaubt es Lesern, eine korrekte Zuordnung zu schaffen. Die Visualisierung der Bezüge im Text (farbig im Lehrbuch) zeigt die verzweigte Verweisstruktur der pronominalen Elemente, die man zum korrekten Verstehen durchschauen muss.

Das Beispiel macht deutlich, dass eine satzbezogene Grammatik satzübergreifende Bezüge auf Sprache und Weltwissen nicht erklären kann. Für das Verstehen der Sprache sind interne textuelle Bezüge und Bezüge auf den externen Kontext von grundsätzlicher Bedeutung. Man könnte auch sagen, dass das Verstehen eines Textes weniger von den korrekten Endungen und der richtigen Wortstellung als von den textuellen Bezügen abhängt. Im Unterricht können diese Bezüge anhand verschiedener Textsorten gerade mit grafischen Mitteln gut dargestellt werden. Auch die Nutzung außersprachlicher Bezüge, wie sie in der Textgrammatik, aber auch der Pragmatik, zum Beispiel der Diskurslinguistik, üblich ist, hilft Fehler der Lerner beim Verstehen und Produzieren zu vermeiden. Unterschiedliche Textsorten haben nämlich unterschiedliche Grammatiken und Texte können daher unter Umständen auch mit weniger sprachlichen Mitteln auskommen, als es manche Grammatik darstellt.

Die neuen Medien bieten im Hinblick auf die Veranschaulichung textueller Bezüge eine geeignete Hilfestellung, weil sie Texte nicht nur als Produkte, sondern als Prozesse darstellen können. Dazu gehören nicht nur farbliche und andere Hervorhebungen, sondern vor allem die Abbildung dynamischer Prozesse des Textaufbaus und der Textentstehung. Die folgende Abbildung zeigt zwei Momentaufnahmen aus einer Animation zum Textaufbau.

Text als Prozess

Abb. 5.14

Animationen zur Textkohärenz und Textkohäsion aus uni-deutsch.de

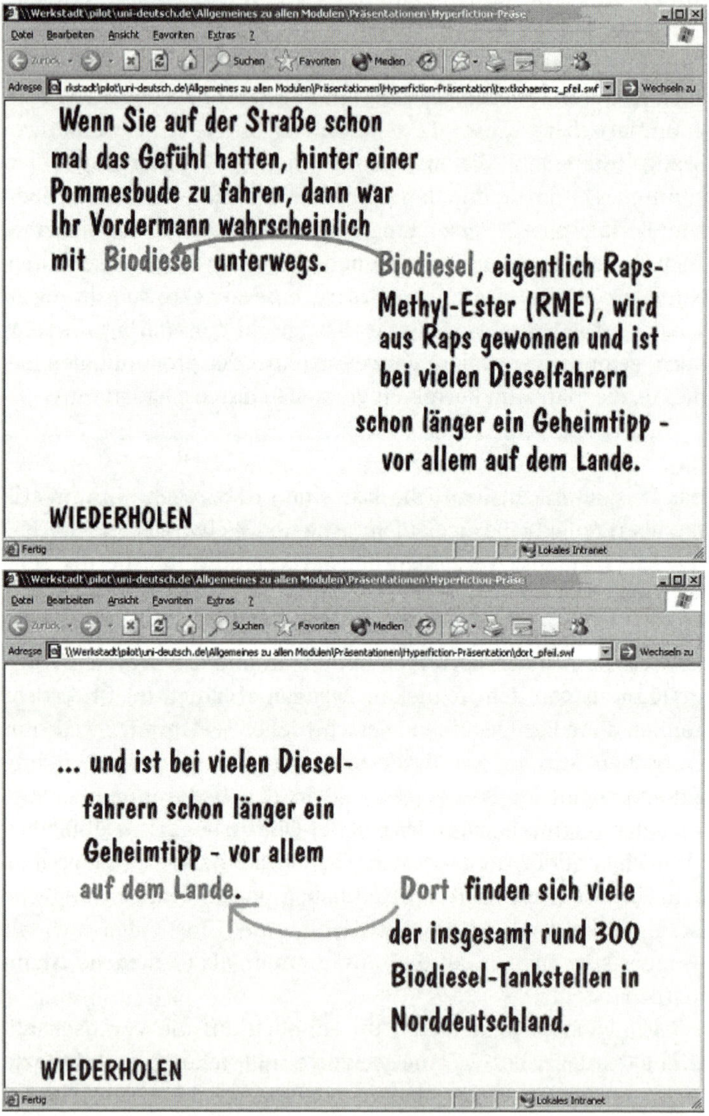

Wenn Sie auf der Straße schon mal das Gefühl hatten, hinter einer Pommesbude zu fahren, dann war Ihr Vordermann wahrscheinlich mit Biodiesel unterwegs.

Biodiesel, eigentlich Raps-Methyl-Ester (RME), wird aus Raps gewonnen und ist bei vielen Dieselfahrern schon länger ein Geheimtipp - vor allem auf dem Lande.

WIEDERHOLEN

... und ist bei vielen Diesel-fahrern schon länger ein Geheimtipp - vor allem auf dem Lande.

Dort finden sich viele der insgesamt rund 300 Biodiesel-Tankstellen in Norddeutschland.

WIEDERHOLEN

Diese Animation verdeutlicht durch graduellen Aufbau der zwei Textblöcke und durch farbige Hervorhebung der Bezugselemente (*Biodiesel – Biodiesel* und *auf dem Lande – dort*) die Entstehung textueller Kohäsion im Prozess des Lesens. Die Animation lässt den Text parallel zur Leserichtung von links nach rechts und mit mittlerer Lesegeschwindigkeit erscheinen. Ist der Text aufgebaut, leuchten die Bezugselemente auf und die Pfeile verdeutlichen den rückwärtigen Bezug auf die Vorgängerinformationen.

Zur Verdeutlichung der Entstehens- und Verstehensprozesse von Texten, und damit von Sprache allgemein, eignet sich die elektronische Gattung **Hypertext** wie kaum eine andere. Hypertexte sind im Grunde nichts anderes als gedruckte Texte, aber sie machen im elektronischen Medium plastisch deutlich, wie Texte aufgebaut und gelesen werden. Damit eignen sie sich hervorragend als didaktisches Mittel. Hypertexte veranschaulichen, dass Texte grundsätzlich keine linearen Konstrukte sind, sondern aus vielfältigen Verzweigungen bestehen, auch wenn sie an der geschriebenen oder gesprochenen Oberfläche in einer linearen Ordnung erscheinen. Lesen wir aber Texte wirklich strikt von links nach rechts oder in anderen Kulturen von rechts nach links? Hören wir wirklich jeden Laut, bis wir am Ende der Äußerung oder des Textes wissen, was gesagt wurde? Ganz im Gegenteil.

Verzweigungen

▶ Texte bilden eine außersprachliche Wirklichkeit ab. Dabei entstehen Lücken, die ein Leser oder Hörer auf Grund seines Vorwissens füllen muss.

Aktives Verstehen

▶ Häufig ist das, was wir hören oder lesen, unvollständig. Hörer oder Leser müssen daher aktiv mitverstehen, um Nachrichten zu entziffern.

▶ Beim Hören und Lesen bilden wir uns unwillkürlich eine Vorstellung davon, wie ein Text weitergehen könnte, noch bevor er zu Ende ist. Als Hörer und Leser entwickeln wir Suchfragen, mit denen wir Texte nach Anhaltspunkten für diese Ideen abtasten.

▶ Hören und Lesen sind also keine passiven oder rezeptiven Vorgänge, sondern setzen im Gegenteil eine äußerst aktive Tätigkeit des Gehirns voraus, auch wenn sich diese nicht unmittelbar produktiv äußert.

▶ Beim Lesen machen unsere Augen geradezu turnerische Übungen: sie tasten permanent den Text nach vorne und hinten, oben und unten ab, und zwar auf mehreren Ebenen: auf der Zeilen- und Satzebene und auch auf der Ebene des Textes. Welcher Leser springt nicht zur Zusammenfassung eines Zeitschriftenartikels, bevor er den ganzen Text liest, und dann wieder zurück, falls er dort etwas Interessantes entdeckt? Welcher Zeitungsleser springt nicht zuerst zu den Bildern eines Berichtes, bevor er anfängt, den Text zu lesen? Die Augenbewegungen sind natürlich schwer wahrzunehmen. Man kann sie aber mit modernen Messverfahren sehr deutlich nachweisen. Im Zug oder in der Straßenbahn kann man übrigens leicht einen Eindruck von der Art und Geschwindigkeit der Augenbewegungen bekommen, nämlich wenn man andere Fahrgäste beobachtet, die aus dem Fenster schauen.

Der wichtigste Unterschied zwischen Hypertexten und Wörterbüchern, Enzyklopädien, Konferenzprogrammen, Fahrplänen, Kochbüchern und anderen Referenzmaterialien sowie bildlichen Darstellungen und Diagrammen besteht darin, dass Letztere ursprünglich nicht elektronisch vermittelt sind. Sie werden jedoch in der Regel nicht systematisch von vorne nach hinten, sondern auf individuelle Weise gelesen. Was für diese Textsorten gilt, trifft auch auf literarische und alle anderen Texte mehr oder weniger stark zu. Die Leseverstehensforschung hat sich mit den konstruktiven und aktiven Prozessen des Lesens seit den 1970er Jahren intensiv beschäftigt. Sie

Leser als Produzent

sieht den Leser als den eigentlichen Produzenten eines Textes an. Eine der zentralen Formeln dieser Forschung, die **Rezeptionsästhetik** genannt wird, lautet: „Ein Text ist die Summe seiner Interpretationen." Diese Interpretationen basieren auf dem Vorwissen des Lesers und seiner Fähigkeit, die Informationen des Textes damit zu verknüpfen. Lesen bedeutet also Texte zu konstruieren.

Die literarische Form von Hypertexten ist die so genannte **Hyperfiction**. In der Hyperfiction wird die gestaltende Rolle des Lesers (Rezipienten) dadurch besonders deutlich, dass er ausdrückliche Entscheidungsmöglichkeiten hat. Ohne seine expliziten Entscheidungen geht die Geschichte nicht weiter.

Beispiel

Dazu ein Beispiel aus dem Unterricht: Das Hyperfiction Kapitel in *uni-deutsch.de* enthält unter anderem ein detektivisches Rätsel zu dem Hyperfiction Text *Zwei Tote?* von Romana Brunnauer. Es ist in fünf Teilen angeordnet und erlaubt den Lernern dauernden Zugang zu weiteren offenen Internetressourcen.

Abb. 5.15

Die Eingangsseite zum Hyperfiction Kapitel Zwei Tote? Der Lerner kann an verschiedenen Stellen in die Geschichte einsteigen und die Lösung des Kriminalfalles beginnen.

Die Lernziele der Unterrichtsarbeit mit diesem Hyperfiction Text bestehen in Folgendem:

▶ Das Rätsel zu lösen,
▶ die Lösung weitgehend selbstständig entdeckend zu erarbeiten,
▶ sich an der Textentstehung aktiv zu beteiligen,
▶ Ressourcen nutzen zu lernen,
▶ aktiv die Sprache zu lernen,
▶ und den Text als Prozess verstehen und nachvollziehen zu können.

Kern des Rätsels ist die detektivische Arbeit der Rekonstruktion der Ereignisse, die zum vermeintlichen Tod von zwei Bewohnern führen könnten. Der Leser kann sich dabei von Spuren oder Vermutungen leiten lassen und in zahlreichen Gesprächen mit Zeugen nach weiteren Hinweisen suchen. Zur besseren Rekonstruktion der Ereignisse und textuellen Verweise sind die Gespräche mit Zeitangaben versehen.

Viele textuelle Bezüge der Gespräche gehen zwangsläufig zunächst ins Leere und müssen durch weitere Recherchen gefüllt werden. So wird in einzelnen Gesprächen auf Personen und Ereignisse Bezug genommen, von denen man vorher noch nichts gehört oder gelesen hat. Es entstehen offene Fragen, die der Leser mit kriminalistischer Arbeit und einer Reihe von Online-Hilfen lösen muss. Wo nötig kann er sich nachträglich Informationen durch

Entdeckendes Lesen

andere bildliche, literarische und alltagsbezogene Quellen besorgen. Erst dadurch entstehen Sinn und Text.

*Rätselkombination:
Spurensuche über frei
wählbare Dialoge der
Hausbewohner im
Text von Romana
Brunnauer
(uni-deutsch.de)*

© 2001 Romana Brunnauer

Zwei Tote?

Es liegt an Ihnen! Lassen Sie die Leute miteinder reden - und finden Sie die Lösung.

Schieben Sie die Fotos in die gelben Felder und bestätigenSie Ihre Wahl mit "GO!"

Die Szenen

GO!

CANCEL

LÖSUNG

Merkmale von Hypertexten

Didaktische und methodische Aspekte

Interaktive Hypertexte eignen sich für den Fremdsprachenunterricht in folgender Weise:

▶ Sie sind authentisch im Sinne der modernen kommunikativen Sprachdidaktik.
▶ Hypertexte sind an elektronische Medien gebunden, werden also auch in Online-Lernprogrammen medienadäquat verwendet. Sie erlauben darüber hinaus die Vermittlung neuer Schlüsselkompetenzen im Umgang mit den elektronischen Medien, wie sie in Lehrplänen zunehmend gefordert werden.
▶ Bild und Sprache lassen sich in Hypertexten verstehensfördernd einsetzen.
▶ Als interaktive Gattung kommen Hypertexte den Forderungen der Sprachdidaktik und der Lernpsychologie insofern entgegen, als sie sprachlich einfacher verwertbare Strukturen bereitstellen und gleichzeitig das natürliche Interesse der Lerner an Ent-

deckung und kreativen Strukturen explizit einfordern und üben. Dies kann auch zum selbstständigen Weiterarbeiten führen.

▶ Hypertexte entsprechen damit auch den Kriterien konstruktivistischer und konstruktionistischer Lernmodelle und der Rezeptionsästhetik, die die aktiven und schaffenden Elemente der Informationsverarbeitung und des Lernens hervorheben.

▶ Sie sprechen verschiedene Lernertypen und sprachliche Lernniveaus an, indem sie mit methodischer Leichtigkeit zwischen gesteuerten Unterrichtselementen und Verfahren offenen Lernens vermitteln, sind also lerneradaptiv.

▶ Sie geben Lernern eine starke Autonomie über ihren Lernprozess und motivieren durch ihre (vordergründige) Unvollständigkeit.

▶ Die Texte verweisen auf grundsätzliche Elemente anderer Textsorten, von denen manche direkte Hypertextstrukturen aufweisen, wie Wörterbücher, Fahrpläne, Programme und Ähnliches, andere aber an der Oberfläche als lineare Texte erscheinen. Sie machen Textproduktionsprozesse für Leser und Lerner transparent.

▶ Hypertexte stehen im Netz in ausreichender Anzahl zur Verfügung und können auch von Lernern vergleichsweise leicht selbst produziert werden. Die Halbwertzeit von literarischen Formen liegt dabei weit über der von Gebrauchstexten, da die Aktualität von Gebrauchstexten immer schneller altert als zeitungebundene Literatur.

▶ Hyperfiction stellt eine neue Gattung dar, möglicherweise auch eine literarische Gattung, die jüngeren Lesergenerationen leichter zugänglich ist als traditionelle Unterrichtsliteratur. Hierdurch wird unter Umständen Interesse für andere Textsorten geweckt: höhere Akzeptanz von neuen Textsorten, leichterer Einstieg auch in literarische Texte, frühere Produktion eigener Texte.

▶ Die Offenheit von Hyperfiction ermöglicht kreative Interpretationen der Leser auch vor ihrem kulturspezifischen Hintergrund.

5.8 | Handlung

Ebenfalls mit satzübergreifenden Sprachstrukturen und sprachlichen Bedeutungen befassen sich die Forschungsansätze zum Handeln mit und durch Sprache, die **Pragmatik** und hier besonders die
Diskurslinguistik. Sie unterteilen das sprachliche Handeln in verschiedene Funktionsbereiche: eine Abbildungsebene von Dargestelltem
und Darstellendem, eine reine strukturelle Realisierung der sprachlichen Mittel und eine Zielsetzung oder kommunikative Funktion
(Intention). In Anlehnung an die Linguisten Austin (1911-1960) und
Searle (*1932), die als Begründer der linguistischen Pragmatik gelten, spricht man von verschiedenen Sprechakten, die zusammen
eine Äußerung ergeben. So ist ein Sprechakt *Berlin Ost* zunächst eine
phonetische Kette von Elementen, die sich in ihrer Gesamtheit auf
ein Stadtviertel, Häuser, Straßen und so weiter bezieht, aber in der
Situation Bahnhofschalter den kommunikativen Zweck Fahrkarten-
kauf im Sinne von ‚bitte geben Sie mir eine Fahrkarte zum Ost-
bahnhof' ausdrückt. Die Aushändigung und das Bezahlen des Fahr-
scheins sind die nichtsprachlichen Akte des Ereignisses. In manchen Sprechakten ist der sprachliche Akt gleichzeitig der einzige
Handlungsakt, beispielsweise bei einer Verurteilung, einer Aus-
zeichnung, Ernennung oder Taufe. Bei der Ernennung zum Minister
passiert außer Sprache (mündlich und auf der Ernennungsurkunde)
nichts. Gehalt und Dienstwagen sind nur Folgen der Ernennung.

In den Bereich der Pragmatik fällt auch die **funktionale Beschreibung der Sprache** als Verweissystem und als Informationsstruktur.
Auch hier steht der kommunikative Zweck im Mittelpunkt. Er wird
je nach den Bedingungen der kommunikativen Situation sprachlich unterschiedlich realisiert. Bei der Darstellung der Lerneräußerungen ist schon genauer auf die Strukturierungsprinzipien nach
funktionalen Gesichtspunkten eingegangen worden (vergleiche
Kapitel 4, Seite 99ff.).

Wenn der kommunikative Zweck der Umsetzung einer Handlung oder des Erreichens eines Zieles das Wichtigste ist, dann spielt
die aktuelle Realisierung durch bestimmte grammatische Strukturen eine untergeordnete Rolle. Es sei denn, es handelt sich um formelhafte Ausdrücke und Sprachrituale. Das ist der Grund, warum
wir in der Kommunikation auch mit unvollständiger Sprache
erfolgreich sein können. Wie bei den Textsorten lässt sich Sprache
in Form von genormten und immer wiederkehrenden Diskursab-

Funktionsbereiche

Informationsstruktur

Kommunikativer Zweck

läufen und Diskurstypen beschreiben. Diese Strukturen sollten im Sprachunterricht vermittelt werden. Das passiert bisher aber nur sehr begrenzt, und zwar im Wesentlichen auf einfache Gesprächsstrukturen wie sprachliche Rituale (Begrüßungen, Verabschiedungen) und Sprecherwechsel beschränkt. Größere Einheiten erweisen sich für den Unterricht meist als zu umfangreich.

Grammatik und Fremdsprachenunterricht | 5.9

Die Bezeichnung Grammatik findet sich verbreitet nicht nur als sprachwissenschaftlicher Begriff, sondern auch als Kategorie für verschiedene Gebrauchsformen von grammatischen Inhalten. Die für Lehrwerke aufgearbeitete Form von Grammatik nennt man daher **Lehrbuchgrammatik**, egal nach welchem System sie sich richtet. In **Übungsgrammatiken** wird der Gebrauchsaspekt der Wiederholung und des Trainings hervorgehoben. Übungsgrammatiken, die meist mit einer kurzen Regelwiederholung versehen sind und Aufgaben mit Lösungsschlüsseln für alle wichtigen grammatischen Phänomene enthalten, gibt es zu verschiedenen grammatischen Ansätzen und für verschiedene Lehrbücher. Mit der Valenzgrammatik hat sich zeitgleich zur Entwicklung der kommunikativen Sprachdidaktik ein grammatisches Modell gefunden, das in direkter oder abgewandelter Form auf breiter Front Einzug in Lehrwerke und in den Unterricht gehalten hat. Übungsgrammatiken reduzieren die Erklärungen in der Regel auf ein Minimum und geben dann eine Reihe von meist recht einheitlichen Übungsformen zur Illustration und Einübung der herausgegriffenen Aspekte.

Lehrwerke

Unter einer **Lernergrammatik** versteht man zum Ersten das interne, unbewusste Grammatikverständnis, das sich ein Lerner im Laufe des Erwerbs aufbaut. Zum Zweiten wird mit Lernergrammatik auch die Grammatik bezeichnet, die Lerner für sich selbst bewusst entwickeln, indem sie Hypothesen über die fremde Sprache bilden und diese notieren. Zum Dritten bezeichnen Lernergrammatiken auch solche Grammatiken, die von Autoren speziell für Lernzwecke konzipiert werden. Solche Lernergrammatiken können Grammatiken in Lehrbüchern oder Übungsgrammatiken sein. Lernergrammatiken stellen keinen linguistischen Ansatz der Grammatikbeschreibung dar. Sie sind Gebrauchsgrammatiken. Die *Grammatik mit Sinn und Verstand* gehört als Lehr- und Übungsgrammatik dazu.

Interne Grammatik

Übergangsgrammatik

Lehr- und Übungsgrammatik

Grammatik mit Sinn und Verstand

Die *Grammatik mit Sinn und Verstand* ist von einem deutschsprachigen Autorenteam für fortgeschrittene Lerner des Deutschen mit guten Deutschkenntnissen und einer Vertrautheit mit grammatischer Terminologie geschrieben worden. Die Darstellung des Modellthemas Tempus beginnt die Grammatik mit dem funktionalen Aspekt, nämlich der Frage, wie Zeit überhaupt ausgedrückt werden kann. Dafür liefert sie sodann eine Liste von alternativen Ausdrucksformen, die den Lesern aus ihrem Unterricht bekannt sein müssten. In der folgenden Tabelle wird versucht, den funktionalen Bezug des Zeitausdrucks mit den formalen Elementen des sprachlichen Ausdrucks zu kombinieren. Diese funktionale Orientierung, die grafische Darstellung, die Wahl des ungewöhnlichen Beispiels, das in einer zusammenhängenden Sequenz angeordnet ist, sowie die funktionale Generalisierung der Regeln der *haben/sein*-Verwendung bei der Darstellung des Perfekts im Deutschen machen deutlich, dass diese Grammatik für Lehr- und Lernzwecke konzipiert worden ist. So kann man im Deutschen mit Recht behaupten, dass die meisten Verben *haben* im Perfekt verwenden und sich dann bei den wenigen Ausnahmen kurz fassen. Auf die Erklärung oder eine Variation der Terminologie im Sinne verschiedener linguistischer Ansätze wird in der Grammatik verzichtet.

Abb. 5.17

Grammatik mit Sinn und Verstand *als Beispiel einer funktional und didaktisch ausgerichteten Grammatik*

Grammatik im Kasten

1. Wie man Zeit ausdrücken kann

Zeit kann im Deutschen auf vielfache Weise ausgedrückt werden: durch

1. Tempus-Formen des Verbs	Es *war* einmal...
2. Adverbien oder adverbiale Ausdrücke	Es *war einmal*... *Eines Morgens* sollte Rotkäppchen...
3. Adjektive oder P I/P II	die *frühere* Zeit. die *kommende* Woche. das *vergangene* Jahr
4. Nomen	die *Vergangenheit*. die *Antike*, meine *Jugendzeit*
5. Konjunktionen	*Wenn* du mich mal wieder besuchst,... *Nachdem* der Wolf die Großmutter...
6. Verben	Es *dauert* noch Wochen, bis...

2. Zeit und Tempus

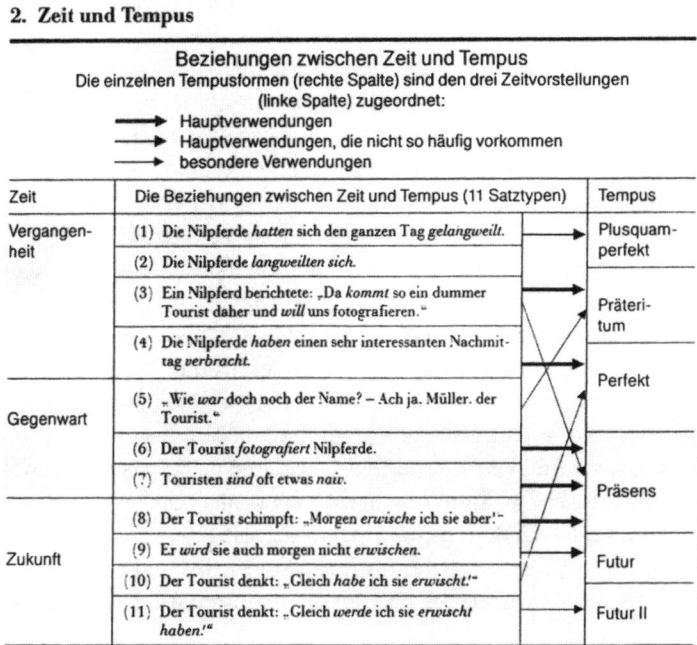

Beziehungen zwischen Zeit und Tempus

Die einzelnen Tempusformen (rechte Spalte) sind den drei Zeitvorstellungen
(linke Spalte) zugeordnet:

➡ Hauptverwendungen
➡ Hauptverwendungen, die nicht so häufig vorkommen
➡ besondere Verwendungen

Zeit	Die Beziehungen zwischen Zeit und Tempus (11 Satztypen)	Tempus
Vergangen-heit	(1) Die Nilpferde *hatten* sich den ganzen Tag *gelangweilt*.	Plusquam-perfekt
	(2) Die Nilpferde *langweilten sich*.	
	(3) Ein Nilpferd berichtete: „Da *kommt* so ein dummer Tourist daher und *will* uns fotografieren."	Präteri-tum
	(4) Die Nilpferde *haben* einen sehr interessanten Nachmit-tag *verbracht*.	
	(5) „Wie *war* doch noch der Name? – Ach ja. Müller. der Tourist."	Perfekt
Gegenwart	(6) Der Tourist *fotografiert* Nilpferde.	
	(7) Touristen *sind* oft etwas naiv.	Präsens
	(8) Der Tourist schimpft: „Morgen *erwische* ich sie aber!"	
Zukunft	(9) Er *wird* sie auch morgen nicht *erwischen*.	Futur
	(10) Der Tourist denkt: „Gleich *habe* ich sie *erwischt!"*	
	(11) Der Tourist denkt: „Gleich *werde* ich sie *erwischt haben!"*	Futur II

3. Die Grundverben *haben/sein* für Perfekt/Plusquamperfekt

Die meisten Verben bilden Perfekt/Plusquamperfekt mit hat/hatte + P II; auch alle Verben mit
sich (→ Kap. 9, A 11–14) und die Grundverben müssen/können etc. (→ Kap. 1, A 13–15):

hat/hatte...	fotografiert
hat/hatte...	sich geärgert
haben/hatten...	nicht gewollt/nicht mitspielen wollen

Didaktische oder **didaktisierte Grammatiken** sind das Verbindungsstück
zwischen Lernergrammatiken und wissenschaftlichen Grammatiken. In Anlehnung an den englischen Begriff der *pedagogical grammar* spricht man gelegentlich auch von pädagogischen Grammatiken. Ihnen geht es darum, die komplexen Beschreibungen systematischer Grammatiken auf ein handhabbares Maß zu vereinfachen, ohne dabei stereotype oder falsche Generalisierungen zu produzieren. Didaktische Grammatiken konzentrieren sich auf die
wichtigsten Funktionen einer grammatischen Eigenschaft und vernachlässigen die Ausnahmen. Da sie nicht an einen bestimmten
theoretischen Ansatz gebunden sind, können sie sich das Wichtigste aus verschiedenen Ansätzen heraussuchen und die Defizite der
einzelnen theoretischen Ansätze ausgleichen. So kommen ver-

Vereinfachung

schiedene linguistische Perspektiven, die jede für sich nur jeweils bestimmte Aspekte behandeln, zum Zuge.

Didaktische Grammatiken orientieren sich stark an funktionalen Gesichtspunkten der Sprachbeschreibung. Hierzu gehört zum Beispiel die Informationsverteilung im Satz (alt vor neu) als Prinzip der Wortstellung, wie wir es bereits bei der Struktur von Lerneräußerungen kennen gelernt haben. Dazu gehört auch die Beschreibung der Verwendung des Hilfsverbs *sein* bei der Perfektbildung im Deutschen. Formal kann diese in einer Liste von intransitiven Verben gefasst werden, die Bewegung ausdrücken und die man am besten auswendig lernt. Funktional lässt sich die Wahl des Hilfsverbs als eine Veränderung des Ortes oder als die Überschreitung einer imaginären oder realen Grenze darstellen. So lassen sich beispielsweise die Unterschiede zwischen *habe heute (20 Bahnen) geschwommen* und *bin heute durch den Ärmelkanal geschwommen* erklären. Didaktische Grammatiken sind aber auch Lernergrammatiken, indem sie die Entwicklungsperspektive der Lerner berücksichtigen. Sie wachsen mit dem Sprachstand des Lerners mit. Das schließt Anlehnungen an und Brückenkonstruktionen zur Ausgangssprache der Lerner ein.

Didaktische Grammatiken zeichnen sich darüber hinaus durch eine Reihe von Merkmalen in der Darstellung aus (sekundäre Merkmale):

Sekundäre Merkmale

▶ Einfache Formulierungen
▶ Reduktion metasprachlicher Erklärungen
▶ Anbindung an die Begriffswelt der Lerner
▶ Gegebenenfalls Verwendung der Muttersprache der Lerner
▶ Anschauliche Beispiele (Exemplifizierungen)
▶ Einprägsame Formeln
▶ Visualisierungen
▶ Entdeckendes Lernen
▶ Übersichtlichkeit
▶ Benutzerfreundlichkeit

Am Beispiel des Zeitsystems im Deutschen lässt sich der Ansatz der didaktischen Grammatik folgendermaßen illustrieren:

Beispiel

In der *Minigrammatik Deutsch als Fremdsprache* werden die wichtigsten Elemente für Lerner der Grundstufe funktional und sprachlich einfach dargestellt. Die Ausnahmen von der Regel werden zusammengefasst, sofern sie für die betreffenden Lerner überhaupt eine Rolle spielen. Im Unterricht und in weiterführenden Grammatiken können die Regeln später ergänzt und erweitert werden.

Minigrammatik

Perfekt: *sein* oder *haben*
Das Perfekt besteht aus *sein* oder *haben* und Partizip II. Die wichtigsten Regeln:

1. Die meisten Verben bilden das Perfekt mit *haben* (ca. 80%), besonders alle Verben mit *sich* und normalerweise die Verben mit Akkusativ-Objekt.
2. Folgende Verben nehmen *sein*:
   - Die Verben der Ortsveränderung, wenn sie kein Akkusativ-Objekt haben:
   ich bin gegangen, gefahren, geflogen ...
   - Die Verben der Zustandsveränderung, wenn sie kein Akkusativ-Objekt haben:
   sie ist gewachsen, aufgestanden, eingeschlafen, aufgewacht, gestorben ...
   - Die Verben:
   sein   – ist gewesen
   werden – ist geworden
   *passieren, geschehen (*und ähnliche Verben mit dieser Bedeutung)
   – ist passiert/geschehen
   bleiben – ist geblieben.
3. Einige Verben können das Perfekt mit *haben* und mit *sein* bilden.

| **Abb. 5.18**

Didaktische Grammatik am Beispiel der Darstellung des Perfekts in der Minigrammatik Deutsch als Fremdsprache

Bei der systematischen Behandlung der Grammatik im Unterricht unterscheidet man zwischen zwei unterschiedlichen Verfahren: regelgeleiteten (deduktiven) Verfahren und entdeckenden (induktiven) Verfahren. In Lehrwerken wird Grammatik meist anhand von Regeln (normativ) eingeführt, an Beispielen in Lehrbuchtexten illustriert und schließlich eingeübt. Die Regel steht zuerst. Die Übungen beginnen als geschlossene Übungen mit einfachen Einsetz- oder Umstellungsaufgaben und nehmen an Komplexität durch wachsende Offenheit zu. Bei induktiven Verfahren sind die

Deduktive Grammatik
Induktive Grammatik

Lerner am Finden der Regeln selbst beteiligt. Ihre Aufgabe ist es, anhand von Texten Strukturen zu beobachten, über die Regelhaftigkeit der Beobachtungen Hypothesen zu bilden, diese Hypothesen zu prüfen und zu festigen und schließlich zu einer arbeitsfähigen Lösung zu gelangen. Lehrer und Lehrmaterialien liefern dazu Hilfestellungen, geben die Regeln aber nicht vor. Ziel ist es, die Lerner zu autonomem Lernen und aufmerksamem Beobachten anzuleiten. Sie sollen die Regeln später selbst weiter verfeinern. Geübt wird anhand von strukturierten oder offenen Übungen und weiteren Texten.

5.10 | Übungsaufgaben zur Wissenskontrolle

1. Wie lässt sich Sprache beschreiben?
2. Wie funktioniert das Zeichensystem Sprache?
3. Wie entsteht sprachliche Variation?
4. Welche Rolle spielt die Valenzgrammatik im Fremdsprachenunterricht und warum?
5. Was ist unter Pragmatik zu verstehen?
6. Welches Anliegen hat die Textlinguistik und wo liegen ihre Arbeitsschwerpunkte?
7. Was versteht man unter Hypertext?
8. Was ist das Besondere an Schriftsystemen?
9. Unter welchen Gesichtspunkten kann man Lernergrammatiken beschreiben?
10. Welche Kriterien bestimmen didaktische Grammatiken und wie kann man damit umgehen?

5.11 | Weiterführende Literatur

Auer, Peter (2004): Sprache, Grenze, Raum. In: *Zeitschrift für Sprachwissenschaft 23.* 149-179.

Bromme, Rainer/Stahl, Elmar (2002): Writing Hypertext and Learning. Amsterdam.

Brons-Albert, Ruth (1990): Valenzmodell versus traditionelle Grammatik für den DaF-Unterricht. In: Gross, Harro et al. (Hg.): Grammatikarbeit im Deutsch-als-Fremdsprache-Unterricht. München. 43-58.

Figge, Udo L. (1994): Kognitive Grundlagen textlicher Kohärenz. In: Canisius, Peter et al. (Hg.): Text und Grammatik. Bochum. 1–28.

*****Fix**, Ulla (2001): Grundzüge der Textlinguistik. In: Fleischer, Wolfgang/Helbig, Gerhard/Lerchner, Gotthard (Hg.): Kleine Enzyklopädie – deutsche Sprache. Frankfurt. 470-511 (Gut lesbare und übersichtliche Einführung in die Textlinguistik).

*Fluck, Hans (1996): Fachsprachen. Tübingen. (Unterhaltsame und anschauliche Einführung in ein trocken erscheinendes Gebiet).

Glück, Helmut (Hg.) (2000): Metzler Lexikon Sprache. Stuttgart/Weimar.

Hendrich, Andreas (2003): Spurenlesen. Hyperlinks als kohärenzbildendes Element im Hypertext. München. Diss.

Müller-Hartmann, Andreas (1999): Auf der Suche nach dem ‚dritten Ort': Das Eigene und das Fremde im virtuellen Austausch über literarische Texte. In: Bredella, Lothar/Delanoy, Werner (Hg.): Interkultureller Fremdsprachenunterricht. Tübingen. 121-159.

Neuner, Gerd et al. (1986): Deutsch aktiv Neu. Lehrbuch 1A. München.

Rall, Marlene/Engel, Ulrich/Rall, Dieter (1985): DVG für DaF: Dependenz-Verbgrammatik für Deutsch als Fremdsprache. Heidelberg.

Roche, Jörg (2000): Reading German. CD-ROMs zu den Bereichen Introduction, Business German, Humanities, Chemistry und Music. Toronto.

Schlickau, Stephan (1995): Linguistische Feldforschung ‚vor Ort': Bergleute, ihre Sprache und ihre Kommunikation im Ruhrgebiet und in Yorkshire. In: Ehlich, Konrad/Elmer, Wilhelm/Noltenius, Rainer (Hg.): Sprache und Literatur an der Ruhr. Essen. 97-108.

Thurmair, Maria (1997): Nicht ohne meine Grammatik! Vorschläge für eine Pädagogische Grammatik im Unterricht des Deutschen als Fremdsprache. In: *Jahrbuch Deutsch als Fremdsprache* 23. München. 25-45.

6 | Lehr- und Lernziele

Inhalt

6.1 Lehrzielebenen 181

6.2 Vom Lehrplan zum Lernplan 186

6.3 Kompetenzen, Aufgaben und Fertigkeiten 192

6.4 Leseverstehen 194

6.5 Hörverstehen 198

6.6 Schreiben 200

6.7 Sprechen 204

6.8 Schwierigkeitsebenen 205

6.9 Übersetzungskompetenz 207

6.10 Methodik 210

6.11 Handlungsbezogener Unterricht 213

6.12 Übungsaufgaben zur Wissenskontrolle 217

6.13 Weiterführende Literatur 218

Zusammenfassung

Das wichtigste Instrument zur Steuerung des Fremdsprachenunterrichts ist die Festlegung der Lehr- und Lernziele. Als Lernziele bezeichnet man die vom Lerner selbst bestimmten Ziele und Motive eine fremde Sprache zu lernen (Interesse). Lehrziele werden dagegen in der Regel von Experten aus Bildungskommissionen bestimmt und reflektieren eher die Bildungswerte einer Gesellschaft als die eigenen Interessen der Lerner. Die Lehrziele lassen sich in drei Ebenen unterteilen: bildungspolitische Richtlehrziele, die auf das Erreichen von Kompetenzen ausgerichtet sind, fertigkeitsbezogene Groblehrziele und kleinschrittige Feinlehrziele.

In diesem Kapitel werden die wichtigsten Elemente der Bestimmung der Lehrzielebenen vorgestellt. Auf diese Weise ergibt sich ein steuerndes Instrument für Methodikentscheidungen bei der Festlegung von Fertigkeiten. Was unter Leseverstehen, Hörverstehen, Schreiben und Sprechen verstanden wird, wird anhand von verschiedenen Beispielen illustriert. Auch das Übersetzen wird behandelt: zum einen als Überbrückungsmethode beim Sprachenlernen, zum anderen als angestrebter Fertigkeitsbereich im Rahmen einer Übersetzungskompetenz. Als Beispiel für einen modernen Lehrplan, der sowohl auf die Erwerbsforschung als auch auf das Erreichen interkultureller Handlungskompetenzen ausgerichtet ist, dient ein Auszug aus dem *Lehrplan Deutsch als Zweitsprache*.

Lehrzielebenen | 6.1

Je nachdem, ob man die Perspektive des Lerners oder des Lehrstoffes einnehmen will, kann man zwischen Lernzielen und Lehrzielen im Unterricht unterscheiden. Normalerweise fassen Lehrpläne oder Curricula die Lehrziele einer Jahrgangsstufe oder eines Sprachniveaus zusammen. Dabei unterscheidet man nach Richt-, Grob- und Feinlehrzielen. Richtlehrziele legen Zielvorgaben zu allgemeinen Kompetenzen fest, die eine Gesellschaft und ihre Bildungspolitik für wichtig erachten. Unter die Groblehrziele fasst man die Fertigkeitsniveaus wie etwa in den Bereichen der Grammatik, des Lesens, Schreibens, Hörens und Sprechens. Diese Groblehrziele sollen in der Regel durch bevorzugte didaktische Verfahren umgesetzt werden. Mit dem Erreichen der Feinlehrziele befasst sich vor allem die Methodik. Mit dieser Gliederung lässt sich entscheiden, welche Strukturen auf welchen Niveaus wie umgesetzt werden sollen.

Richtlehrziele

Groblehrziele

Feinlehrziele

Konstruktivistische Verfahren stellen den Lerner in den Mittelpunkt. Aus ihrer Sicht ist es daher sinnvoller von Lernzielen auszugehen. Diese werden nicht von außen festgeschrieben, sondern als Qualifikationen definiert, die über verschiedene **Lernwege** erreicht werden können und die von der jeweiligen Lernumgebung und den Interessen und Möglichkeiten der Lerner abhängen. Entde-ckende (explorative) Lernverfahren, die die individuellen Stärken und Schwächen der Lerner berücksichtigen, lassen sich mit Lern-zielen besser umsetzen als mit differenzierten Lehrplänen. Aller-dings wird es dann schwieriger, verbindliche Standards zu setzen.

Die **Richtlehrziele** betreffen allgemeine Kompetenzen, wie sie bei-spielsweise auf Grund einer bestimmten Bildungspolitik, Bildungs-ideologie, Bildungstradition oder Lerntheorie entstehen. In den west-lichen, von kommunikativen Zielen geprägten Bildungssystemen sind das zum Beispiel **kommunikative, soziale, kritische** und **interkulturelle Kompetenzen,** die zur Umsetzung sozial-autonomen Lernens als grund-legend erachtet werden. Allerdings kann man diese bei den Lernern nicht als bekannt oder akzeptiert voraussetzen. Vielmehr müssen sie mit den Vorstellungen der Lerner in Einklang gebracht werden. Dies ergibt sich unter anderem aus ganz unterschiedlichen **Lerntraditionen,** mit denen Lerner einer fremden Zielkultur und Zielsprache begeg-nen. Die Richtlehrziele müssen zwischen Zielkultur und Ausgangs-kultur vermittelt werden, wenn der Sprachunterricht erfolgreich sein soll. Aus dieser Vermittlung ergibt sich schließlich die Wahl eines bestimmten lerntheoretischen Rahmens, der sowohl den Erwartun-gen der Lerner als auch den Anforderungen der Zielkultur entspre-chen sollte, da beide spätestens bei der ersten authentischen Begeg-nung in Konflikt geraten können.

Auf der Ebene der **Groblehrziele** werden die angestrebten didakti-schen Ansätze und Verfahren festgelegt, mit denen Fertigkeitsbe-reiche wie Grammatik, Leseverstehen, Schreiben oder bestimmte Kommunikationsstrategien und Ähnliches vermittelt werden sol-len. Auch hier muss man entscheiden, welcher Rahmen dafür in Frage kommt. Das ist von den jeweiligen Werten und Zielen der Lerner und der Zielkultur abhängig. Eine pauschale Übernahme des zuvor auf Richtlehrzielebene festgelegten lerntheoretischen oder bildungspolitischen Modells auf die didaktischen Verfahren ist aber nicht zwingend vorgeschrieben. Man kann als Lehrer, Lehr-buchautor oder Softwareentwickler aus guten Gründen eine kons-truktivistische Lerntheorie vertreten, aber für eine bestimmte Fer-tigkeitsebene wie die Grammatik einen instruktionistischen Ansatz wählen, also die Grammatik zum Beispiel stärker struktu-riert einführen und üben. Dies bietet sich an, wenn diese Art der Grammatikvermittlung den Interessen und Bedürfnissen der Ler-ner näher liegt.

Lerntheoretischer Rahmen

Didaktische Verfahren

Innerhalb der dritten Lehrzielebene wird bestimmt, welche Methoden für die Umsetzung der **Feinlehrziele** am besten geeignet sind. Zu den Feinlehrzielen gehören beispielsweise die Kenntnis oder Beherrschung bestimmter sprachlicher Strukturen in bestimmten kommunikativen Situationen (wie die Beherrschung der richtigen Artikel, der Wortstellung, des Konjunktivs oder der Aussprache sowie die Kenntnis wichtiger touristischer Redemittel), ein bestimmtes Paukwissen oder bestimmte linguistische Regeln. Je nach Lehrziel und Lernkontext können sich auch auf dieser Ebene wieder verschiedene Optionen ergeben, die sich nicht notwendigerweise automatisch aus dem gewählten lerntheoretischen Rahmen ableiten lassen. Allerdings müssen sie miteinander verträglich, das heißt begründet sein. Selbst mechanische Pattern-Drill-Methoden können ihre Berechtigung innerhalb kommunikativ-konstruktivistischer Verfahren bekommen, zum Beispiel wenn es darum geht, bereits gelernte Strukturen nur zu automatisieren. Gegenüber einem pauschal vorgehenden und undifferenzierten audiovisuellen oder audiolingualen Ansatz, bei dem der Pattern Drill Inhalt und Ziel der Methode ist, oder einem ziellosen Methodenmix, wie er häufig im Unterricht anzutreffen ist, unterscheiden sich solche kontextualisierten Verfahren ganz erheblich.

Methoden

Übersicht

Lehr- und Lernziele im Fremdsprachenunterricht

Zu den wichtigsten Lehr- und Lernzielen im Fremdsprachenunterricht in den deutschsprachigen Ländern gehören die folgenden:

Wissenserwerb:

▶ Sach- und Fachwissen über Ausgangs- und Zielkultur
▶ Sprachwissen und Wissen über Konventionen, Normen, Texttypen und Textsorten
▶ Wissen über die Funktionsweise und kulturelle Abhängigkeit von Texten
▶ Wissen über die Kultur und die Zwecke der Lehrinstitutionen und Bildungssysteme
▶ Theorie- und Methodenwissen

Sprachliche Kompetenzen und Fertigkeiten:

▶ Ausgangs- und zielsprachliche Kenntnisse
▶ Kulturkompetenzen
▶ Pragmatische Kompetenzen
▶ Recherchefertigkeiten
▶ Textverstehenskompetenzen
▶ Vermittlungsfertigkeiten
▶ Textverarbeitungskompetenzen
▶ Ausdrucksfähigkeit und Stilempfinden schriftlich und mündlich
▶ Produktive Kompetenz in Bezug auf Texttypen und Textsorten
▶ Kohärente und logische Gestaltung von Texten

Persönlichkeitsentwicklung:

▶ Emotionale Stabilität
▶ Kritik- und Reflexionsfähigkeit inklusive Selbstkritik
▶ Konzentrationsfähigkeit
▶ Ausdauer
▶ Flexibilität
▶ Verantwortungsbewusstsein
▶ Intuition, Aufgeschlossenheit, Empathie
▶ Kreativität

Berufs- und Schlüsselqualifikationen:

▶ Analyse-, Urteils- und Entscheidungsfähigkeit
▶ Analogie- und Kontextualisierungsfähigkeit
▶ Erschließungs- und Einarbeitungsfähigkeit
▶ Medienkompetenz
▶ Interpersonale und interkulturelle Vermittlungskompetenzen

Gemeinsamer
Europäischer
Referenzrahmen

Lehrziele können auf ganz verschiedene Weise gefasst werden. Im öffentlichen Schulbereich geschieht dies in der Regel in Form sehr umfangreicher Beschreibungen und Ausführungsbestimmungen. In neueren Lehrzielbestimmungen für den Fremdsprachenerwerb stehen zwei Aspekte im Vordergrund: Praktikabilität und ein stärkerer Bezug auf die Lernerperspektive. Der *Gemeinsame Europäische Referenzrahmen* (GER), die einflussreichste Sammlung von Lehrzielen, unterteilt diese in sechs Niveaustufen (A1 bis C2), formuliert sie als allgemeine und spezifische Kann-Bestimmungen (was soll der Lerner können) und stimmt sie unter den Sprachen Europas ab. Dadurch entsteht eine Differenzierung und Vergleichbarkeit der Anforderungen unter den europäischen Sprachen, die der höheren Mobilität in Europa gerecht werden soll. Die sechs Niveaustufen von der Grundstufe bis zur muttersprachlichen Kompetenz fasst der Referenzrahmen folgendermaßen zusammen:

Formulierung der sechs Niveaustufen im Gemeinsamen Europäischen Referenzrahmen

Abb. 6.1

Elementare Sprach-verwendung	A1	Kann vertraute, alltägliche Ausdrücke und ganz einfache Sätze verstehen und verwenden, die auf die Befriedigung konkreter Bedürfnisse zielen. Kann sich und andere vorstellen und anderen Leuten Fragen zu ihrer Person stellen – z. B. wo sie wohnen, was für Leute sie kennen oder was für Dinge sie haben – und kann auf Fragen dieser Art Antwort geben. Kann sich auf einfache Art verständigen, wenn die Gesprächspartnerinnen oder Gesprächspartner langsam und deutlich sprechen und bereit sind zu helfen.
	A2	Kann Sätze und häufig gebrauchte Ausdrücke verstehen, die mit Bereichen von ganz unmittelbarer Bedeutung zusammenhängen (z. B. Informationen zur Person und zur Familie, Einkaufen, Arbeit, nähere Umgebung.) Kann sich in einfachen, routinemäßigen Situationen verständigen, in denen es um einen einfachen und direkten Austausch von Informationen über vertraute und geläufige Dinge geht. Kann mit einfachen Mitteln die eigene Herkunft und Ausbildung, die direkte Umgebung und Dinge im Zusammenhang mit unmittelbaren Bedürfnissen beschreiben.
Selbst-ständige Sprach-verwendung	B1	Kann die Hauptpunkte verstehen, wenn klare Standardsprache verwendet wird und wenn es um vertraute Dinge aus Arbeit, Schule, Freizeit usw. geht. Kann die meisten Situationen bewältigen, denen man auf Reisen im Sprachgebiet begegnet. Kann sich einfach und zusammenhängend über vertraute Themen und persönliche Interessengebiete äußern. Kann über Erfahrungen und Ereignisse berichten, Träume, Hoffnungen und Ziele beschreiben und zu Plänen und Ansichten kurze Begründungen oder Erklärungen geben.
	B2	Kann die Hauptinhalte komplexer Texte zu konkreten und abstrakten Themen verstehen; versteht im eigenen Spezialgebiet auch Fachdiskussionen. Kann sich so spontan und fließend verständigen, dass ein normales Gespräch mit Muttersprachlern ohne größere Anstrengung auf beiden Seiten gut möglich ist. Kann sich zu einem breiten Themenspektrum klar und detailliert ausdrücken, einen Standpunkt zu einer aktuellen Frage erläutern und die Vor- und Nachteile verschiedener Möglichkeiten angeben.
Kompetente Sprach-verwendung	C1	Kann ein breites Spektrum anspruchsvoller, längerer Texte verstehen und auch implizite Bedeutungen erfassen. Kann sich spontan und fließend ausdrücken, ohne öfter deutlich erkennbar nach Worten suchen zu müssen. Kann die Sprache im gesellschaftlichen und beruflichen Leben oder in Ausbildung und Studium wirksam und flexibel gebrauchen. Kann sich klar, strukturiert und ausführlich zu komplexen Sachverhalten äußern und dabei verschiedene Mittel zur Textverknüpfung angemessen verwenden.
	C2	Kann praktisch alles, was er/sie liest oder hört, mühelos verstehen. Kann Informationen aus verschiedenen schriftlichen und mündlichen Quellen zusammenfassen und dabei Begründungen und Erklärungen in einer zusammenhängenden Darstellung wiedergeben. Kann sich spontan, sehr flüssig und genau ausdrücken und auch bei komplexeren Sachverhalten feinere Bedeutungsnuancen deutlich machen.

Referenzrahmen, Definitionen von Kompetenzen und Prüfungs-
standards beschreiben zwar alle den gleichen Gegenstand, setzen
aber unterschiedliche Schwerpunkte und überprüfen diese mit
unterschiedlichen Verfahren. Eine Koordinierung unter ihnen findet bisher nicht statt. Deshalb sind die vielen Regelwerke nur
schwer vergleichbar.

Proficiency Guidelines   Wie beim GER, der sich stark an ältere amerikanische *Proficiency*
Guidelines aus den frühen 80er Jahren des 20. Jahrhunderts anlehnt,
übernehmen Regelwerke gerne Elemente aus bereits bestehenden
Sammlungen ohne die Erkenntnisse der Spracherwerbsforschung
zu berücksichtigen.

6.2 | Vom Lehrplan zum Lernplan

Einen von den gängigen Verfahren der Lehrzielbestimmung abweichenden Ansatz vertritt der *Lehrplan Deutsch als Zweitsprache* (2002)
für Grund- und Hauptschulen in Deutschland. Er stellt Handlungskompetenzen und interkulturelle Kompetenzen in den Mittelpunkt, bezieht sich auf das aktive Lernen der Lerner (Lernziele),
berücksichtigt Erkenntnisse der Spracherwerbsforschung zum
Wortschatzerwerb und ist knapp formuliert. Allgemeine Entwicklungen in der Gesellschaft, neue Arbeitsweisen in den Schulen, differenzierte Interessen und Bedürfnisse der Lehrer und Lerner
sowie die Erkenntnisse pädagogischer und zweit- beziehungsweise
fremdsprachendidaktischer Forschung gaben Anstöße für eine
Neugestaltung des Lehrplans. Das neuartige Konzept setzt eine
offene Unterrichtsgestaltung voraus, die auf die Lernerfahrungen
und Perspektiven der Lernenden eingeht und den Lernprozess im
Sinne autonomer und konstruktivistischer Verfahren in den Mittelpunkt stellt. Das Unterrichtskonzept mit dem pädagogischen Ziel
des individuellen und interaktiven Sprachwachstums in einer
authentischen deutschsprachigen Umgebung wird kombiniert mit
den Verfahren des modernen Sprachunterrichts und verändert sich
damit vom Lehrplan zum Lernplan.

Lehrplan Deutsch als Zweitsprache (2002)

Die Leitgedanken benennen Voraussetzungen der Lernenden, Erkenntnisse aus der Spracherwerbsforschung und Gesetzmäßigkeiten des Sprachlernprozesses, die einen effizienten Sprachunterricht bestimmen. Die Ausführungen in den Leitgedanken beziehen sich auf folgende Themen:

Leitgedanken

▶ Wachstum durch Sprachanwendung (Authentizität und Funktionalität)
▶ Ganzheitliches Lernen
▶ Methodische, soziale und mediale Vielfalt
▶ Zyklischer Aufbau der Lernsituationen
▶ Lebensnahes Lernen
▶ Mehrsprachigkeit als Chance
▶ Offene Unterrichtssituationen (Lernumgebung)
▶ Selbstgesteuertes Lernen
▶ Fehler als Lernanstoß (im Sinne von Lernsequenzen)
▶ Spielen als Probehandeln
▶ Narrative Elemente
▶ Wortschatzerwerb
▶ Nutzung von Medien
▶ Fachsprache
▶ Hören und Lesen als Basiskompetenz
▶ Aussprache
▶ Arbeit an Texten (Textsorten)
▶ Schreiben
▶ Sprachliche Regeln als Reflexionshilfe (Sprachnormen und Sprachvariation)
▶ Diagnose und Evaluation (Fehlerkorrektur)

Die Grundlagen des Konzeptes sind auch im Aufbau des zweiten Teils des Lehrplans, in der Konkretisierung der Lernfelder für den Unterricht, erkennbar. Entsprechend den Bedürfnissen und den der jeweiligen Altersgruppe eigenen Erfahrungswelten liegen für die Grundschulen und weiterführenden Schulen jeweils eigene Lerninhalte vor. Jedes Lernfeld besteht aus:

Lernfelder

▶ Einem Signalthema mit zugeordneten Themen-Modulen
▶ Kerninhalten

▶ Lexikalischen Bereichen
▶ Syntaktischen Mitteln
▶ Sprechakten und Strukturen
▶ Schüleraktivitäten

Signalthemen

Die Signalthemen lauten:
▶ Ich und du
▶ Lernen
▶ Sich orientieren
▶ Miteinander leben
▶ Was mir wichtig ist
▶ Sich wohlfühlen

Kerninhalte

Die Kerninhalte machen ersichtlich, dass jedes Ereignis im Unterricht dem sprachlichen Zuwachs, der Sprachgeläufigkeit und Sprachkorrektheit dient, und zwar im Rahmen der genannten Mittel und Kompetenzen. Hier werden Sprechsituationen benannt, in denen die Lernenden zyklisch ihr Sprachwachstum erweitern können.

Lexikalische Bereiche

Die Angabe von lexikalischen Bereichen gibt den Lehrenden und Lernenden die Freiheit, den Wortschatz individuell auszuwählen und je nach Lernsituation zu konkretisieren.

Syntaktische Mittel

Unter dem Untertitel Syntaktische Mittel werden Musterbeispiele für den Schwierigkeitsgrad der sprachlichen Inhalte gegeben. Damit wird deutlich, dass Grammatik nicht normativ, sondern kommunikativ-funktional gelernt wird.

Die Sprechakte und Strukturen stellen Minimalanforderungen dar und bilden eine ausbaufähige Basis für das weitere Lernen. Der Erwerb von sprachlich komplexeren Strukturen desselben Lernfeldes ist insbesondere im ersten Lernjahr nicht zwingend von der Fähigkeit zum aktiven Gebrauch der Ausdrucksformen abhängig. Das passive Verständnis soll jedoch gesichert sein.

Schüleraktivitäten

Die Rubrik Schüleraktivitäten gibt eine Fülle von Anregungen für einen zyklisch aufgebauten, schüler- und situationsbezogenen Unterricht, der die eigene Lebenswelt der Lerner und deren interkulturelle Erfahrungen in den Mittelpunkt des Lernens stellt. Der kreative Prozess des Sprachenlernens wird unterstützt durch Lernszenarien mit verschiedenen Impulsen, durch authentische Kommunikationssituationen und durch vielfältige Möglichkeiten des Anwendens und Erprobens. Die in verschiedenen Arbeitsformen

(**Sozialformen**: Einzelarbeit, Partnerarbeit, Gruppenarbeit, gesamte Gruppe/Plenum) durchführbaren Tätigkeiten schaffen die Basis für eine vielfältige mündliche und schriftliche Umsetzung der Lernziele.

Die Vielfalt der Anregungen verweist auf ein handlungsorientiertes Unterrichtskonzept. Dabei können nicht alle vorgeschlagenen Möglichkeiten im Unterricht realisiert werden. Die Lehrkräfte treffen bewusst eine Auswahl, je nach Bedürfnis und Leistungsstand der Lerner und in Abhängigkeit von den örtlichen Gegebenheiten.

Handlungsorientiertes Unterrichtskonzept

Wesentliche Kriterien des neuen Lehrplankonzeptes zeigen sich auch in der Unterteilung der möglichen Schüleraktivitäten in fünf Bereiche.

▶ Unter dem Punkt **Individuelles Lernen** werden Anregungen für das selbstständige Lernen gegeben, vor allem für die individuelle Wortschatzerweiterung, die eine zentrale Bedeutung für die Kommunikation und das Leseverstehen hat.

▶ Die Rubrik **Gemeinsames Lernen** bietet Tätigkeiten an, die, in verschiedenen Sozialformen durchgeführt, die Basis für eine vielfältige mündliche und schriftliche Umsetzung der Lernziele bilden.

▶ Unter **Lernen außerhalb der Klasse** werden Vorschläge gemacht, wie die deutschsprachige Umgebung als effektiver Lernort für Sprache genutzt werden kann.

▶ Im Bereich **Sprachliche und kulturelle Erfahrungen nutzen** wird der interkulturelle Aspekt bei den Lerngruppen verankert, da unterschiedliche Erfahrungen für die Kommunikation genutzt werden können und das Sprachwachstum fördern.

▶ Unter dem in den Schüleraktivitäten auftauchenden Begriff **Lernen lernen** ist Lernen zu verstehen als ein aktiver, konstruktiver, selbstregulierender und kumulativer Prozess, der in einem sozialen und situativen Kontext stattfindet. Durch die Anregungen in dieser Rubrik wird die Fähigkeit der Lernenden gefördert, Sprache selbstständig und in Eigeninitiative zu erwerben. Für unterschiedliche Lernertypen werden unterschiedliche Lernstrategien angeboten.

Die weiterführenden Schulen haben zur Verbesserung des Verstehens von Fachtexten als zusätzliches Angebot die Rubrik **Fachsprache anwenden**.

Grund- und Aufbau-
kurs

Der zyklisch aufgebaute Lehrplan ist in einen Grund- und Aufbaukurs gegliedert. Von den unterschiedlichen zeitlichen Vorgaben, den unterschiedlichen Organisationsformen und dem individuellen Lernfortschritt hängt es ab, in welchem Zeitrahmen die Lernziele erreicht werden können. Auch hier ist der Lehrplan offen.

Abb. 6.2

Auszüge aus dem Lehrplan Deutsch als Zweitsprache *(2002)*

Lernfeld 1　　　　　　*Grundschule Grundkurs*　　　　　　**Ich und du**

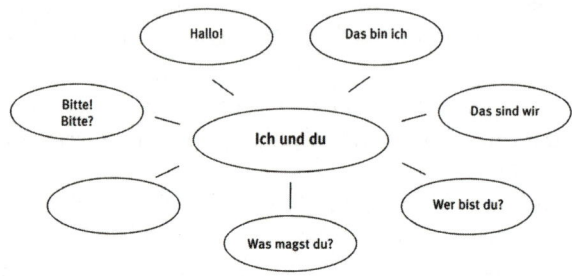

Kerninhalte

Schulalltagsrituale auffassen
Hinhören lernen
Sich begrüßen und verabschieden
Höflichkeitsformen anwenden
Sich bekannt machen
Voneinander etwas erfahren
Vorlieben und Abneigungen äußern
Hilfen erbitten

Lexikalische Bereiche	**Syntaktische Mittel**
Begrüßung und Verabschiedung	Guten Morgen! / Hallo! / Auf Wiedersehen!
	Ich bin ... .
Unterricht	
Freizeitbeschäftigungen	Ich mag (Pizza).
Vorlieben der Schüler	Und du?
	(Spinat) mag ich nicht.
	Ich auch / nicht.
	Ja. / Nein.
	Ich kann / nicht (schwimmen).

Fragen	Was?
	Wie heißt das?
	Was magst du?
	Wie heißt du?
Zahlen	Bitte. / Danke.

Mögliche Schüleraktivitäten zum Erwerb der Sprache

Individuelles Lernen

Wortschatzkartei / Wörterheft anlegen

Gegenstände und Buchstaben / Wörter mit Knetmasse darstellen

Großen Personenumriss auf Tapete mit Fotos und Zeichnungen ergänzen

Bildertagebuch anlegen (Ich, Familie, Freizeit, Lieblingsessen, ...)

Einfache Steckbriefe zusammenstellen

Zahlendomino herstellen

Glückwunschkarten gestalten

Gemeinsames Lernen

Sich mit Liedern und Spielen kennen lernen

Das Hören und Sprechen durch Stimmmodulation trainieren (laut / leise, hell / dunkel)

Wortschatz mit allen Sinnen lernen

Gegenstände und Wortkarten zuordnen

Gegenstände tasten und Wörter raten (Kimspiele)

Tätigkeiten pantomimisch darstellen

Wichtige Zahlen austauschen (Altersangabe, Telefonbuch erstellen, ...)

Mit Zahlen spielen (Klopf- und Horchspiele, Würfelspiele, ...)

Hitliste erstellen (Lieblingsfiguren, Essen, Tiere, Hobbys, ...)

Bei Rätselspielen mitmachen

Eigenen Personenumriss der Klasse vorstellen

„Wir"-Collage herstellen

Wandfries gestalten (Selbstdarstellungen, Herkunftsländer, Vorlieben, ...)

Geburtstagskalender anfertigen

Geburtstage feiern

Einladungen entwerfen und gestalten

Spiel- und Bewegungslieder hören und nachgestalten

Minidialog mit Handpuppen hören und sich einschalten

Gemeinsam essen (mit Eltern vorbereiten)

Lernen außerhalb der Klasse
Schülertutoren kennen lernen und ihre Hilfe annehmen
Steckbriefe erstellen (Eltern, Freunde, ...)
Partnerklasse besuchen und einladen

Sprachliche und kulturelle Erfahrungen nutzen
Begrüßungen in den anderen vorhandenen Sprachen hören
In der Herkunftssprache zählen
Bildwörterheft mehrsprachig anlegen
Herkunftsländer an der Karte markieren
Einfache Reime, Lieder und Gedichte einbringen (Abzählreime, Spiele, ...)
Alle Mittel zur Verständigung einsetzen (Mimik, Gestik, Muttersprache, ...)

Lernen lernen
Hinhören und Nachfragen lernen und erproben
Bedeutungen aufgrund nichtsprachlicher und sprachlicher Zeichen erraten
Mit Wortschatzkartei, Wörterheft und digitalen Lernprogrammen umgehen
Wortschatzspiele nutzen (Wortkarten, Dominos, ...)
Mit Arbeitsmitteln vertraut werden (Lineal, Tageslichtprojektor, ...)
Partner- oder Gruppenarbeit einüben
Formelhafte Wendungen gebrauchen

6.3 | Kompetenzen, Aufgaben und Fertigkeiten

Kompetenzen

Richt- und Groblehrziele und Lernziele lassen sich am besten als Kompetenzen beschreiben. Diese erwirbt der Lerner in Form von Fertigkeiten. Die meisten Rahmenbestimmungen, Lehrpläne, Lehrwerke und Tests sind nach den vier klassischen Fertigkeiten Hörverstehen, Leseverstehen, Sprechen und Schreiben strukturiert. Allerdings spielen die einzelnen Fertigkeiten unterschiedlich wichtige Rollen in den Unterrichtsmethoden. In älteren Methoden wie der Grammatik-Übersetzungsmethode werden die rezeptive Fertigkeit Lesen und die produktive Fertigkeit Schreiben stark betont. Die frühe kommunikative Didaktik hat sich von dieser auf schriftliche Fertigkeiten ausgerichteten Methodik abgesetzt und eher die mündlichen Fertigkeiten in den Vordergrund gerückt. Die Aufteilung in Fertigkeiten stellt aber eine künstliche Vereinfachung der Lernaufgaben dar, da sie in der Anwendung fast immer in Kombination vorkommen. Selbst Literaturkritiker, das wissen wir aus dem Fernsehen, lesen nicht nur den ganzen Tag, sondern reden auch viel über das Gelesene, was andere dann hören und sehen und wieder andere als Anlass zum Schreiben nehmen.

Sprachliche Handlungen bestehen aus mehreren Fertigkeiten, weshalb man sie im Unterricht auch besser als Aufgaben fasst. Für die Abstimmung der verschiedenen Fertigkeiten, die Bewertung ihrer Bedeutung, die Schwerpunktsetzung, die Einbettung und die handlungsstrategische Umsetzung ist zudem eine koordinierende Kompetenz nötig. Diese Kompetenz bezeichnet man als **kritische Kompetenz**. Während der *Lehrplan Deutsch als Zweitsprache* für die Grund- und Hauptschulen von 2002 die Trennung in Fertigkeiten ganz aufgibt, erscheinen die klassischen vier Fertigkeiten in Rahmenregelwerken wie dem *Gemeinsamen Europäischen Referenzrahmen* in traditioneller Unterteilung. Sie wird ergänzt durch einen fünften Fertigkeitsbereich, die Vermittlung zwischen Sprachen. Im kommunikativen Sprachunterricht versucht man, die Fertigkeiten soweit wie möglich an authentischen Texten und Aufgaben zu vermitteln, das heißt an Texten und Aufgaben, die im Alltag oder im Beruf vorkommen und nicht speziell für den Sprachunterricht gemacht wurden.

Im Folgenden wird die Vermittlung von Fertigkeiten in einem modernen Kontext anhand von Beispielen aus dem Online-Lernprogramm *uni-deutsch.de* dargestellt. Bei *uni-deutsch.de*, das sich an Lerner der Mittel- und Oberstufe wendet, werden zusätzlich zu den Inhalten (siehe Abb. 6.3, linke Leiste) eine Reihe von elektronischen Hilfsmitteln, Kommunikationskanälen und Kurs- und Lernerverwaltungsressourcen zur Verfügung gestellt (siehe Abb. 6.3, obere Leiste). Dazu gehören Wörterbücher, Grammatikhilfen, Lernhilfen, Landeskundelinks, Chat, E-mail, Foren und die Klassenverwaltung. Die Aufgaben und Übungen umfassen in der Regel mehrere Fertigkeiten, da sie lebensnah und authentisch sind. Sie sind zur Orientierung jedoch nach den für die gängigen Prüfungen üblichen Fertigkeitsbereichen plus Wortschatz- und Grammatikübungen angeordnet. Über Chat, E-Mail und Foren können die Lerner im und nach dem Unterricht interaktive Aufgaben bearbeiten und kommunizieren. Diese Kommunikationskanäle werden teilweise von Lehrkräften und Tutoren betreut, können aber auch von Lernergruppen eigenständig genutzt und differenziert werden.

Sprachliche Handlungen

uni-deutsch.de

6.4 | Leseverstehen

Rezeptive Fertigkeiten

Lesen und Hören sind die beiden rezeptiven Fertigkeiten. Über die rezeptiven Fertigkeiten erfolgt die primäre Aufnahme von fremdsprachlicher Information. Das heißt, Leseverstehen und Hörverstehen gehen der Produktion voraus. Sie sollten dieser sogar so weit vorausgehen, dass Lerner genügend Zeit zur Verdauung der Eingabe haben, bevor sie zur eigenen Produktion veranlasst werden. Eine unvollständige Verarbeitung kann wesentlich zu Fehlern in der Produktion beitragen.

Die Vermittlung von Lesefertigkeiten ist in dem Lernprogramm *uni-deutsch.de* folgendermaßen realisiert:

Beispiel

Abb. 6.3 |

Lesetext aus uni-deutsch.de zum Thema Studienstandort Deutschland

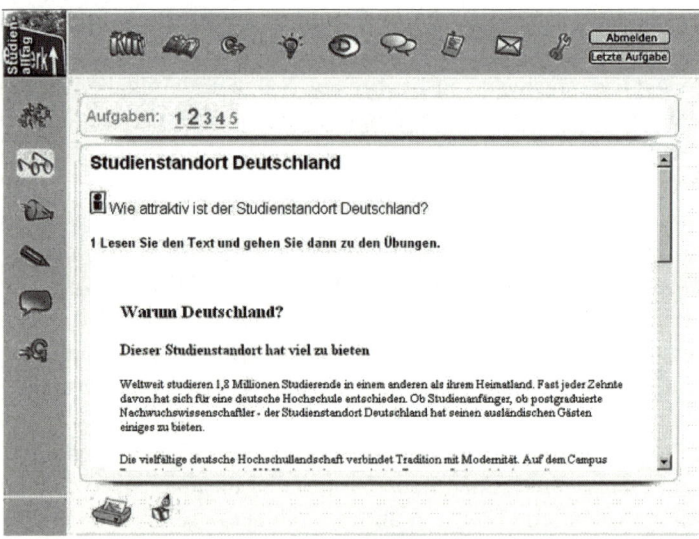

Nach einer Voraktivierung (aus Aufgabe 1) lesen die Lerner einen Text mit zahlreichen Informationen, die für ihr eigenes Studium in Deutschland relevant sind. Anschließend bearbeiten sie das Textverstehen anhand verschiedener Übungen. Die Aufgaben 3, 4 und 5 enthalten weitere Informationen und vermitteln weitere sprachliche und außersprachliche Fertigkeiten zur Bewältigung des Studiums in Deutschland, wie zum Beispiel in den Bereichen studienrelevante Textsorten, Anträge stellen oder Wohnungssuche.

In dieser Übung lesen Sie eine Zusammenfassung des Textes "Warum Deutschland?" Ergänzen Sie den Text unten mit den Wörtern , die Sie im Fenster in der Mitte sehen. Klicken Sie ein Element mit der Maustaste an und schieben Sie es an die richtige Stelle im Lückentext. Der Mauszeiger muss sich innerhalb eines farbigen Feldes befinden.

existieren		Verbindung
Forschungsinstitutionen	Erfolge	Grund
Konzernen	Studiengebühren	Zulassungsvoraussetzungen
Praxis		

Der Text berichtet über die Hochschulen in Deutschland. Viele Studenten aus dem Ausland wählen Deutschland als Studienort. Aus gutem ____: Die Bundesrepublik hat einiges zu bieten. Mehr als 300 Hochschulen ____ hier und sie zeichnen sich durch die ____ von Tradition und Moderne aus. Wer die richtigen ____ mitbringt, kann an einer deutschen Hochschule studieren, ohne ____ zu bezahlen. Die Universitäten bringen Theorie und ____ zusammen. Sie suchen die Nähe zu ____ und internationalen ____. Berühmt sind die Universitäten für ihre außerordentlichen ____ in der Forschung. Die Ausbildung an deutschen Hochschulen bieten einen hervorragenden Karrierestart

Seite 10 von 11   Neu Bearbeiten

Abb. 6.4

Zuordnungs- und Einsetzübung (hier Nr. 10 von 11) zur Bearbeitung und genauen Verständniskontrolle in uni-deutsch.de als Teil der Bearbeitung komplexer Aufgaben

Die Übungen bewegen sich vom allgemeinen Verständnis (**Globalverstehen**) zum Detailverständnis und nehmen daher an Schwierigkeit zu. Es wird auf kurze und abwechslungsreiche Tätigkeiten geachtet, die auch die anderen Fertigkeiten einschließen. Lerner können die Übungen beliebig oft bearbeiten, mit einer früheren Lösung vergleichen und ihrer Tutorin zur Korrektur schicken.

Man unterscheidet beim Leseverstehen drei allgemeine Lesestile:
1. das **globale Lesen** zur ersten Groborientierung über das Thema und die Darstellung im Text (Globalverstehen)
2. das **selektive Lesen** zur Aufnahme einzelner spezifischer Informationen und
3. das **totale** oder **intensive Lesen** zur Aufnahme aller Detailinformationen eines Textes (Detailverstehen).

Lesestile

Das globale Lesen findet vor allem bei Gebrauchstexten Anwendung, zum Beispiel beim schnellen Durchsehen von Zeitungen oder beim Surfen im Internet. Es kann natürlich auch bei allen anderen Textsorten gebraucht werden, wenn es um eine schnelle Übersicht geht.

Globales Lesen

Lesetechniken

Zwei Techniken zur globalen Lektüre können Lernern die Aufgabe wesentlich erleichtern, fremde Texte zu entschlüsseln:

▶ Das **Skimming** dient der ersten Orientierung des Lesers über Textsorte, Gliederung, grafische Präsentation und Kernbegriffe eines Textes (orientierendes Lesen). Es vermittelt durch ein Überfliegen des Textes nur einen groben Eindruck von den Absichten eines Textes, zum Beispiel durch Herausgreifen wichtiger Wörter wie etwa der großgeschriebenen Nomen im Deutschen.

▶ Das **Scanning** setzt voraus, dass der Leser bereits eine Idee von dem hat, was er liest. Das heißt, er versucht, bestimmte Begriffe wiederzufinden, die er aus einer Kontextsituierung heraus, zum Beispiel durch den Lehrer, erwartet oder die normalerweise zum Thema gehören. Man kann hier auch vom Lesen mit Suchfragen sprechen (suchendes Lesen). Bei der Lektüre eines Unfallberichtes in der Zeitung sucht der Leser automatisch nach Angaben zu den Folgen, Ursachen und dem Ablauf des Geschehens. Er füllt Leerstellen. Insofern eignet sich das Scanning auch für das selektive Lesen.

Verfahren zur Einübung des globalen Lesens im Fremdsprachenunterricht

▶ Erfassen des Hauptthemas und der wichtigsten Unterthemen sowie der Pointe oder des Ergebnisses vor der detaillierten Lektüre.
▶ Einordnung der Hauptinformationen in eine vorgegebene Fragestellung und Bewertung der Wichtigkeit.
▶ Vorgabe einer verkürzten Lesezeit und Wiedergabe des Textes in 2 Sätzen.
▶ Lerner in Form eines Schnelligkeitswettbewerbes entscheiden lassen, ob ein vorgegebener Text für die Bearbeitung eines Themas relevant ist oder nicht (und dann kurz begründen lassen).
▶ Suchaufgaben stellen, zum Beispiel eine schnelle Suche nach vorgegebenen Informationen im Internet, die ein schnelles Klicken durch verschiedene Texte erfordern.

Selektives und totales Lesen

Das selektive und totale Lesen sind nicht mit *einem* Lesedurchgang zu bewältigen. Deshalb geht man in mehreren Schritten vor. Eine der bekanntesten und erfolgreichsten Methoden ist die **SQ3R-Metho-de**, die aus den Schritten *Survey* (S), *Question* (Q), *Read*, *Recite* und *Review* (3R) besteht. In der Survey-Phase schaffen Lesende sich mittels der Techniken des orientierenden Lesens einen groben Überblick über Inhalt und Aufbau des Textes. In der Question-Phase ermitteln sie für sich selbst potenziell relevante Fragen an den Text, das heißt, sie bauen verschiedene Erwartungen und damit Fragen auf, die in der Read-Phase bestätigt, enttäuscht oder aber differenziert werden. Diese Phase des intensiven Lesens sollte bei längeren Texten in verschiedene Einzelschritte (nach Einzelfragen) unterteilt werden. Um das Gelesene zu behalten, sollten die Leser versuchen, den Argumentationsgang beziehungsweise die Thesen des Textes zu rekapitulieren. Dabei stellt sich oft heraus, dass im Textverständnis noch Lücken bestehen, die durch ein gezieltes Zurückgehen zum Text (Recite-Phase) gefüllt werden können. In der abschließenden Review-Phase sollte der Text nochmals als Ganzes gelesen werden.

Es gibt folgende Techniken zum selektiven und totalen Lesen: Lesetechniken

Selektives Lesen:

▶ Absuchen des Textes nach bestimmten Stichwörtern oder Inhalten (Scanning)
▶ Auffinden von passenden Textstellen
▶ Zuordnung von Aussagen
▶ Textgerüst entwerfen oder Text gliedern
▶ Fragen zum Text beantworten
▶ Hypothesen überprüfen und belegen
▶ Vorgegebene Elemente aus einer Tabelle entnehmen

Totales Lesen:

▶ Wichtige Elemente unterstreichen
▶ Überflüssiges herausstreichen, Fehlendes ergänzen
▶ Texte aus Textteilen rekonstruieren lassen (zum Beispiel als Puzzle)
▶ Abbildungen zum Text zuordnen
▶ Genaues Flussdiagramm des Textverlaufs erstellen
▶ Tabelle mit Detailinformationen erstellen

▶ Texte vergleichen

▶ Richtig-Falsch-Fragen und andere Detailfragen beantworten

▶ Notieren oder Übertragen von Stichwörtern zur Rekonstruktion des Textgerüsts

▶ Richtige Reihenfolge von Textbausteinen erstellen (Chronologie der Ereignisse, Argumentation)

▶ Wichtige Elemente des Textes aus einem Schüttelkasten auswählen

Das Lesen ist ein besonders wichtiger Fertigkeitsbereich, da die Verschriftlichung von Texten auch ein gutes Hilfsmittel zum Verstehen von Hörtexten sein kann. Schriftliche Texte weisen durch ihre Darstellung eine Reihe von entscheidenden Verständnishilfen auf: so gibt die Getrenntschreibung von Wörtern Lernern wichtige Hinweise auf die Wort- und Bedeutungsgrenzen. Auch die Großschreibung gibt eine gewisse Orientierungshilfe, die besonders für das globale Lesen von großer Bedeutung ist, weil sie dem Leser eine schnelle Identifikation der wichtigsten Elemente einer Äußerung erlaubt. Ähnliches gilt auch für die Satzzeichen.

Sprachliche Signale   Texte sind eine Sammlung von sprachlichen Signalen, die auf andere Elemente verweisen und daher das Verständnis erheblich erleichtern können. Dazu gehören vor allem die Elemente, die Bezüge unter verschiedenen Textteilen (Referenzen) herstellen, das heißt zur Vernetzung beitragen. Schließlich bedeutet *Text*, von lateinisch *textus*, *Netz* oder *Gewebe*. Textsignale sind unter anderem Personalpronomen oder auch zeit- und ortsverweisende Elemente (so genannte Deiktika, siehe Kapitel 5.7).

6.5 | Hörverstehen

Auch bei der rezeptiven Fertigkeit Hörverstehen geht es wie beim Leseverstehen zunächst um die Identifikation einzelner sinntragender Einheiten. Bei einem wenig differenzierten, kontinuierlichen Lautfluss ist das ungleich schwieriger als beim Lesen, weil mündliche Kommunikation grundsätzlich flüchtiger ist als ein geschriebener Text. So kommen beim Hören weitere Schwierigkeiten hinzu, die man dadurch in den Griff bekommen kann, dass ein schriftlicher Paralleltext als Hilfsmittel bei Höraufgaben verwendet wird oder dass durch entsprechende Vorbereitung bestimmte

Wiedererkennung   Elemente dem Lerner bereits bekannt sind, so dass das Wiederer-

kennen und Verstehen erleichtert wird. Dabei hilft auch eine ver-
langsamte Sprechweise oder die Betonung wichtiger Elemente
einer Äußerung. Durch visuelle Parallelinformation wie Bilder oder
Grafiken lässt sich in vielen Fällen das Verständnis ebenfalls verbessern. Authentische Nebengeräusche, zum Beispiel Zuggeräu-
sche bei Ansagen in einem Bahnhof, sollte man jedoch nach Möglichkeit vermeiden, um trotz der vermeintlichen Authentizität die
Lerner nicht unnötig zu belasten. Die meisten der bei der Fertigkeit
Lesen genannten Techniken können in abgewandelter Weise auch
beim Hörverstehen eingesetzt werden.

Die Aufgabe der Lerner kann durch verschiedene Maßnahmen
erleichtert werden: Verstehenstechniken

► Durch so genannte Bruchstellen, die Anfang und Ende einzelner
  Elemente markieren. Dies kann durch Pausen zwischen Begriffen und Sätzen oder anderen Einheiten oder durch Betonungen
  von Anfangssilben geschehen. Auch das langsame und gegebenenfalls abgehackte Sprechen liefert solche Bruchstellen.
► Durch Parallelinformation, das heißt die Laute begleitende
  visuelle, taktile und andere Information. Auch die Verschriftlichung von Lauten kann diese Information liefern. Lautliche
  Begleitinformation kann dann helfen, wenn sie den Hörtext
  nicht überlagert, sondern koordiniert begleitet. In einem Hörtext zum Thema Auto können Autogeräusche wie das Anlassen
  des Motors, Bremsen und andere sicher sinnvoll integriert werden.
► Durch Bewusstmachung von Wortbildungsprinzipien und Vermittlung von Instrumenten der Wortbildung, wie Endungen
  (Suffixe), Voranstellungen (Präfixe), Zusammensetzungen und
  Ähnliches.
► Durch deutliche Intonationskonturen und Intonationsmuster,
  wie zum Beispiel die Fragemarkierung durch steigende Intonation.

Im Folgenden werden Teile einer komplexen Hörübung dargestellt, die in eine authentische Aufgabe eingebettet ist und dazu verschiedene Teilfertigkeiten nutzt. Der Lerner kann sich in diesem Programm den Hörtext (gegebenenfalls begleitet von Bildern oder einem Video) im rechten Ressourcenfenster anhören und, wenn nötig, den schriftlich transkribierten Text als Verstehenshilfe dazuschalten (Fenster rechts). Mittels weiterer Übungen wird er dann zur Lösung der Aufgabe (einen Radiobeitrag inhaltlich auszuwerten) geführt. Dabei hat er wieder Zugang zu einer Reihe von Online-Ressourcen über die obere Querleiste.

Abb. 6.5

Kombinierte Hör- und Schreibübungen zur Vertiefung des Hörverstehens anhand eines authentischen Radiobeitrags. Den Lernern steht dazu eine Reihe von Hilfsmitteln zur freien Verfügung.

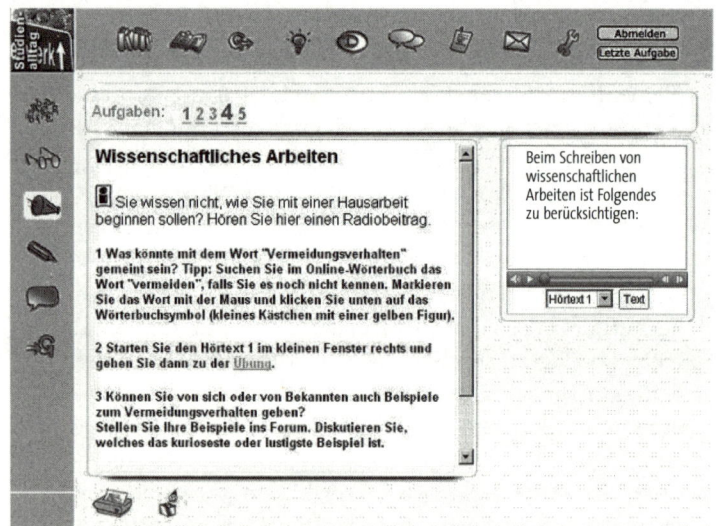

6.6 | Schreiben

Produktionsprozesse

Im Rahmen der kommunikativen Didaktik wurden die schriftlichen Fertigkeiten lange als nichtkommunikativ abgetan, bis man merkte, wie viele Sprachproduktionprozesse beim Schreiben aktiv sind. So wird heute meist darauf verwiesen, dass beim Schreiben das innere Sprechen der eigentlichen Verschriftlichung vorangeht und es daher mehr sprachliche Aktivitäten verlangt, als die Zeilen an der Oberfläche vermuten lassen. Gerade das Schreiben bietet durch die zusätzlichen Möglichkeiten der sprachlichen Planung und die natürliche (langsamere) Kontrolle der Korrektheit eine Reihe von authentischen didaktischen Hilfestellungen beim Sprachenlernen. Die sprachliche Planung ist meist intensiv und durch die dauerhafte schriftliche Fixierung wird die Kontrolle begünstigt. So ist das Schreiben als Fertigkeit nach dem Leseverstehen wieder in den kommunikativen Sprachunterricht zurückgekehrt.

Schreiben umfasst das Verfertigen von Gebrauchstexten wie Notizen, Einkaufszetteln und Annoncen, aber auch Seminararbeiten, Protokollen oder literarischen Gattungen (Gedichte, Erzählungen), also das kreative Schreiben. Zunehmend können Lerner auf elektronische Hilfsmittel wie den *E-Assistenten* in *uni-deutsch.de* zurückgreifen, der bei der Analyse von Grammatikfehlern und Rechtschreibproblemen hilft und Verbesserungsvorschläge liefert. Die folgenden Abbildungen illustrieren, wie dabei im Unterricht vorgegangen werden kann.

Beispiel

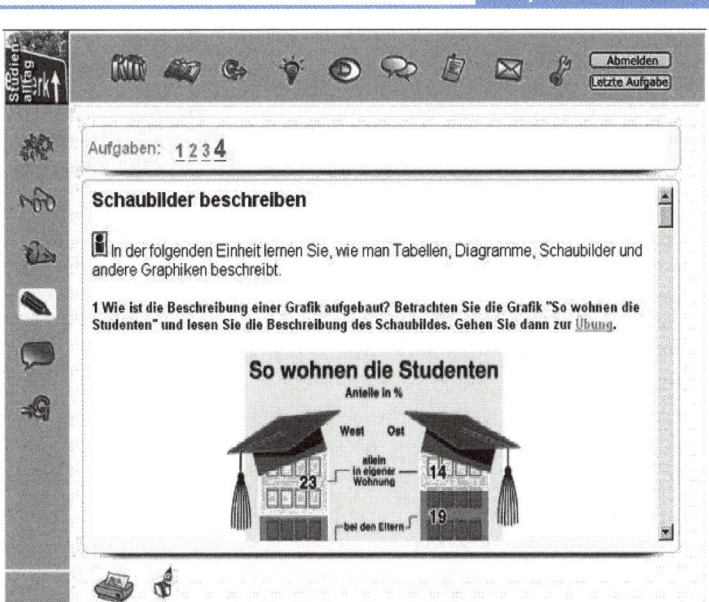

| **Abb. 6.6**

Aufgabe zur Beschreibung von Tabellen und Schaubildern

Als Grundlage dient ein authentischer Lesetext mit grafischen Darstellungen und Tabellen (Parallelinformation). Mittels der konkreten Texte werden allgemeine Strategien und Techniken der Verschriftlichung (Schlüsselqualifikationen) vermittelt und in Übungen vertieft. Verschiedene Fertigkeiten sind vernetzt. Der Lerner erhält zudem relevante Informationen zum Lebensalltag im Zielland.

In Grafiken, Schaubildern und Diagrammen finden sich häufig statistische Angaben mit Jahreszahlen, Mengen- und Prozentangaben. In dieser Übung finden Sie Redemittel, mit denen man statistische Angaben vergleichen kann. Entscheiden Sie, ob die Aussagen im linken Fenster über die Grafik "Akademiker-Arbeitsmarkt: Stabile Nachfrage" richtig oder falsch sind. Klicken Sie auf das Häkchen unten rechts, um Ihre Antworten zu kontrollieren.

	Richtig	Falsch
Mehr als / Die meisten: Die meisten Informatiker fanden 1999 und 1998 eine Stelle nach ihrem Studienabschluss.	☐	☐
Ebenso viele / Nicht so viele: 1999 waren ebenso viele Sozialarbeiter wie Ingenieure ohne eine Stelle.	☐	☐
Wesentlich / Deutlich / Erheblich mehr / weniger: 1999 waren wesentlich mehr Wirtschaftswissenschaftler arbeitslos gemeldet als 1998.	☐	☒
Im Vergleich zu / Verglichen mit: Verglichen mit den Sozialwissenschaftlern fanden mehr Sozialarbeiter nach dem Studium eine Anstellung.	☐	☐
Im Unterschied / Im Gegensatz zu: Im Unterschied zu den Informatikern finden Geisteswissenschaftler leicht eine Arbeit.	☐	☐
Während / Wogegen: Während die Arbeitsmarktlage für Juristen 1999 und 1998 eher schlecht war, war die Lage für Sozialarbeiter relativ gut.	☒	☐
Die Arbeitsmarktlage für Ingenieure war in den untersuchten Jahren sehr schlecht, wogegen die Situation für Geisteswissenschaftler sehr gut war.	☒	☐

Seite 1 von 2   Meine Lösung

Abb. 6.7

Von der vorstrukturierten Übung zur selbstständigen Textproduktion

Diese Übung verlangt das intensive Lesen eines Textes, der eine Reihe statistischer Angaben enthält. Diese soll der Lerner zuerst rekonstruieren (verstehen), bevor er sie in eigenen Texten mündlich und schriftlich weiterverarbeitet, ergänzt und für Argumentationszwecke verwendet. Die Funktionstasten in der unteren Leiste erlauben ein Vor- und Zurückblättern (Pfeil), ein Neubearbeiten (Kreis), ein Anzeigen der Lösung (A), ein Vergleichen mit der vorangegangenen Bearbeitung der Übung (Personensymbol) und einen Vergleich mit der richtigen Lösung (Häkchen).

Die anstehenden Aufgaben sind vorstrukturiert, verlangen vom Lerner aber immer selbstständige Textproduktionen, für die Redemittel und verschiedene Bearbeitungsressourcen zur Verfügung gestellt werden. Diese Textproduktionen können im Präsenzunterricht oder über die angebotenen elektronischen Kommunikationskanäle im Klassenverband interaktiv weiterbearbeitet werden.

Offene Lernumgebungen bieten den Lernern verschiedene Hilfsmittel und Werkzeuge zur Bearbeitung der Aufgaben. In *uni-deutsch.de* gehört der elektronische Assistent (*E-Assistent*) zum Werkzeuginventar. Er bietet den Lernern Korrekturmöglichkeiten bei der Produktion freier Texte in Form von Grammatik- und Rechtschreibprüfung. Die Rückmeldung vollzieht sich dabei in drei Stufen nach didaktischen Gesichtspunkten, das heißt, der Lerner soll die Fehlerkorrektur möglichst selbstständig durchführen. Als Erstes erfolgt daher nur eine Markierung möglicher Fehler und als Zweites werden Korrekturhinweise (*Komma! Relativsatz*) angeboten. Gelingt dem Lerner damit immer noch keine vollständige Korrektur, gibt der *E-Assistent* Korrekturvorschläge, die der Lerner übernehmen oder gegebenenfalls anpassen kann.

Offene Lernumgebungen

Elektronischer Assistent

Werkzeuge und Hilfsmittel wie der E-Assistent in uni-deutsch.de *unterstützen die Lerner bei der selbstständigen Bearbeitung und Korrektur eigener Texte*

| **Abb. 6.8**

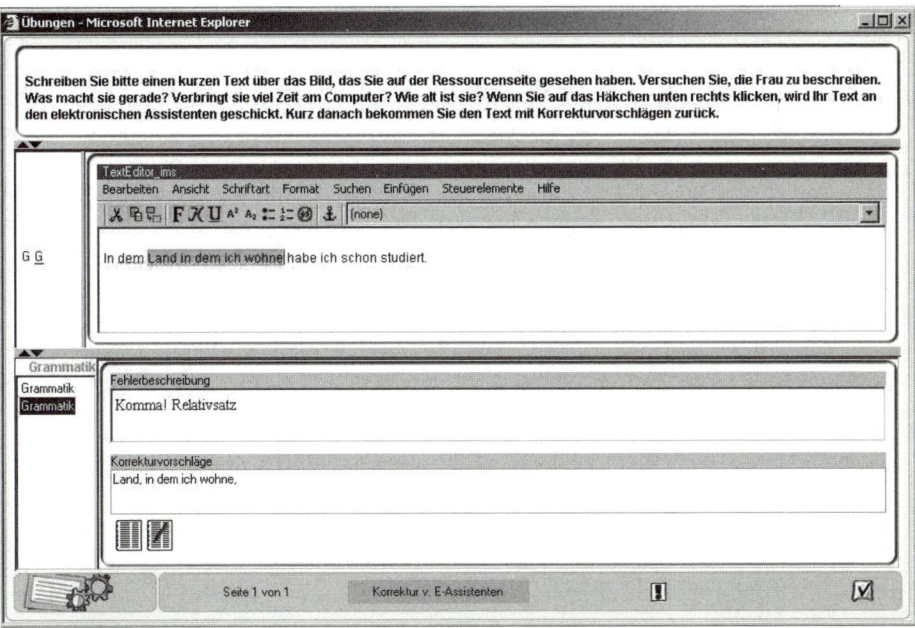

6.7 | Sprechen

Die Vorgehensweise bei der Vermittlung der Fertigkeit Sprechen ähnelt in vieler Hinsicht den Aufgaben zum Schreiben. Die Textsorten sind jedoch mündliche Texte, denen eigene Textmuster unterliegen. Je nach Ausgangssprache der Lerner muss bei der Vermittlung der Fertigkeit Sprechen auf lautliche Schwierigkeiten verstärkt eingegangen werden. Als Stütze bei der Bearbeitung von Aufgaben zum Sprechen können die unter den rezeptiven Fertigkeiten beschriebenen Techniken angewendet werden. Das Anfertigen von Notizen, das Lesen von Verlaufsdiagrammen und Ähnliches können gleichzeitig als Ausgangspunkt für das Sprechen und Schreiben dienen. Die elektronischen Medien spielen bei der Vermittlung der Fertigkeit Sprechen eine zentrale Rolle. Sie bieten dem Lerner die Möglichkeit, seine eigene Sprache aufzunehmen, mit Musterlösungen zu vergleichen, zu modulieren und auswerten zu lassen. Die individuelle Geschwindigkeit des Lernens kann so gesteuert werden, ohne dass sich die Lerner zum Beispiel durch Mithören falscher Äußerungen gegenseitig negativ beeinflussen.

Techniken *(Marginalie)*

Beispiel

Aufgabe aus verschiedenen Fertigkeiten *(Marginalie)*

Abschließend noch ein Beispiel dafür, wie verschiedene Fertigkeiten in einer Aufgabe kombiniert werden können. Die Aufgabe der Lerner besteht darin, eine passende Wohnung zu suchen. Dazu stehen ihnen verschiedene Wohnungsanzeigen zur Verfügung, die sie zunächst lesen und auswerten sollen. Sie sollen dann die angegebene Telefonnummer anrufen und die Ansage des Anrufbeantworters hören. Anschließend sollen sie, wie das in authentischen Situationen üblich ist, eine Nachricht auf dem Band hinterlassen. Diese können sie allerdings überprüfen und ändern, bevor sie sie abschicken. Abschließend tauschen sich die Lerner (Wohnungssuchende) mit der Vermieterin (Tutorin) oder anderen Lernern über die Wohnung aus und verfassen gegebenenfalls eine schriftliche Bewerbung. Auch ein Rollenspiel wäre denkbar.

Kombinierte Fertigkeiten in einer zielgerichteten Aufgabe: Lesen der Anweisung und der Annonce, Hören des Anrufbeantworters, eigene Sprachaufnahme und gegebenenfalls mehrfache Korrektur, schriftlicher Austausch darüber mit der Tutorin und/oder anderen Mitschülerinnen, gegebenenfalls auch Verfassen eines Bewerbungsschreibens für die Wohnung und Rollenspiele

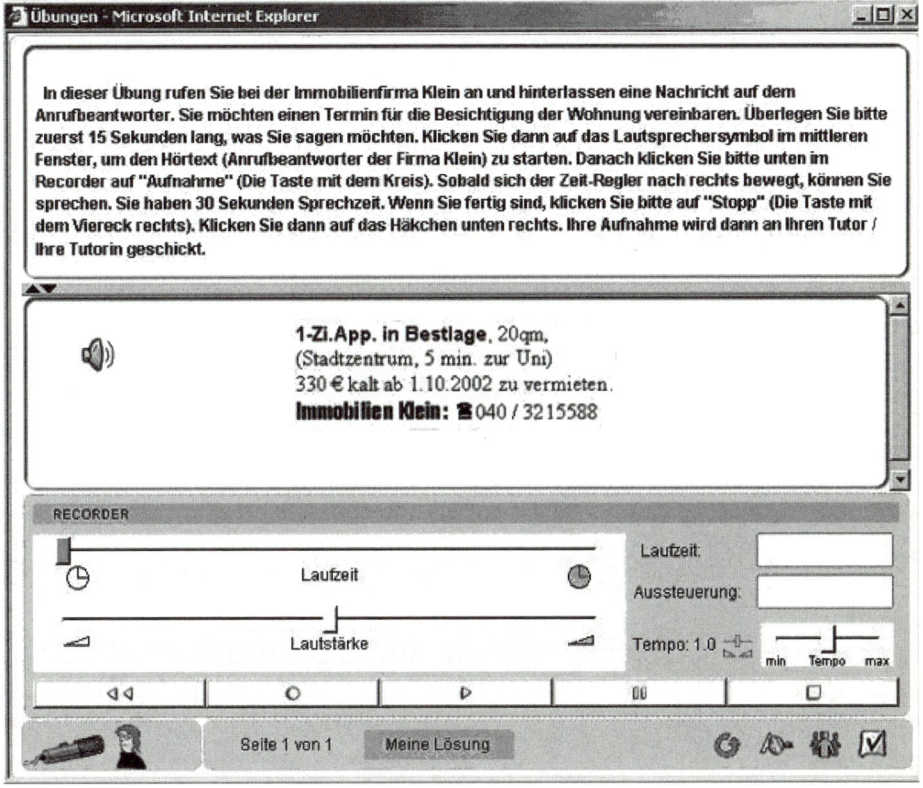

Schwierigkeitsebenen — | 6.8

Zur Bestimmung der Schwierigkeit von Aufgaben im Unterricht kann man sich an dem hierarchischen Modell der Lernarten orientieren, wie es Gagné (1916-2002) entwickelt hat. Die Aufgaben mit niedrigerer Schwierigkeit sind reflexartige Aufgaben, wie sie vor allem behavioristische Lernmodelle zu Grunde legen. Auf einer mittleren Schwierigkeitsebene befinden sich Aufgaben, die das Lernen von Regeln anstreben, wie wir sie aus kognitivistischen Ansät-

Lernarten

zen kennen. Auf der schwierigsten Ebene siedelt Gagné das Transferlernen an, das heißt die Fähigkeit, Gelerntes auf neue Aufgaben zu übertragen und von neuen Aufgaben aus bereits Gelerntes zu erweitern. Der *Hierarchie der Lernarten* lassen sich die lernpsychologischen Ansätze folgendermaßen zuordnen:

Abb. 6.10 | *Die Hierarchie der Lernarten und eine grobe Zuordnung der korrespondierenden Lerntheorien*

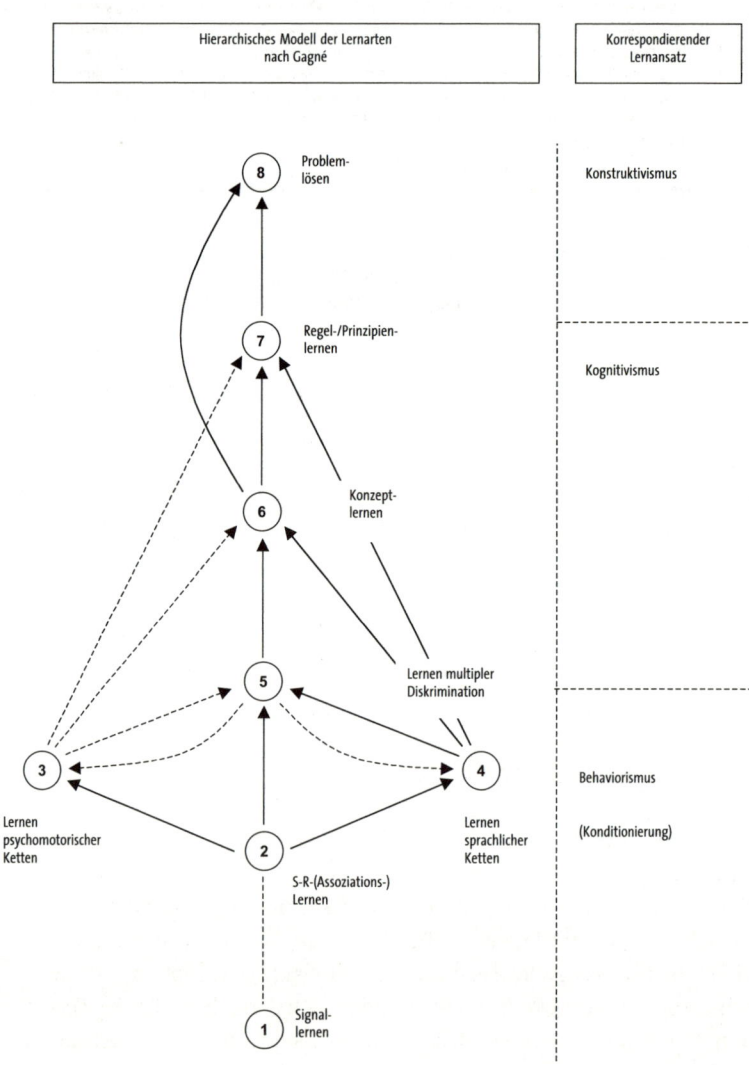

In der Hierarchie der Lernarten wird davon ausgegangen, dass das Schwierigkeitsstufen Lernen in verschiedene Stufen unterschiedlicher Schwierigkeit unterteilt werden kann. Auf der einfachsten Stufe (1) ist das Signal-lernen angesiedelt, das von direkten Anweisungen gesteuert wird. Es unterscheidet sich kaum vom Reiz-Reaktionslernen (2), das durch akkustische oder visuelle Reize gesteuert wird und aus unmittelbaren Reaktionen auf einen Auslöser besteht. Etwas komplexer sind mehrschrittige Abläufe einfacher Reaktionen (3, 4), das heißt eine Kette von Reaktionen auf einen Stimulus. Der Schwerpunkt der Stufen 5 bis 7 liegt auf der zunehmenden Einsicht in Lernabläufe und deren wachsender Unabhängigkeit von einem konkreten Reiz. Lerner unterscheiden verschiedene Funktionen oder Handlungen (5). Sie lernen nach allgemeineren Konzepten (Generalisierung) (6) oder abstrakten Regeln (7). Die schwierigste Form des Lernens besteht im selbstständigen Problemlösen (8). Dazu nutzen die Lerner die untergeordneten Lernformen als Werkzeuge, soweit das nötig ist. Problemlösen etwa im Rahmen von Projektarbeit verlangt nach selbstständig arbeitenden und motivierten Lernern mit kritischer Kompetenz.

Übersetzungskompetenz | 6.9

Das Übersetzen und Dolmetschen, das heißt die translatorische Übersetzung im Kompetenz, spielt im Fremdsprachenunterricht schon länger eine Unterricht besondere Rolle. In der Grammatik-Übersetzungsmethode ist sie Hauptziel und Grundlage des Fremdsprachenunterrichts. Obwohl sie seit der audiolingualen Methode und bis heute im kommunikativen Ansatz nicht vermittelt wird, werden Übersetzungsübungen im schulischen Unterricht weiterhin durchgeführt, vor allem im Englisch- und Französischunterricht. Was hat es mit dem Übersetzen auf sich?

Während man früher annahm, dass sich die Schüler mit vielen Übungen zum Übertragen von einer Sprache in die andere gerade auch im Anfängerunterricht Wissen und Denkstrukturen der fremden Kulturen aneignen und damit gleichzeitig ein hohes Strukturbewusstsein in der eigenen Sprache ausbilden, geht man heute davon aus, dass solche Übertragungsübungen erstens bereits eine hohe Sprach- und Kulturkompetenz in beiden Sprachen und Kulturen voraussetzen und zweitens eine Menge Fehler provozieren, wenn diese Kompetenzen nicht gegeben sind. Anders ausgedrückt:

Übersetzungen als
methodisches Mittel

Übersetzungen als methodisches Mittel wurden und werden häufig zu früh eingesetzt und führen damit zu Fehlern, großer Frustration bei Schülern und Lehrern und einem enormen Korrekturaufwand. Außerdem sind die meisten Übersetzungsübungen im schulischen Unterricht so funktions- und weltfremd, dass ihr Sinn Schülerinnen und Schülern nur mit Mühe vermittelbar ist, beispielsweise beim Übersetzen kontextloser Sätze, die nur grammatische Strukturen einüben sollen. Aus ähnlichen Gründen ist übrigens auch die Übersetzungsmethode beim Wortschatz, die Paarassoziation, weitgehend ineffizient und irreführend.

Bei der Entscheidung, ob Übersetzen im Unterricht sinnvoll ist oder nicht, spielen allerdings Zielsetzung und Methodenverständnis eine wichtige Rolle. Die interkulturelle Sprachdidaktik kennt zwei Fälle, in denen Übersetzen für den Erwerb der Sprache hilfreich ist: das Übersetzen als didaktische Brücke und das Anstreben von Übersetzungskompetenzen auf hohem sprachlichen Niveau.

Didaktische Brücke

Gelungene Übersetzungen verlangen eine hohe Sprachkompetenz, die höchstens bei fortgeschrittenen Lernern vorausgesetzt werden kann. Als Hilfsmittel der Bedeutungserschließung können Übersetzungen aber auch auf früheren Erwerbsstufen zur Bewusstmachung eingesetzt werden, gerade bei abweichenden Strukturen in Ausgangs- und Zielsprache. Es geht dabei also nicht um korrekte Übersetzungen oder darum, eine Übersetzungskompetenz zu erlangen. Vielmehr soll durch kontrastive Verfahren an bereits bestehendes Wissen angeknüpft werden. Die Lerner sollen ein Gefühl für die sprachlichen Unterschiede entwickeln. Ein idiomatischer Ausdruck wie Englisch *He is sitting on the fence* ist einem deutschen Schüler durch eine bildliche Hilfsübersetzung wie *Er sitzt auf dem Zaun* plausibler zu machen als durch umfangreiche und abstrakte Erklärungen. Das hier verwendete Bild der Ausgangssprache des Lerners ist für ihn anschaulich und ungewöhnlich. Das kann man sich einprägen, natürlich verbunden mit dem Wissen, dass man in solchen Kontexten im Deutschen eher *zwischen den Stühlen sitzt* oder sich anderweitig nicht entscheiden kann. Das Übersetzen kann hier eine sinnvolle, aber begrenzte Überbrückungsfunktion zwischen Ausgangs- und Zielstrukturen übernehmen. Dadurch findet gleichzeitig eine Bewusstmachung von Bedeutungsstrukturen der eigenen Sprache statt. Mit der Zeit kann der Lerner auf die Hilfsübersetzung verzichten (siehe dazu auch Kapitel 7, Seite 224f.).

Hilfsübersetzungen im Unterricht

Zu den wichtigsten traditionellen Methoden des Hilfsübersetzens im Unterricht gehören die folgenden:

Das imitative Übersetzen: Anhand dieser Übersetzungsmethode werden im Unterricht vorgegebene Muster der Fremdsprache geübt und imitiert (automatisiert). Es geht also nicht um eigenständiges oder kreatives Übersetzen, sondern vielmehr um das Reproduzieren zuvor erarbeiteter Strukturen und zuvor eingeführten Wortschatzes, zum Beispiel in Anlehnung an einen vorangehenden Lektionstext.

Das grammatische Übersetzen: Zur Illustration und Einübung grammatischer Strukturen der Fremdsprache werden identische oder sehr ähnliche Satzmuster intensiv bearbeitet. Der Kontext spielt dabei keine oder eine untergeordnete Rolle. In der Grammatik-Übersetzungsmethode ist das grammatische Übersetzen eines der wichtigsten Verfahren und Ziele. Die Sätze sind dabei meist so weit von jedem authentischen kommunikativen Kontext abgehoben, dass sie in der Realität kaum jemals verwendet werden. Als Hilfsübersetzungen sind solche Übungen nicht Ziel, sondern nur kurzzeitiges Hilfsmittel des Lernens.

Das bildliche Übersetzen: Bildliche Begriffe, besonders Redewendungen und Metaphern, werden zur Verdeutlichung der Konzeptwelt in die andere Sprache übertragen. Farben, Gegenstände, Ereignisse und Tiernamen eignen sich hierfür besonders. Solche Hilfsübersetzungen führen auch unweigerlich zu der Frage, warum es eigentlich in der eigenen Sprache so heißt, wie es heißt. Zur Veranschaulichung der Problematik könnte man versuchen, den folgenden Text in eine andere Sprache zu übersetzen:

Tierischer Ernst

Auch auf einem Weg
der für die Katz ist
kann man auf den Hund kommen
wenn man nicht Schwein hat.
Erich Fried

Gerade in einer globalisierten Welt hat das Übersetzen als kulturvermittelnde Kompetenz einen zentralen Stellenwert. Man spricht auch von **translatorischer Kompetenz**. Bei der Diskussion um das Übersetzen im Fremdsprachenunterricht wird meistens übersehen, dass sowohl das Übersetzen schriftlicher Texte als auch das Dolmetschen mündlicher Kommunikation aus einer Ausgangssprache in eine Zielsprache oder umgekehrt eigenständige Lernziele darstellen, die erst auf der höchsten Stufe des Spracherwerbs umgesetzt werden können. Je enger Kulturen in Kontakt treten, desto größer wird die Notwendigkeit, Vermittlungskompetenzen, interkulturelle und translatorische Kompetenzen zu erwerben (siehe auch die Ausführungen zur Interkulturellen Sprachdidaktik in Kapitel 7). Ganz besonders gilt das natürlich für den Berufsstand der Dolmetscher und Übersetzer, die in den entsprechenden Studiengängen und an Sprachen- und Dolmetscherinstituten ausgebildet werden, aber auch für alle, die als Dienstleister intensiv mit fremden Kulturen zu tun haben. Das kann in der Wirtschaft, der Sozialarbeit, der Medizin, der Schule oder im Profifußball der Fall sein.

Die Lernziele der Translation lassen sich nach Form, Zweck und Fokus unterscheiden. Im Gegensatz zur früheren strukturtreuen Entsprechung der Übersetzungen, bei der die Strukturen der einen Sprache eins zu eins in die andere übertragen werden, geht man heute allgemein davon aus, dass Übersetzungen eine funktionale Entsprechung herstellen sollen. Man spricht hier auch von **Äquivalenz**, **Adäquatheit**, **Gleichwertigkeit** oder **Angemessenheit** der Übersetzung. Das bedeutet, dass die Ausgangstexte unter Berücksichtigung pragmatischer Faktoren der Kommunikation, also der Kommunikationssituation, des Kontextes, der Textsorte, der beabsichtigten Wirkung und so weiter übersetzt werden sollen. Da es aber in der Regel nicht möglich ist, Eins-zu-eins-Äquivalenzen in allen Bereichen der Kommunikation herzustellen, müssen die genannten Ebenen je nach Kontext der Übersetzung priorisiert und hierarchisiert werden.

Funktionales Übersetzen

Die Translation in dem beschriebenen Sinne hat somit ganz andere Ziele als die Hilfsübersetzungen im Unterricht. Sie setzt zudem hervorragende Sprach- und Kulturkenntnisse in den beteiligten Sprachen voraus.

6.10 | Methodik

Welche Methoden im Unterricht verwendet werden, hängt von der jeweiligen Zielsetzung des Unterrichts und den Ausgangsbedin-

gungen der Lerner ab. Die Wahl der Methoden ist also nicht willkürlich, sondern steht im Zusammenhang mit den Lernzielen, den
Lernervariablen und den Lernbedingungen. Als Lehrkraft muss
man immer überprüfen, ob die gewählte Methode dem Zweck tatsächlich entspricht und in der betreffenden Lernphase auch tatsächlich angebracht ist. Für jede Unterrichts- beziehungsweise
Lernphase gibt es eigene Methoden: vorbereitende, entdeckende,   Lernphasen
rezeptive, einführende, strukturelle, produzierende, automatisie-
rende, reflektierende. Entsprechend ist der Sprachunterricht in der
Regel auch in Phasen unterteilt, die vom Rezeptiven zum Produktiven aufeinander aufbauen. Als Grundschema eines Fremdsprachenunterrichts, der von der Steuerung (Instruktion) zum selbstständigen Lernen führt, empfiehlt sich ein 5-stufiger Aufbau aus:

Aktivierung/Vorentlastung/Einführung	Grundschema des
Thematische Differenzierung	Fremdsprachen-
Strukturelle Differenzierung	unterrichts
Erweiterung/Expansion	
Integration/Reflexion	

Phase 1 aktiviert das Vorwissen und kann es dabei bereits erweitern. Lernen ist immer dann effizient, wenn es an bestehendes
Wissen anknüpfen kann, auch wenn dieses unvollständig oder stereotyp ist. Wird das Vorwissen mit Blick auf die anstehenden Aufgaben erweitert, spricht man auch von **Vorentlastung** (advance orga-
nizers). Aktivierungen und Vorentlastungen können zum Beispiel
durch Assoziationsübungen geschehen. In dieser Phase steuert und   Assoziation
moderiert die Lehrkraft den Unterricht vergleichsweise stark
(unter anderem auch durch explizite Einführungen), bezieht die
Lerner aber in jede Aktivität mit ein (Plenum, Partnerarbeit, Gruppenarbeit).

Nach der **Aktivierungsphase** setzt die eigentliche Beschäftigung
mit dem ausgewählten Thema ein (**thematische Differenzierung**). Das
geschieht meist mit mündlichen oder schriftlichen Texten oder
Redemitteln. Entdeckende Verfahren können dabei sehr gut zum   Entdeckende Verfahren
Zuge kommen, sofern die Lerner mit Methoden eigenständigen
Lernens vertraut sind. Am besten lassen sich die in Frage stehenden Aspekte in ihrer authentischen Umgebung, das heißt im Text
illustrieren. Geeignet für diese Aufgaben sind Unterstreichungen
von Bekanntem und Neuem oder die Formulierung von Suchfra-

gen, die dann von der Lerngruppe weiterverfolgt werden. In dieser Phase geht die wesentliche Steuerung von den Texten und Aufgaben aus. Je nach Lernniveau, Lerntradition, Lerntyp, Schwierigkeit und Aufgabenstellung beteiligen sich die Lerner aber aktiv an der Entwicklung des Unterrichts.

In der folgenden Phase der **strukturellen Differenzierung** werden die gewonnenen Ergebnisse aufgenommen und systematisch vertieft, erklärt, an weiteren Beispielen illustriert und gegebenenfalls gesteuert geübt. In dieser Phase sollten gezielt die Grammatik und der Wortschatz sowie Arbeits- und Lernstrategien und Techniken zur Behaltenssteigerung behandelt werden. Naturgemäß ist in dieser Phase auch das Expertenwissen der Lehrkraft besonders gefragt. Die Lerner sollen dieses Expertenwissen jedoch schrittweise selbst herstellen und sich besorgen können. Das geschieht durch die Vermittlung von Strategien, Techniken und Methodenwissen.

Arbeits- und Lernstrategien

Das so Vertiefte wird in der **Expansionsphase** an einen weiteren, etwas schwierigeren Text zurückgetragen oder in eine komplexere Aufgabe integriert, zum Beispiel als Projektarbeit. So können auch die verschiedenen Kompetenzen der Lerner in gegenseitiger Ergänzung am besten genutzt werden. Das vorher Erarbeitete soll erprobt, gefestigt und erweitert werden. Auch können einzelne grammatische Grundregeln im Laufe der Arbeit vertieft und verfeinert werden. Die Aktivitäten gehen stärker auf die Lerner über. Die Lehrkraft tritt in die Rolle eines Moderators zurück und leistet Hilfestellungen, wo diese noch nötig sind.

Projektarbeit

In der letzten Phase, der **Integrations- und Reflexionsphase**, sollen die Lerner das Gelernte selbstständig in ihre Wissensstrukturen integrieren, anwenden und auf neue Kontexte übertragen (Transfer), dabei auch reflektieren und als Gesamtheit betrachten. Für diese Phase eignen sich Texte und Aufgaben, die die Lerner fordern, aber nicht überfordern. Die Lehrkraft wirkt idealerweise nur in der Rolle eines Tutors oder Gesprächspartners mit. Wenn die Arbeit am Unterrichtsthema Interesse erzeugt hat, sollte sie von den Lernern selbstständig fortgesetzt werden.

Transfer

Nicht immer gelingt es, ideale Bedingungen oder Abläufe im Unterricht herzustellen. Durch die aktive Beteiligung der Lerner, die auch die Übernahme von Verantwortung impliziert, gelingt das meist am besten.

Handlungsbezogener Unterricht | 6.11

Unterricht hat als geschützter Raum viele Vorteile für das Erlernen einer Sprache: Er bietet in der Regel mehr Zeit als im flüchtigen natürlichen Spracherwerb zur Verfügung steht und erlaubt daher, gezielt Fragen zu den Strukturen der fremden und eigenen Sprache und Kultur zu stellen und diese zu bearbeiten. So ermöglicht er, in grammatischen oder anderen strukturellen Auszeiten intensiv Probleme der Fremdsprache zu besprechen und zu üben. Der Fremdsprachenunterricht ist aber nur ein Hilfsmittel zum Erwerb neuer sprachlicher und interkultureller Kompetenzen und nicht das eigentliche Ziel. Daher sollte im Unterricht jede Möglichkeit genutzt werden, das Unterrichtsgeschehen an die authentische Welt außerhalb des Unterrichts anzubinden. Durch das Erfahren von und den kreativen Umgang mit Sprache wird das Interesse der Lerner gefördert und die Verankerung der sprachlichen Handlungen im Gedächtnis gesteigert. Damit realisiert der Lerner komplexe Denkoperationen, die ihn zu selbstständigem Lernen befähigen. **Authentisches Handeln**

Im Mittelpunkt des Fremdsprachenunterrichts kann daher nicht das Fehlerfinden oder −korrigieren stehen, denn dadurch wird es den Lernern nur schwer gemacht, selbstständig Sprache zu produzieren, auszuprobieren und kreativ zu sein. Trotz der angestrebten Selbstständigkeit findet Lernen am besten interaktiv in einer Lernergruppe statt, da auf diese Weise Sprache in authentischen Situationen zur Anwendung kommen kann. In einer Lernergruppe lassen sich darüber hinaus unterschiedliche Kompetenzniveaus ausgleichen. Die durch Thema und Aufgabenstellung einerseits gesteuerte, andererseits aber hinsichtlich der Kreativität freie Sprachanwendung, macht es sowohl schwächeren als auch fortgeschritteneren Schülern möglich, individuell ihr Sprachkönnen auszubauen. In diesem Miteinander haben alle die Möglichkeit, von anderen Lernern zu lernen. Für nachhaltiges Lernen ist es wichtig, dass die Lerner stets versuchen, aus ihrer Umgebung heraus aktiv Sinn zu konstruieren. **Miteinander Lernen**

Ein interaktiver handlungsbezogener Fremdsprachenunterricht liefert also authentische, kontextreiche Kommunikationssituationen, situiert die dafür nötigen Sprachmittel, fordert und fördert das Interesse der Schüler, spricht die emotionale Intelligenz direkt an, verlangt Flexibilität und Variation in der Kommunikation und praktiziert damit soziale Kompetenzen. Er bietet so auch einen idealen Einstieg zum selbstständigen Weiterlernen über den Unter- **Förderung und Forderung** richt hinaus, das heißt, er besitzt Relevanz für die Lerner und ist damit ein authentischer Teil ihres Lebens.

In einem formal ausgerichteten Sprachunterricht tritt die Funktion der Sprache oft in den Hintergrund und es ist für die Schüler meist nicht ersichtlich, wozu die vermittelten sprachlichen Mittel, wie Wissen über grammatische Strukturen, aber auch Wortschatz, benötigt werden. Selbst bei erwachsenen Lernern, denen in der Regel ein formales Lernen möglich ist, ist ohne Handlungsbezug nur eine geringe Erinnerungswahrscheinlichkeit zu erwarten.

Szenariendidaktik

In der Szenariendidaktik können unterschiedliche Lerninteressen, Lernertypen und Lernwege berücksichtigt werden, da man keinem starren Unterrichtsschema folgen muss. Denn wie im ungesteuerten Spracherwerb stehen der kommunikative Zweck und die Sprachanwendung im Mittelpunkt des Unterrichtsgeschehens. Das Behalten der vermittelten Strukturen wird in der Verzahnung von Handlungsbezug, Vermittlung sprachlicher Mittel und aktiver Sprachanwendung wesentlich erleichtert.

Sprachliches Handeln und Grammatikvermittlung schließen sich nicht aus. In Handlungszusammenhängen, Aufgaben und Spielen können bei jeder Sprachaktivität in einem Lernszenario auch grammatische Strukturen gefördert werden. Dabei kann die handlungsbegleitende Sprache effektiv für das Sprachenlernen genutzt werden.

Beispiel

Lernszenarios im Fremdsprachenunterricht mit Kindern

Ein Sprechanlass zum Erwerb von Verbformen und -zeiten könnte zum Beispiel so aussehen: Die Schüler basteln etwas; dabei werden die Tätigkeiten von der Lehrkraft und, wo möglich, von Schülern, die die Sprache bereits besser beherrschen, zunächst im Präsens als handlungsbegleitendes und bei Schulkindern beliebtes handlungsvorbereitendes oder -ankündigendes Sprechen benannt. Nach der Fertigstellung der Bastelarbeiten werden die Ergebnisse besprochen und kommentiert. In dieser Phase wird ganz natürlich das Perfekt verwendet. Ausschlaggebend sind die Sprachanwendung und der Sprachkontakt in einer authentischen Situation.

Tragende Elemente einer systematischen handlungsbezogenen Sprachdidaktik

Unterrichtskonzept

▶ Offene und flexible Strukturen und Prozesse (Instruktion und autonomes Lernen im Sinne konstruktivistischer Verfahren)

▶ Erwerb als Prozess, auch als lebenslanges Lernen, gefördert durch Lernstrategien und Techniken zur Nutzung vielfältiger Lernressourcen

▶ Erwerb von enzyklopädischem und prozeduralem Wissen

▶ Vermittlung funktionaler Kompetenzen in unterschiedlichen Sprachen und Varietäten (Textsorten, Diskurstypen und Ähnliches)

▶ Vermittlung von Medienkompetenz

▶ Vermittlung interkultureller Kompetenzen (inklusive Vermittlungsstrategien, Konfliktidentifikation, -vermeidung und -management)

▶ Erwerb sozialer Kompetenzen

▶ Vermittlung von Methodenkompetenz auch für Lerner

▶ Aktivierung des Lerners (Lernerzentriertheit, Lernerinteressen)

▶ Progression vom Verstehen in Richtung auf die aktive Verwendung der Sprache

▶ Kreative und offene Verwendung von Sprache im Sinne des Sprachhandelns

▶ Wichtige Rolle von Parallelinformation, insbesondere von Visualisierung und Realien, bei der Herstellung der Bedeutung, der Erklärung von Situationsrahmen und der Konzeptualisierung kommunikativer Aufgaben

▶ Nutzung verschiedener kommunikativer Konstellationen (Sozialformen) mit Schwergewicht auf Interaktivität, einschließlich Partnerarbeit und Gruppenarbeit

▶ Aufgabencharakter: breite Variation der Übungstypen

▶ Einsatz authentischer Texte und Übungen

▶ Projektarbeit

▶ Lernen durch Lehren

▶ Erwerb weiterer Schlüsselqualifikationen (Umgang mit Ressourcen und Ähnlichem)

▶ Einbeziehung der Eltern und des Umfeldes

▶ Sprachkurse gegebenenfalls auch für Eltern (in Integrationskontexten)

▶ Zusammenarbeit mit externen Partnern
▶ Durchführung innerer und äußerer Evaluationen

Kommunikationskonzept:
▶ Kontextualisierung der Kommunikation
▶ Handlungsorientierung und Nutzbarkeit der Sprache; daher authentische Sprache und Berücksichtigung verschiedener Ebenen der Sprachverwendung (soziale, pragmatische, grammatische ...)
▶ Anbindung an Vorwissen und bekannte Konzepte des Weltwissens
▶ Vermittlung zwischen Kulturen
▶ Funktionale Mehrsprachigkeit

Grammatik:
▶ Begleitende Rolle der Grammatik
▶ Grammatik als Werkzeug
▶ Grammatikvermittlung nach Bedarf der Lernziele, zum Beispiel gezielt für Verstehenszwecke (Verstehensgrammatik); Sprech- und Schreibzwecke (Produktionsgrammatik) oder didaktische Zwecke (didaktisierte Grammatik)
▶ Sprachliche Funktionen gehen vor formale Aspekte (funktionale Grammatik)

Ein handlungsbezogener interkultureller Fremdsprachenunterricht erfordert besondere Qualifikationen der Lehrkräfte. Die Kriterien lassen sich stichwortartig in einem Profil für professionelle Sprachlehrerinnen und Sprachlehrer zusammenfassen:

Profil einer professionellen Sprachlehrerin:
Die Lehrkraft
▶ hat ein ausgeprägtes pädagogisches Bewusstsein entwickelt,
▶ hat die Befähigung zu einem ideenreichen, kreativen Unterricht, in dem der einzelne Lerner und sein Fortschritt im Mittelpunkt stehen (keine starren Strukturmodelle),
▶ begründet den Unterricht auf dem Vorwissen und den unterschiedlichen Kompetenzen der Schüler und leitet schrittweise zur Zielkultur und zu Vermittlungskompetenzen zwischen den Kulturen,
▶ geht auf unterschiedliche Lernertypen ein,
▶ stellt das Lernen (nicht das Lehren) in den Mittelpunkt des Unterrichts,

▶ weiß, wie man Lernen lernt,
▶ kann nach Lernstrategien differenzieren,
▶ ist Methoden- und Strategienvermittler,
▶ besitzt interkulturelle Kompetenzen: hört auf die Verschieden-
  heit der Lerner schon im eigenen muttersprachlichen Kontext,
  erzieht zum Respekt vor der jeweiligen Andersartigkeit, überträgt diese Haltungen auf den interkulturellen Kontext und
  nützt die Anwesenheit von mehrsprachig aufwachsenden oder
  zielsprachigen Schülern als Lernchance für alle,
▶ motiviert unterschiedlich begabte Schüler durch angemessene
  Angebote,
▶ hat fachliches Wissen,
▶ beherrscht Variationen im Unterricht: methodisch, medial und
  sozial und kann sie angemessen einsetzen,
▶ kann mit den neuen Medien umgehen und setzt sie ein,
▶ versteht die Prinzipien von Kommunikationsabläufen, insbesondere in interkultureller Kommunikation,
▶ kann ein angenehmes Lernklima herstellen,
▶ kann mit Schülern, Kollegen, Eltern und außerschulischen Ein-
  richtungen kooperieren und außerschulisches Lernen organisieren,
▶ kennt die Aktivitäten, die rings um Unterricht und Schule mit
  zu ihrem Arbeitsbereich gehören,
▶ ist Berater, Moderator, Initiator,
▶ ist aktiver Mitgestalter des Curriculums.

Übungsaufgaben zur Wissenskontrolle | 6.12

1. In welchem Verhältnis stehen Fertigkeiten zu Aufgaben im
   Fremdsprachenunterricht?
2. Was ist das Besondere am *Lehrplan Deutsch als Zweitsprache*?
3. Welche Formen des Lesens und welche Lesetechniken gibt es?
4. Wie würden Sie Fertigkeiten im Unterricht vermitteln oder
   sich diese in zielsprachlicher Umgebung am besten aneignen?
5. Wie funktionieren Bruchstellen und wie kann man als Lehrkraft produktiv damit umgehen?
6. Woraus besteht die Hierarchie der Lernarten und wie kann
   man sie sinnvoll im Fremdsprachenunterricht einsetzen?
7. Wie kann man Übersetzungen als didaktische Brücken nutzen?

8. Was versteht man unter translatorischer Kompetenz?
9. Welche Elemente umfasst das Profil einer guten Fremdsprachenlehrerin?
10. Auf welche Weise könnten Sie die Prinzipien handlungsorientierten, kommunikativen und interkulturellen Fremdsprachenunterrichts umsetzen?

6.13 | Weiterführende Literatur

Ahrens, Rüdiger (2004): Mehrsprachigkeit als Bildungsziel. In: Bausch, Karl-Richard/Königs, Frank/Krumm, Hans-Jürgen (Hg.): Mehrsprachigkeit im Fokus. Tübingen. 9-15.

Burwitz-Melzer, Eva (1999): Literatur (nicht nur) für Kinder. Koblenz. (Studienbrief, Universität Koblenz-Landau).

Edelhoff, Christoph/Weskamp, Ralf (Hg.) (1999): Autonomes Fremdsprachenlernen. Ismaning.

Ehlers, Swantje (1992): Lesen als Verstehen. München.

Finkbeiner, Claudia (2005): Interessen und Strategien beim fremdsprachlichen Lesen. Tübingen. (Besonders zu empfehlen: Kapitel 2 zu Lernstrategien und Kapitel 7 zu Leseszenarien mit praktischen Vorschlägen für den Unterricht).

Glück, Helmut (1988): Schreiben in der Fremdsprache Deutsch. In: Lieber, Maria/Posset, Jürgen: Texte schreiben im Germanistik-Studium. München. 25-43.

Grotjahn, Rüdiger (1998): Ausspracheunterricht: Ausgewählte Befunde aus der Grundlagenforschung und didaktisch-methodische Implikationen. In: *Zeitschrift für Fremdspachenforschung* 9,1. 35-83.

Häublein, Gernot et al. (1995): Memo. Wortschatz- und Fertigkeitstraining zum Zertifikat Deutsch als Fremdsprache. München.

Hirschfeld, Ursula (2001): Vermittlung der Phonetik. In: Helbig, Gerhard (Hg.): Deutsch als Fremdsprache. Ein Internationales Handbuch. Berlin/New York, 872-879.

Hölscher, Petra (2001): Profil einer Schule der Zukunft, die konsequente Chancengleichheit ermöglicht. In: Arbeitsstab Forum Bildung in der Geschäftsstelle der Bund-Länder-Kommission für Bildungsplanung und Forschungsförderung (Hg.): Materialien des Forum Bildung: Förderung von Chancengleichheit. Vorläufige Empfehlungen und Expertenbericht. Bonn.

Hölscher, Petra et al. (2003/2004): Lernszenarien. Ein neuer Weg, der Lust auf Schule macht. Teil 1: Vorkurs; Teil 2: Sprachhandeln in den Klassen 1 bis 4 interkulturell – integrativ – interaktiv. Oberursel.

*****Jung**, Udo (2006): Praktische Handreichung für Fremdsprachenlehrer. Frankfurt. (Sehr umfangreiches auf die Unterrichtspraxis ausgerichtetes Handbuch. Pflichtressource für alle Sprachlehrer).

Klein, Horst (2002): Das Französische: die optimale Brücke zum Leseverstehen romanischer Sprachen. In: *französisch heute* 33,1. 34-46.

*****Klein**, Horst/Stegmann, Tilbert (2001): EuroComRom – Die Sieben Siebe. Romanische Sprachen sofort lesen können. Aachen. (Praktische Umsetzung einer Methode zur Vermittlung rezeptiver Fertigkeiten auf Basis einer romanischen Brückensprache (meist Französisch). Geeignet für eine Übertragung auf andere europäische Sprachsituationen).

*****Kleppin**, Karin (1998): Fehler und Fehlerkorrektur. München. (Ausführliche und grundsätzliche Darstellung von Korrekturverfahren).

Königs, Frank (1998): Übersetzen im Fremd-sprachenunterricht: Theoretische Erwä-gungen und praktische Anregungen. In: Jung, Udo (Hg.): Praktische Handreichung für Fremdsprachenlehrer. Frankfurt. 95 – 101.

Kussmaul, Paul (2000): Kreatives Übersetzen. Tübingen. (Gut verständliche Einführung in die Übersetzungstheorie und -praxis).

Meißner, Franz-Joseph/Burk, Heike (2001): Hörverstehen in einer unbekannten roma-nischen Fremdsprache und methodische Implikationen für den Tertiärspracher-werb. In: *Zeitschrift für Fremdsprachenfor-schung* 12,1. 63-102.

Meißner, Franz-Joseph (2001): Vom indukti-ven zum konstruktiven Lehr- und Lernpa-radigma. In: Meißner, Franz-Joseph/Rein-fried, Marcus (Hg.): Bausteine für einen neo-kommunikativen Französischunter-richt. Lernerzentrierung, Ganzheitlichkeit, Handlungsorientierung, Interkulturalität, Mehrsprachigkeitsdidaktik. Tübingen. 21-50.

Müller-Hartmann, Andreas/Schocker von Dit-furth, Marita (Hg.) (2004): Perspektiven aufgabenorientierten Fremdsprachenler-nens. Tübingen.

*****Piepho**, Hans-Eberhard (2003): Lerneraktivie-rung im Fremdsprachenunterricht. ,Szena-rien' in Theorie und Praxis. Hannover. (Grundlegende und praxisorientierte Dar-stellung der Szenariendidaktik).

*****Rampillon**, Ute (1996): Lerntechniken im Fremdsprachenunterricht – Handbuch. Ismaning. (Grundlegende Zusammenfas-sung von Lernstrategien und –techniken und Handreichung für den Unterricht).

*****Rampillon**, Ute (2000): Aufgabentypologie zum autonomen Lernen. Ismaning. (Mit zahlreichen Arbeitsblättern und Anregun-gen zur Vermittlung von Techniken und Strategien im Unterricht).

Rampillon, Ute/Zimmermann, Günther (Hg.) (1997): Strategien und Techniken beim Erwerb fremder Sprachen. Ismaning.

Richter, Regina (1999): Computergestützte Ausspracheschulung: Software-Anforde-rungen und Programmangebot. In: *Zeit-schrift für Fremdsprachenforschung* 2. 257-276.

7 | Interkulturelle Sprachdidaktik

Inhalt

7.1   Sprache und Kultur 221

7.2   Interkulturelle Vermittlung 227

7.3   Bildkulturen 232

7.4   Landeskunde 233

7.4.1 Kulturstudien 236

7.4.2 Das Tübinger Modell einer integrativen Landeskunde .. 237

7.4.3. Interkulturelle/transkulturelle Landeskunde 239

7.5   Übungsaufgaben zur Wissenskontrolle 240

7.6   Weiterführende Literatur 240

Zusammenfassung

Die kommunikative Sprachdidaktik hat einen deutlichen Wechsel im Fremdsprachenunterricht vor allem dadurch bewirkt, dass sie das Augenmerk auf die authentische Alltagssprache in der zielsprachlichen Kommunikation gelegt hat. Zur Vermittlung von Fertigkeiten und Kompetenzen bedient sie sich folgerichtig auch der Methoden, die in der jeweiligen Zielkultur Standard sind. Das oberste Lernziel der kommunikativen Didaktik ist die muttersprachliche Kompetenz in der Fremdsprache. In letzter Zeit hat sich zunehmend gezeigt, dass dieses Ziel nur bedingt an Lerner und Lehrer zu vermitteln ist, die mit den Bildungsvorstellungen und den Methoden kommunikativer Kulturen nicht oder nur wenig vertraut sind. Gleichzeitig hat die Erforschung von Kulturen, interkultureller Kommunikation und des Fremdsprachenerwerbs neue Erkenntnisse gebracht, die uns

Wege zeigen, wie die Fremdheit des Lerners produktiv beim Sprachenlernen eingesetzt werden kann. Aus diesen Erkenntnissen verschiedener Disziplinen hat sich eine neue Didaktikgeneration gebildet, die als interkulturelle Sprachdidaktik bezeichnet wird. Ihr oberstes Ziel ist nicht die muttersprachliche Kompetenz, sondern die effiziente Nutzung der fremden Perspektive des Lerners. Die Lerner sollen zwischen Kulturen für sich selbst und andere vermitteln können. Das bezeichnet man als interkulturelle Kompetenz. Diese umfasst Fertigkeiten und Wissensgebiete, die über Sprache hinausgehen. Sprachliche Handlungskompetenzen spielen jedoch die zentrale Rolle. Bei der Darstellung des mentalen Lexikons wurde bereits gezeigt, wie Sprache und kulturelles Wissen verzahnt sind. Dadurch dass die interkulturelle Sprachdidaktik die Erkenntnisse mehrerer Disziplinen nutzt, ist sie ein Ansatz, der auf die Effizienz der Vermittlung und des Lernens ausgerichtet ist. Zu diesen Disziplinen gehören die Spracherwerbsforschung, die Lernpsychologie, die Linguistik und die interkulturelle Verstehensforschung (Hermeneutik). Dieses Kapitel illustriert, wie Fremdheit auf allen sprachlichen Ebenen die Kommunikation beeinflusst, dadurch aber auch systematisch in die Vermittlung von Fremdsprachen einbezogen werden kann.

Sprache und Kultur | 7.1

Sprache und Kultur gehören untrennbar zusammen. Sprache erwächst aus kulturellen Gegebenheiten und ist gleichzeitig daran beteiligt, sie zu schaffen. Mit Sprache benennen wir die für uns wichtigen Elemente der Welt und erzeugen so mentale Bilder. Wie

Mentale Bilder

sehr Sprache und Kultur verwoben sind, lässt sich an Beispielen aus verschiedenen Sprachen zeigen, die jeweils andere Perspektiven ausdrücken, als man sie im Deutschen kennt. Im Türkischen etwa spielt die Leber eine große Rolle als Bildspender in der Sprache, wo das Deutsche das Herz oder gegebenenfalls den Magen bemüht (*Liebe geht durch den Magen*). Um große Wertschätzung auszudrücken, wird im Türkischen *Cigerim* (wörtlich *meine Leber, mein Schatz*) benutzt. Dementsprechend verwendet man diese bildhafte Bezeichnung (Metapher) auch zum Ausdruck eines großen Schmerzes oder zum Ausdruck großer Sorge. *Cigerlerim büyüdü* (*die Leber wird groß*) sagt man dann und hat dafür im Deutschen am ehesten die Redewendung *mir bricht das Herz* als bildhafte Entsprechung zur Verfügung. Metaphern sind zwar besonders illustrativ, aber ganz ähnlich verhält es sich auch mit allen anderen Wörtern und sprachlichen Mitteln. Höflichkeit etwa wird in Sprachen sehr unterschiedlich ausgedrückt: Während man im Amerikanischen Ablehnung direkt kenntlich macht, formuliert man sie im Japanischen nur indirekt und ohne die Verwendung von *nein*. Auch das

Gesprächsmanagement

Gesprächsmanagement regeln Kulturen auf unterschiedliche Art: In indianischen Kulturen spricht man zum Beispiel betont langsam und macht lange Pausen, im Deutschen oder Englischen signalisiert langsames Sprechen Langeweile und lange Pausen drücken den Versuch des Redners aus, das Rederecht schnell abzugeben. Ähnliche sprachliche Mittel werden also in Sprachen unterschiedlich genutzt. In vielen Fällen fehlen auch Äquivalente. Sprachliche und außersprachliche Mittel werden stets vor dem Hintergrund der eigenen Sprach- und Konzeptwelt interpretiert. Dadurch können selbst durch einfache Begriffe und Pausenlängen gravierende Kommunikationsprobleme entstehen.

Beispiel

Wie unterschiedlich die Wahrnehmung der Welt und ihre sprachlichen Realisierungen sein können, zeigt der folgende Text einer Titelseite des Magazins der *Süddeutschen Zeitung* anhand von Metaphern verschiedener Sprachen für das Nichtverstehen.

Abb. 7.1

Metaphern für das Nichtverstehen in verschiedenen Sprachen

ICH VERSTEHE NUR BAHNHOF

Die Trommel ist in (der Stadt) Harasta, aber die Hochzeit in Duma
At-tabl fi Harasta wa-l-´irs fi Duma (Arabisch)

Ich höre ein Buch aus dem Himmel
Wo zai ting tianshu (Chinesisch)

Das kommt mir vor wie doppelt Holländisch
It's double Dutch to me (Englisch)

Das ist Volapük für mich
Tio estas volapukajo por mi (Esperanto; auch Volapük ist eine
künstliche Weltsprache)

Ich verstehe nur Steinplatte
J´y comprends que dalle (Französisch)

Ich verstehe nicht einmal „grunz"
Den katalawäno gri (Griechisch)

Ich verstehe davon weder hinauf noch hinunter
Ég skil hvorki upp né niour í pessu (Isländisch)

Ich habe keine getrocknete Feige verstanden
Non ho capito un fico secco (Italienisch)

Daran kann ich kein Tau festknüpfen
Ik kann er geen touw aan vastknopen (Niederländisch)

Ich sitze hier wie in einer türkischen Predigt
Siedze jak nu tureckim kazaniu (Polnisch)

Ich schaue wie ein Schaf auf ein neues Tor
Ja smotrju kak baran na novye vorota (Russisch)

Das klingt wie Chinesisch für mich
Me suena a chino (Spanisch)

Da verstehe ich Pilze
Tomu já houby rozumím (Tschechisch)

Wenn ich was verstanden habe, dann sei ich ein Araber
Anladiysam Arap olayim (Türkisch)

Vieles, was in Lerneräußerungen als grammatischer Fehler
erscheint, lässt sich auf fehlerhafte konzeptuelle Übertragungen
zurückführen. Zum Beispiel die Übertragung von Anredeformen in
verschiedene Sprachen: In manchen Sprachen, wie dem Englischen,
gibt es praktisch nur eine Anredeform. Im Deutschen und Französi-

Anrede

schen unterscheidet man zwischen *du* (*tu*) und *Sie* (*vous*) zur Markierung des Status einer Person und in wieder anderen Sprachen, wie dem Koreanischen, dem Japanischen oder dem Singhalesischen, gibt es eine ganze Reihe unterschiedlicher Anredeformen, je nach Sozial- und Berufsstatus, Verwandtschaftsgrad und Alter der angesprochenen Person. Die falsche Verwendung dieser Formen kann nicht nur zu großen Kommunikationsproblemen und in der Folge auch grammatischen Fehlern führen, sondern auch folgenreiche Kommunikationskonflikte auslösen.

Mechanische
Übersetzungen

Auch an mechanischen Übersetzungen, wie sie Übersetzungsmaschinen oder schlecht ausgebildete Übersetzer produzieren, kann man gut sehen, wie wichtig die Berücksichtigung kultureller Faktoren in interkultureller Kommunikation ist. Nehmen wir dazu einen beliebigen Text.

Beispiel

Liedtext zu
Major Tom *von*
Peter Schilling
(1983)

Major Tom

Gründlich durchgecheckt
steht sie da
und wartet auf den Start
Alles klar.
Experten streiten sich
um ein paar Daten
die Crew hat dann noch
ein paar Fragen, doch
der Countdown läuft.

Effektivität
bestimmt das Handeln
Man verlässt sich blind
auf den andern
jeder weiß genau
was von ihm abhängt,
jeder ist im Streß,
doch Major Tom
macht einen Scherz.
Dann hebt er ab und ...

Völlig losgelöst
von der Erde
schwebt das Raumschiff
völlig schwerelos ...

Übersetzung ins Englische:

> Thoroughly durchgecheckt it stands there and waits for the start everything clearly. Experts argue about a few data the crew have then still a few questions, but that COUNT down run. Effectiveness determines an acting one relies blindly on the other one everyone white exactly which on it depends, everyone is in the streb, but major Tom makes a joke. Then it takes off and ... Completely detached by the earth the spaceship floats completely weightlessly ...

Übersetzt man diesen Text mechanisch ins Englische, entsteht eine Reihe verschiedener Fehler. Dabei ist zu berücksichtigen, dass die Wortstellung, die Endungen und andere grammatische Eigenschaften meist angepasst sind (*it stands*, *waits*). Schwierigkeiten gibt es vor allem bei umgangssprachlichen Begriffen. *Alles klar* lässt sich lexikalisch als *everything clearly* fassen, gibt damit aber nicht die Gesamtbedeutung der Äußerung wieder, die in einem bestimmten kulturellen Kontext die angemessene ist. Auch den wichtigen Merkmalen der Textsorte Liedtext (Verse, Reime) wird die mechanische kulturfreie Übersetzung nicht gerecht. Selbst Grundbedeutungen von Begriffen wie *Handeln* oder *weiß* können nur schwer in den entsprechenden Kontext eingepasst werden. Das nötige kulturelle Wissen würde klären, welche Einträge im Wörterbuch ausgewählt werden müssten.

Der ultimative Test für die kontextuelle und damit kulturelle Angemessenheit einer sprachlichen Übertragung ist die Rückübersetzung. Durch eine angemessene Übersetzung und eine ebensolche Rückübersetzung müsste der Ausgangstext originalgetreu wiederhergestellt werden. Machen wir also den Test:

Rückübersetzung ins Deutsche:

> Gänzlich durchgecheckt, das es dort steht und den Anfang alles offenbar wartet. Experten argumentieren über einige Daten, welche die Mannschaft dann noch einige Fragen haben, aber dieser ZÄHLIMPULS laufen unten. Wirksamkeit stellt ein Fungieren man baut blind auf die andere jeder fest, das genau weiß ist, das von ihr abhängt, jeder ist im streb, aber in den HauptMarken Tom ein Witz. Dann entfernt sich sie und ..., Vollständig abgetrennt durch die Masse, die das Raumschiff vollständig weightlessly ...

Unser Beispiel ist zwar kein authentischer Text eines Schülers aus dem Unterricht, sondern die Produktion einer maschinellen Form der modernen kulturfremden Sprachvermittlung: die Übersetzungsmaschine von *Google* im Internet. Auch in Beipackzetteln

sowie Bau- und Reparaturanleitungen ausländischer Produkte können ähnliche Beispiele mangelnder Kenntnis der fremden Sprache
und Kultur in beliebiger Anzahl gefunden werden.

Eisbergschema

Wie umfangreich die kulturellen Bezüge der Sprache sind, illustriert das folgende Eisbergschema. Nur der obere Teil einer Kultur
ist überhaupt sichtbar. Das ist der Bereich des Essens, Tanzens, der
Kleidung und Rituale, kurz der Folklore, und der sprachlichen
Oberfläche. Was sich darunter verbirgt, hat tragenden Einfluss darauf, ist aber in der Regel nicht zu erkennen: Einstellungen, Werte,
Konzepte.

Abb. 7.2 | *Eisbergschema der kulturellen Einflüsse auf die Wahrnehmung und die
Sprache*

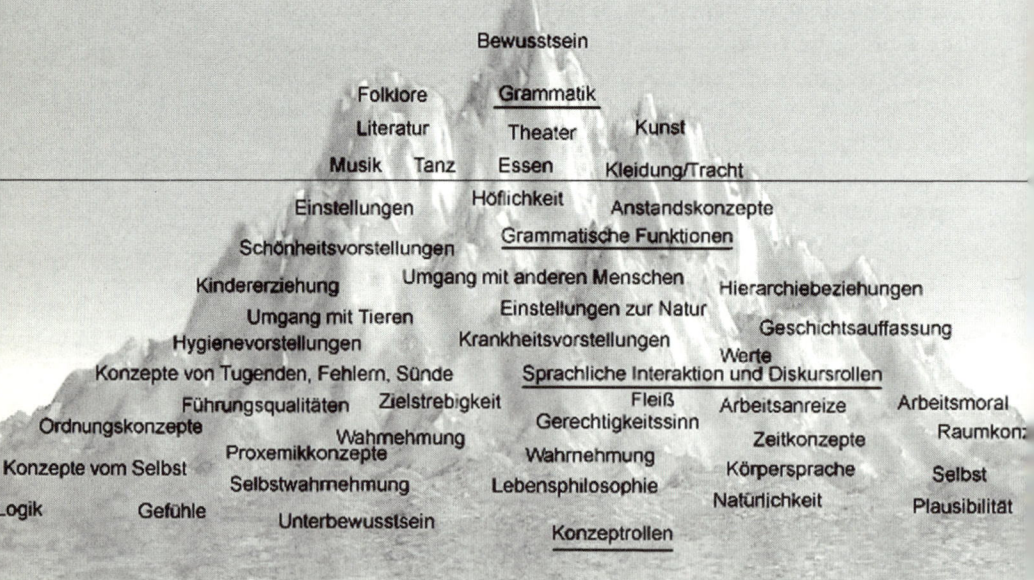

Einflussgrößen

Diese Einflussgrößen machen sich unter anderem folgendermaßen
bemerkbar:

▶ In der Neigung einer Kultur zum Individualismus oder Kollekti-
vismus,

▶ in der Rolle von Macht und Autorität in einer Kultur,

▶ in Bezug auf Akzeptanz, Toleranz und Erwartung von Kritik,
▶ durch Einstellungen zur Höflichkeit,
▶ durch die Vermeidung von unsicherem Verhalten/Auftreten,
▶ in einer spezifischen Auffassung von Geschlechterrollen,
▶ durch die Bedeutung der Religion in einer Kultur,
▶ in Zeit-, Raum-, Selbstkonzepten.

Auch wenn vieles davon nur implizit durch Sprache ausgedrückt wird, sind zahlreiche kulturspezifische Einstellungen und Werte in bestimmten Diskursmustern festgeschrieben, wie etwa in religiösen Ritualen. Die Sprache wird dabei beeinflusst von konzeptuellen Mustern und Kommunikationskonventionen und sie wird durch **außersprachliche Zeichensysteme** begleitet. Textsorten und Diskursmuster sowie Grammatik und Lautinventar bestimmen schließlich die Struktur näher an der wahrnehmbaren Oberfläche. So wird unter anderem gesteuert

Kommunikationskonventionen

▶ welche Themen ausgewählt oder besser vermieden werden,
▶ wie mit Tabuthemen umzugehen ist (zum Beispiel Liebe, Religion, Politik),
▶ in welcher Form kommunikative Stile erscheinen (zum Beispiel formelle oder informelle Stile für verschiedene Adressatengruppen),
▶ wie kulturspezifische Merkmale eine Textsorte oder ein Diskursmuster prägen (zum Beispiel die kulturell unterschiedlichen Formen von Zeitungsartikeln oder wissenschaftlichen Arbeiten),
▶ wieviel in Worten ausgedrückt werden muss oder implizit bleiben kann.

Interkulturelle Vermittlung | 7.2

Die Vermittlung zwischen unterschiedlichen Konzept- und Zeichensystemen kann nicht durch einfache Gegenüberstellung erreicht werden. Die kontrastive Linguistik und die aus ihr abgeleiteten Lehrverfahren haben das deutlich gezeigt (vergleiche Kapitel 4.2). Auch ein Nebeneinander verschiedener Kulturen führt nicht automatisch zu gegenseitigem Verstehen. Es müssen also Vermittlungsprozesse in Gang gesetzt und gestaltet werden, die zu einem

Gegenüberstellung

solchen Verstehen führen, das dem Fremden gerecht wird, die eigene Wahrnehmung aber nicht aufgibt. Dieser Zustand wird auch als der dritte Ort bezeichnet, eine erweiterte Perspektive, in die die ursprünglich eigene und die fremde eingehen.

Dritter Ort

Mit den Prozessen des Verstehens beschäftigt sich die **Hermeneutik**, die Wissenschaft vom Verstehen. Sie ist ursprünglich auf religiöse Texte wie das Alte Testament angewendet worden. Heute findet sie in der interkulturellen Hermeneutik ihren Anwendungsbereich im Vergleich der Kulturen. So kann man mit ihren Verfahren ergründen, woher die verschiedenen oben genannten Redewendungen zum Nichtverstehen kommen und wie man sie angemessen in die Bildsprache anderer Kulturen übersetzt.

Verstehen

Bei interkultureller Vermittlung geht es also nicht nur um das Vermitteln von Wissen über eine fremde Kultur, sondern auch um grundlegende Konzepte, Denkweisen und Lern- und Arbeitsmethoden. Reine Wissensvermittlung ist problematisch, da das Wissen aus der einen Kultur in die Begriffswelt der anderen übertragen werden muss. Es existiert nicht unabhängig von der Sprache. Außerdem gerät Wissen über fremde Kulturen leicht zu einer klischeehaften Wahrheit oder erstarrt zu Stereotypen. In zahlreichen Trainingsprogrammen für interkulturelle Kommunikation wird das deutlich, wie im Beispiel aus *Kiss, Bow or Shake Hands* auf Seite 229. Wie weit die dort gegebenen Informationen zutreffen, kann jeder selbst entscheiden.

Interkulturelles Training

Die Generalisierungen und Klischees reflektieren eine subjektive Sicht der fremden Kultur, die unter Umständen mehr über den Betrachter (Autor) sagt, als über die fremde Kultur. Besonders kritisch ist der Anspruch auf Allgemeingültigkeit, der in der Literatur und in Programmen zum interkulturellen Training meist erhoben wird. Er suggeriert kulturelle Einheitlichkeit und weckt damit Erwartungen, die der kulturellen Vielfalt und den Entwicklungsprozessen von Kulturen nur schwer gerecht werden können.

Sensibilisierung

Um derartige Generalisierungen und Klischees zu vermeiden, versucht man in jüngeren Trainingsprogrammen und in der interkulturellen Sprachdidaktik, Lerner für Fremdheit allgemein zu sensibilisieren. Das geschieht, indem die Aufmerksamkeit auf die Einflussfaktoren und Prinzipien von interkultureller Kommunikation gelenkt wird. Besonders gut geeignet ist dafür die Gegenüberstellung plastischer Anschauungsmaterialien, wie sie etwa in Redewendungen der Alltagssprache vorliegen. Dieses Verfahren bietet

Klischeehafte Darstellung der deutschen Kultur in einem Buch zum interkulturellen Training

| Abb. 7.3

Cultural Orientation

Cognitive Styles: How Germans Organize and Process Information

The Germans are generally closed to outside information, and they do not freely share information among units of the same organization. The younger generations are becoming more open. Germans are analytic and conceptual in their information processing. They are strongly committed to the universals of their culture. Friendships are not developed quickly, but they are deep and highly selective.

Negotiation Strategies: What Germans Accept as Evidence

Objective facts form the basis for truth. Feelings are not accepted in negotiations. A strong faith in the social democratic ideology influences Germans' perceptions of the truth.

Value Systems: The Basis for Behavior

One may find some differences in the value systems between what was once East and West Germany. The following three sections identify the Value Systems in the predominant culture—their methods of dividing right from wrong, good from evil, and so forth.

Locus of Decision Making

Germans are strongly individualistic, but cultural history must be considered in the decision-making process. Decision making is slow and involved, as all peripheral concerns must be taken care of in the process. Once a decision is made, it is unchangeable. Individual privacy is necessary in all walks of life, and personal matters are not to be discussed in business negotiations. It is important to develop a personal friendship with your counterparts.

Sources of Anxiety Reduction

Universal rules and regulations combined with strong internal discipline give stability to life and reduce uncertainty. There is a high need for social and personal order, and a low tolerance for deviant behavior. There is very little show of emotion because of strong internal structures and control. Fear or skepticism about the future (economic, political, social) breeds anxiety and pessimism.

Rückbetrachtung

Vorwissen

nicht nur tief gehende Einsichten in die fremde Kultur und Sprache, sondern eröffnet gleichzeitig neue Einblicke in die eigene. Diesen Vorgang der Rückbetrachtung bezeichnet man als **Reflexion**. Für interkulturelle Kommunikation ist er unabdingbar, weil alles Verstehen auf Vorwissen aufbaut und neues Wissen daran anschließt. Das folgende Beispiel aus dem interkulturellen Lehrwerk *Für- und Widersprüche* zeigt die geradezu spielerische Sensibilisierung mit Hilfe einer einfachen entdeckenden Zuordnungsaufgabe.

Beispiel

Abb. 7.4

Interkulturelle Sensibilisierung durch einen sprachkontrastiven Text im interkulturellen Lehrwerk Für- und Widersprüche

Interkulturelle Kompetenz

Auf der höchsten Stufe der interkulturellen Kompetenz sind Sprachenlerner in der Lage, die Kommunikation adäquat, mit verschiedenen Varietäten und kreativ zu gestalten. Dazu sind umfangreiche kulturelle Kenntnisse und interkulturelle Fertigkeiten nötig, die im Fremdsprachenunterricht schrittweise vermittelt werden können. In dem folgenden Beispiel aus *Für- und Widersprüche* dient eine Vorlage aus der *Rotfuchsserie* als Muster für Behördenkommunikation und als didaktisches Mittel zur Einübung kreativer Kommunikationsverfahren.

Vermittlung kreativer kritischer Kompetenzen für die interkulturelle Kommunikation an einem Beispiel aus dem interkulturellen Lehrwerk Für- und Widersprüche

Abb. 7.5

7.3 | Bildkulturen

Kulturspezifische Wahr-
nehmung

Auch die Wahrnehmung von Bildern ist nicht kulturfrei. In Unterrichtsmaterialien werden Bilder, Grafiken, Karikaturen und andere Arten der Visualisierung meist zu illustrativen Zwecken eingesetzt, die wenig Rücksicht auf die Wahrnehmung der Nutzer nehmen. Das didaktische Potenzial der Visualisierungen wird nur in seltenen Fällen genutzt, am ehesten bei der Darstellung grammatischer Regeln. Die Autoren und Lehrwerksproduzenten gehen von der Annahme aus, dass Bilder an sich eine verständliche Sprache sprechen, so wie die Musik, und dass es genügt, Zeichnungen oder Fotos von den Gegenständen der fremden Kultur abzubilden, um deren Bedeutung zu vermitteln.

Zeichenkonventionen

Bilder sind aber mentale Konstrukte und keine Eins-zu-eins-Abbildungen der Wirklichkeit. Ihre Wahrnehmung ändert sich von Betrachter zu Betrachter und ist kulturspezifisch geprägt. Selbst einfache, objektiv erscheinende Darstellungen erlauben unterschiedliche Lesarten. Während das Zebra in Deutschland als weißes Tier mit schwarzen Streifen gilt, betrachtet man es in Afrika als schwarzes Tier mit weißen Streifen. In Bildern, Cartoons, Comics oder Filmen kommen in westlichen Kulturen die positiven Charaktere (Protagonisten) von links nach rechts ins Bild, analog zur Leserichtung. Die Antagonisten betreten dagegen die Szene von rechts nach links, also entgegen der Leserichtung. In anderen Kulturen wie in Japan ist es dagegen genau umgekehrt. So haben visuelle Mittel einen wesentlichen Einfluss auf die Wahrnehmung der Welt und möglicherweise auf die Fehlinterpretation von Zeichen.

Auch der **Tabucharakter** von Bildern wird in der Sprach- und Kulturvermittlung häufig unterschätzt. Mehrere Lehrwerke im Bereich Deutsch als Fremdsprache wurden zum Beispiel in verschiedenen Kulturen zensiert oder durften nicht verkauft werden, weil sie Abbildungen von einem teilbekleideten Denkmal oder einer stillenden Mutter enthielten. Als kulturelle Produkte eröffnen Bilder wichtige Einblicke in die Denkweisen anderer Menschen und Kulturen. Wenn man den Zeichencode nicht kennt, kann man ähnliche Probleme erleben, wie sie in der sprachlichen Kommunikation auftreten können.

Internet

Bemerkenswert ist in diesem Zusammenhang auch die Überflutung mit visuellen Reizen durch das Internet, das weitgehend bildgestützt arbeitet und dabei zunehmend Animationen und Videos verwendet. Da das Internet grundsätzlich über Grenzen hinweg operiert, müsste dort besonders auf die interkulturelle Vermittelbarkeit visueller Nachrichten geachtet werden, vor allem natürlich in virtuellen Lehrangeboten. Gerade das ist aber nicht der Fall. Interkulturelles Missverstehen ist damit gerade in einem Bereich vorprogrammiert, der besonders hilfreich sein soll.

Landeskunde | 7.4

Im Rahmen der Neukonzeption der Sprachdidaktik kommt der Wissensvermittlung eine besondere Bedeutung zu: zum einen, weil sie an die Sprachvermittlung gebunden ist, zum anderen, weil auch Wissen kulturell bestimmt ist und deshalb interkulturell vermittelt werden muss. Aus der früheren **Kulturkunde** entwickelte sich die **kognitive Landeskunde**, der es in erster Linie um die Vermittlung von Faktenwissen über eine fremde Kultur ging. Im **kommunikativen Ansatz** umfasst dieses Wissen vor allem den gesamten Bereich des Alltagslebens. Im Rahmen der interkulturellen Sprachdidaktik ist die Landeskunde in den Sprachunterricht als komplexes sprachliches und außersprachliches Wissen integriert. Mit der **interkulturellen Landeskunde** wird versucht, ein interkulturell und interdisziplinär erweitertes Verständnis von Kultur zu entwickeln und in den Sprachunterricht zu integrieren. Dieses erweiterte Verständnis berücksichtigt insbesondere die Ausgangsbedingungen und Interessen der Lerner, aber auch die Lerntraditionen und Methoden ihrer Kultur, ist also nicht nur auf die Zielkultur gerichtet, sondern vermittelt zwischen Ausgangs- und Zielkulturen.

Formen der Landeskunde

Beispiel: Absurdes Theater

„Ein gutbürgerliches englisches Interieur mit englischen Fauteuils. Eine englische Abendunterhaltung. Mr. Smith, ein Engländer, mit seinen englischen Pantoffeln, sitzt in seinem englischen Fauteuil, raucht eine englische Pfeife und liest eine englische Zeitung an einem englischen Kaminfeuer. Er trägt eine englische Brille, einen kleinen grauen englischen Schnauz. Neben ihm, in einem zweiten englischen Fauteuil, Mrs. Smith, eine Engländerin, die englische Socken flickt. Ein langes englisches Schweigen. Die englische Wanduhr schlägt siebzehn englische Schläge.

Ionesco, *Die kahle Sängerin*

Mrs. Smith: Sieh mal an, es ist neun Uhr. Wir haben Suppe, Fisch, Kartoffeln mit Speck und englischen Salat gegessen. Die Kinder haben englisches Wasser getrunken. Wir haben gut gegessen heute abend, weil wir in der Umgebung von London wohnen und weil unser Name Smith ist."

Behaviorismus

So wie es der rumänische Autor Eugène Ionesco (1909-1993), der vorwiegend auf Französisch geschrieben hat, hier in der Einleitung zu seinem Anti-Stück *Die kahle Sängerin* karikiert, kann man sich das Landeskundeverständnis zur Hoch-Zeit des Behaviorismus in den 50er Jahren vorstellen. Ionesco hat sein absurdes Theater tatsächlich in Anlehnung an behavioristische Unterrichtsverfahren geschrieben. Aber nicht nur in Zeiten der audiolingualen und der audiovisuellen Methode war die Landeskunde unterentwickelt. Sie fristet von jeher ein Schattendasein im Vergleich zu Grammatik-, Wortschatz- und Aussprachearbeit. Hierfür gibt es eine Reihe von Gründen:

▶ Landeskunde gilt als weniger wichtig im Vergleich zu den Kernbereichen des Sprachunterrichts und lässt sich nur schwer systematisch fassen, daher wird ihr in der Regel weniger Zeit in Lehrplänen und im Unterricht eingeräumt.

▶ In der Lehrerausbildung wird das Thema nur am Rande behandelt, deshalb fehlt Lehrern häufig die Kompetenz oder Bereitschaft, landeskundliche Themen zu vermitteln.

▶ Die Erwartungen der Lerner orientieren sich verbreitet an den greifbaren Strukturen der Grammatik und des Wortschatzes.

▶ Selbst Prüfungsrichtlinien wie der *Gemeinsame Europäische Referenzrahmen* behandeln landeskundliche Kompetenzen nur am Rande.

Zusatzinformation

Lange Zeit galt die **Kulturkunde** als Lieferant von Zusatzinformationen über die fremde Kultur. Größe, Fläche, Geschichte, Literatur, Wirtschaftsdaten des fremden Landes und andere abfragbare Fakten prägten sie. Diese Art der auf Wissen ausgelegten Kulturkunde wird auch als **kognitive Landeskunde** bezeichnet. Aus dem großen *K* der Kulturkunde, die lange vor allem auch Wissen über die Klassiker der jeweiligen Literatur zu vermitteln versucht hatte, ist mit dem kommunikativen Ansatz des Sprachunterrichts ein kleines *k* der Alltagskultur geworden **(kommunikative Landeskunde)**. Im Mittelpunkt stehen damit Fragen zum Funktionieren der fremden Gesellschaft, ihrer Währung, ihrer Verkehrssysteme, ihrer Wohnverhältnisse, ihres Bildungssystems und Ähnliches. In manchen Lehrbüchern sind diese Informationen zwar in den Stoff der Kapitel integriert, vielfach sind sie aber auch in abgetrennten Informationskästen in der Erstsprache der Lerner zusammengefasst.

Alltagskultur

Eine der wichtigsten Fragen, mit denen sich die neuere Landeskunde beschäftigt, ist die nach der Berücksichtigung regionaler Gruppierungen, die nicht zum Mutterland der fremden Kultur gehören (**Plurizentrismus**). In englischsprachigen Ländern betrifft das die amerikanischen, kanadischen und australischen Kulturen, aber noch sehr wenig die anderen Regionen, in denen Englisch auch als Verkehrssprache gilt, wie in Indien, in Hong Kong und in vielen Ländern der Dritten Welt. Im Französischen ist die Situation mit dem französischsprachigen (frankophonen) Québec oder Belgien, der französischen Schweiz und vielen Ländern Afrikas ähnlich. Die französischsprachigen Länder haben sich übrigens unter dem Begriff der *Frankophonie* international zusammengeschlossen. Im Bereich Deutsch als Fremdsprache bemühen sich die Lehrwerke sichtlich, alle deutschsprachigen Länder zu berücksichtigen. Mit diesem Thema beschäftigen sich ausdrücklich die so genannten *D-A-CH-Thesen*, benannt nach den internationalen Abkürzungen der Länder.

Regionalität

D-A-CH-Thesen

Sowohl in den früheren Ansätzen der Kulturkunde- und Literaturvermittlung als auch bei der Vermittlung der Alltagskultur sind die Ausgangsinteressen und −perspektiven der Lerner wenig berücksichtigt worden. Daher haben sich seit den 70er Jahren mehrere Ansätze der kulturüberschreitenden Behandlung von Landeskunde entwickelt. Dazu gehören

▶ die **Kulturstudien** (*Cultural Studies, German Studies, Canadian Studies*) und andere, die sich auf die Vermittlung von gesellschaftlichen, historischen, wirtschaftlichen und politischen Themen des Ziellandes konzentrieren,

Kulturüberschreitende Ansätze

▶ die **integrative Landeskunde** (seit den 80er Jahren), die interdisziplinäre Themen aufgreift und diese von Experten der Ausgangs- und Zielkulturen gemeinsam für die Nutzung im Unterricht erarbeiten lässt, und

▶ die **interkulturelle** oder **transkulturelle Landeskunde** (ebenfalls seit den 80er Jahren), die den Schwerpunkt auf die Vermittlungsprozesse zwischen den Kulturen legt.

Der konzeptuelle Unterschied zwischen *inter-* und *transkulturell* ist bisher nicht so stark herausgearbeitet worden, dass man von zwei verschiedenen Ansätzen sprechen könnte. *Inter-* betont die Prozesse zwischen zwei eigenständigen (abgeschlossenen) Kulturen, *trans-* hebt dagegen auf die Durchlässigkeit der Kulturen und die gegenseitige Abhängigkeit der Verstehensprozesse ab.

Internationalisierung

Die genannten Ansätze, die sich mit dem zunehmenden wirtschaftlichen und politischen Interesse an fremden Kulturen und der Internationalisierung in politischen und wirtschaftlichen Organisationen (zum Beispiel in Europa) entwickelt haben, verfolgen das gemeinsame Ziel, von den traditionellen Formen der Landeskundeforschung und -vermittlung wegzukommen. Sie tun dies auf unterschiedliche Art und Weise.

7.4.1 Kulturstudien

German Studies

Die *German Studies* rücken wie die meisten Kulturstudien die zeitgenössischen kulturellen, sozialen, wirtschaftlichen und politischen Aspekte der deutschsprachigen Länder in ihrem geschichtlichen und internationalen Kontext in den Mittelpunkt ihrer Betrachtungen.

Damit setzen sie sich ausdrücklich von der traditionellen, Anfang bis Mitte des letzten Jahrhunderts aus Deutschland importierten Inlandsgermanistik besonders in den englischsprachigen Ländern ab. Diese Art der Inlandsgermanistik orientierte sich in Thematik, Methodik und Erkenntnisinteresse vor allem an einem überkommenen literarischen Kanon, der weder in den deutschsprachigen Ländern weiter verfolgt wird noch jenseits der deutschen Grenzen bei Lernern Interesse findet. Vergleichbar wäre dieser Ansatz mit einer englischen Landeskunde im deutschen Schulsystem, die über die Magna Charta, Robin Hood und Shakespeare nicht oder nur wenig hinausgehen würde und das Studium der heutigen wirtschaftlichen, politischen und sozialen Verhältnisse Großbritanniens, Irlands, der USA, Kanadas, Australiens und anderer englischsprachiger Länder völlig ausblenden würde.

Die drei wichtigsten Kriterien der Kulturstudien sind:
▶ Multidisziplinarität,
▶ Ausrichtung auf die Verhältnisse der Zielkultur,
▶ Aktualitätsbezug.

In diesem Rahmen beschäftigen sich zum Beispiel die *Canadian* **Themen**
Studies mit Themen wie dem kanadischen Multikulturalismus, mit
den Konsequenzen religiöser Vielfalt in einer Gesellschaft oder mit
unterschiedlichen kulturellen, historischen und politischen Konzeptionen von Freiheit, Gleichheit und Gemeinschaft. Die amerikanischen *German Studies* behandeln unter anderem Themen wie
Raum und Identität im türkisch-deutschen Film, die politische Kultur der höfischen Gesellschaften, Rassismus, Feminismus, Verwis-
senschaftlichungsprozesse in der deutschen Gesellschaft, Deutschland in Europa und Föderalismus. Trotz des starken Bezugs auf
Aktualität und Multidisziplinarität spielen in den USA auch historische Themen wie die Literatur des Barock oder der Zweite Weltkrieg und seine Folgen eine große Rolle.

Das Tübinger Modell einer integrativen Landeskunde | 7.4.2

Einen in vieler Hinsicht ähnlichen Ansatz wie die Kulturstudien **Interdisziplinarität**
vertritt auch das *Tübinger Modell einer integrativen Landeskunde*. Dieser
Ansatz wurde Ende der 1980er bis Anfang der 1990er Jahre an der
Universität Tübingen von einem interdisziplinären Forscherteam
aus Deutschland und unter Beteiligung US-amerikanischer Experten entwickelt und ist in einem Buch mit dem gleichen Titel gut
dokumentiert. Ziel des Forschungsprojektes war es, durch Erarbei-
tung von Merkmalen grundlegender Konzepte der deutschen Kultur, wie deren Zeit- und Raumverständnis, ein Deutschlandbild zu
vermitteln, das die Perspektiven der US-Amerikaner auf Deutschland berücksichtigt. Ein weiteres Kernelement ist der Versuch,
Landeskunde als interdisziplinäres Aufgabengebiet zu bearbeiten.
Viel stärker als bei den *German Studies* wird jedoch eine inter- oder
transkulturelle Vermittlungsperspektive eingenommen. Parallel
dazu hat eine Gruppe deutscher und amerikanischer Lehrerinnen
und Lehrer unter Berücksichtigung der theoretischen Erkenntnisse
und weit reichender Unterrichtserfahrungen ein Lehrbuch für den
interkulturellen Sprachunterricht für nordamerikanische Deutsch-
lerner entwickelt. Es wendet sich an Lerner der Mittelstufe (B1/B2)
und heißt *Typisch deutsch?*. *Typisch Deutsch?*
Ein wesentlicher Unterschied des *Tübinger Modells* zu den Kulturstudien liegt darin begründet, dass sich das *Tübinger Modell* als
Ansatz der Sprach- und Kulturvermittlung versteht und damit die
Sprache als kulturbedingtes und kulturschaffendes Element

betrachtet, das besonderer Aufmerksamkeit und Vermittlungsanstrengungen bedarf. In dieser Hinsicht entspricht es dem Konzept der Landeskundevermittlung der interkulturellen Sprachdidaktik, wie es im folgenden Kapitel behandelt wird.

Beispiel

Der folgende Text illustriert, wie eng Kultur- und Sprachvermittlung in *Typisch deutsch?* aneinander gebunden sind:

Abb. 7.6

Vergleichendes Arbeiten mit gegensätzlichen Begriffspaaren und ähnlich erscheinenden Begriffen verschiedener Sprachen am Beispiel von Typisch deutsch? Die Lerner werden von der Vorentlastung (Assoziationsübungen) zur intensiven Wortschatzarbeit mittels Wörterbüchern angeleitet.

1. Was assoziieren Sie mit den englischen Wörtern *private* und *public*?

friends — private — *personal*

media — public — *state*

2. Vergleichen Sie bitte Ihre Assoziationen mit denen von anderen in der Gruppe. Diskutieren Sie miteinander über unterschiedliche Vorstellungen und Meinungen. Stellen Sie auch fest, ob bestimmte Assoziationen bei allen oder den meisten übereinstimmen.

3. Wortfelder *private* und *public*: Welche verwandten oder abgeleiteten englischen Wörter, Ausdrücke, Redewendungen etc. fallen Ihnen ein?

private	public
privacy *in private* ...	*PR* *to publish* ...

4. Welche deutschen Übersetzungen finden Sie im Wörterbuch für *private* und *public* und die verwandten Wörter, Ausdrücke etc., die Sie in den Listen oben zusammengestellt haben? Für welche englischen Wörter und Wendungen gibt es im Deutschen genaue Entsprechungen, für welche nicht? Was z. B. finden Sie unter dem Stichwort *privacy*?

Privat

pri·vat ‹Adj.› *außeramtlich, nicht öffentlich, persönlich, vertraulich; nicht staatlich* (Geschäft, Unternehmen); -' (Aufschrift auf Türschildern in Geschäften, Hotels usw.); - e Angelegenheiten; - er Eingang; das ist meine - e Meinung (die ich nicht öffentlich äußere); - e Mitteilung; kann ich bitte Herrn X einmal - sprechen? [von lat. *privatus* „(der Herrschaft) beraubt, gesondert"; zu lat. *privare* „berauben, befreien, sondern"].

aus: Gerhard Wahrig, Deutsches Wörterbuch, Mosaikverlag, München 1980

privat „persönlich; vertraulich, familiär; nicht öffentlich, außeramtlich": Im 18. Jh. aus *lat.* prīvātus „(der Herrschaft) beraubt; gesondert, für sich stehend; nicht öffentlich" entlehnt, dem Partizipialadjektiv von *lat.* prīvāre „berauben; befreien; sondern". Stammwort ist *lat.* privus „für sich stehend, einzeln", das als Bestimmungswort in → Privileg erscheint.-

aus: Duden, Etymologie, Bibliographisches Institut, Mannheim 1963

Interkulturelle/transkulturelle Landeskunde

| 7.4.3

Die interkulturelle Landeskunde ist ein tragendes und integrales Element der interkulturellen Sprachdidaktik. Ihr wichtigstes Prinzip ist der wechselseitige Prozess der Kultur- und Sprachbetrachtung von Ausgangs- und Zielkultur. Lerner einer Ausgangskultur K1 behandeln vor dem Hintergrund ihres kulturell geprägten Vorwissens, inklusive der Methoden, Stereotypen und so weiter, Verhältnisse in der Zielkultur K2. Das Vorwissen wird dabei gezielt zur Entwicklung von Fragen und zur Verfolgung von Interessen eingesetzt. Den Lernern soll es schließlich gelingen, beide Kultur- und Sprachsysteme zu verstehen und zwischen ihnen im Sinne eines dritten Ortes vermitteln zu können. Das kann man schematisch folgendermaßen darstellen:

Wechselseitige Prozesse

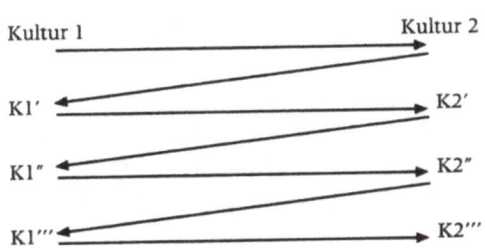

| Abb. 7.7

Schema des Verstehensprozesses in interkultureller Kommunikation

Diesen Prozess des zunehmenden Verständnisses kann man im Fremdsprachenunterricht durch folgende Maßnahmen in Gang setzen:

▶ Durch die Thematisierung **kulturübergreifender Ereignisse**, etwa die internationale Friedensbewegung, den internationalen Terrorismus oder die internationale Umweltbewegung à la Greenpeace.

Themen

▶ Durch die Behandlung **kulturübergreifender Texte**, wie sie in grundlegenden Schriftstücken ihren Ausdruck finden, etwa in Gesetzestexten oder religiösen Dokumenten.

Texte

▶ Durch die **Konfrontation** mit (mehr oder weniger) gegensätzlichen Strukturen in den Sprachen und Kulturen. Die konfrontative Semantik und verschiedene Arbeiten zur interkulturellen Sprachdidaktik haben diesen Ansatz einer kontrastiven Inter-

Konfrontative Semantik

kulturalität bereits ausführlicher beschrieben (vergleiche die Lehrwerke *Typisch deutsch?* und *Für- und Widersprüche*).

Für- und Widersprüche

Das ausführlichste Beispiel für eine systematische inter- oder transkulturelle Landeskunde ist das Lehrwerk *Für- und Widersprüche*. Es richtet sich an Lerner der Oberstufe (B2/C1) und fordert sie in Bezug auf Themenwahl und Themenbehandlung sprachlich und intellektuell zu schwierigen Aufgaben in einer Fülle von Themen heraus. Wie *Typisch deutsch?* wendet es sich an englischsprachige Lerner und nutzt gezielt deren Vorwissen, Stereotype, Interessen und Perspektiven zur integrierten Vermittlung von Sprache und Kultur.

7.5 | Übungsaufgaben zur Wissenskontrolle

1. Welche Arbeitsbereiche umfasst die interkulturelle Sprachdidaktik?
2. Was besagt das Eisbergschema der Kultur und Kommunikation?
3. Welche Ansätze der Landeskunde gibt es?
4. Wie ermittelt die interkulturelle Landeskunde ihre Themen?
5. Wie haben Sie Landeskunde im Unterricht erlebt und wie würden Sie sie selbst vermitteln?
6. Was kann man gegen den Einwand der mangelnden Zeit für Landeskunde vorbringen?

7.6 | Weiterführende Literatur

*Althaus, Hans-Joachim (1999): Landeskunde. Anmerkungen zum Stand der Dinge. In: *Info DaF* 26. 25-36. (Kritische Darstellung zum Entwicklungsstand der Landeskunde).

*Behal-Thompson, Heike et al. (1994): Typisch Deutsch?. München. (Eine der besten Umsetzungen interkultureller Sprachdidaktik. Pflichtlektüre für alle Deutsch- und Englischlehrer).

Bredella, Lothar/Delanoy, Werner (Hg.) (1999): Interkultureller Fremdsprachenunterricht. Tübingen.

Erdmenger, Manfred (1996): Landeskunde im Fremdsprachenunterricht. Ismaning.

*Hansen, Klaus P. (2003): Kultur und Kulturwissenschaft. Eine Einführung. Tübingen. (Kritische Darstellung der kulturwissenschaftlichen Forschungen).

Prokop, Manfred (1996): A Survey of the State of German Studies in Canada. In: Roche, Jörg et al.: Germanics under Construction – Intercultural and Interdisciplinary Prospects. München. 233-261.

Roche, Jörg et al. (1996): Germanics under Construction – Intercultural and Interdisciplinary Prospects. München.

*****Roche**, Jörg/Webber, Mark (1995): Für- und Widersprüche. New Haven/London. (Ausführlichste und anspruchsvollste Umsetzung interkultureller Sprachdidaktik und transkultureller Landeskunde. Als Anschauungsmaterial geeignet für Lehrer der Mittel- und Oberstufen aller Sprachen).

Wormer, Jörg (2003): Landeskunde als Wissenschaft. In: *Jahrbuch Deutsch als Fremdsprache* 29. München. 435-470.

Wormer, Jörg (2004): Landeskunde – eine transkulturelle, vergleichende Wissenschaft. In: *Zeitschrift für Interkulturellen Fremdsprachenunterricht* 9,3. Online: http://www.ualberta. ca/~german/ejournal/ejournal.html

Zimmermann, Peter (Hg.) (1991): Interkulturelle Germanistik. Dialog der Kulturen auf Deutsch?. Frankfurt.

8 | Medien

Inhalt

8.1   Klassifikation von Medien 243

8.2   Mehrwerterzielung durch elektronische Medien 246

8.3   Elektronische Lernplattformen 249

8.4   Übungsaufgaben zur Wissenskontrolle 256

8.5   Weiterführende Literatur 256

Zusammenfassung

Die elektronischen Medien können gute Dienste beim Erzielen eines Lernmehrwertes im Spracherwerb und im Sprachunterricht leisten. Die großen Vorteile liegen hauptsächlich in der Individualisierung, Intensivierung und Interaktivitätssteigerung des Lernens. Je nach Funktionstyp lassen sie sich unterschiedlich einsetzen. Zunehmend treten jedoch offene und kreative Lernumgebungen in den Vordergrund, da sie den Lernern reiches Material zu selbstständigem (Weiter-)Lernen bieten. Besonders wichtig ist der Einsatz der Medien als authentisches Werkzeug im Sinne des Sprachhandelns. Im Blended Learning versucht man, Modelle des Medienmixes mit unterschiedlichem Anteil von Unterricht (Präsenzphasen) und elektronisch vermittelten Phasen zu entwickeln und damit die Vorteile des Kontaktunterrichts und des selbstständigen Lernens zu kombinieren. Die durch die Medien neu geschaffenen Möglichkeiten erfordern eine weitgehende Umorganisation des Lernens und Unterrichtens und damit auch der traditionellen Rollen der Lehrkräfte, Lerner und Lehrmaterialien.

Klassifikation von Medien | 8.1

Wenn im Bereich des Sprachunterrichts von Medien die Rede ist, sind in der Regel die elektronischen Medien gemeint. Dabei wird leicht übersehen, dass es auch andere sinnvolle Medien gibt: gedruckte (Bilder, Poster, Bücher) und menschliche (zum Beispiel die Schallwellen in direkter persönlicher Kommunikation). Technische Medien werden schon länger im Fremdsprachenunterricht eingesetzt und der Neuigkeitscharakter der jeweils neuen Medien hat sich immer schnell abgegriffen. Die Sprachlabortechnologie in den 1960er Jahren etwa war schneller veraltet, als sie entwickelt wurde.

Sprachlehr- und Sprachlernsoftware kann auf unterschiedliche Art eingeteilt werden, zum Beispiel nach Medium oder technischem System, nach Funktion, nach Unterrichtsmethode und didaktischem Verfahren oder nach Bezug zu Lerntheorien. Nimmt man die Klassifikation nach dem Medium oder technischen Standard vor, so ergibt sich grob eine Einteilung in drei Generationen: **Software**

▶ **DOS-Programme** (1980er Jahre) mit einfachen textbasierten Einsetz- oder Zuordnungsübungen,

▶ **Multimedia-Programme** (vorwiegend 1990er Jahre) mit den Varianten Video-Disc, CD-ROM und Hypermedia als situative Programme mit Ton, Filmen, Animationen und bunten Übungen,

▶ **Internet-Seiten** (ab Mitte der 1990er Jahre) als meist wenig strukturierte Sammlungen von Links und Webseiten mit unvollständigen Grammatikerklärungen und Übungen.

Über die Eignung sagt eine technische Klassifikation nach Generationen aber nichts aus. Das eigentlich Interessante an den elektronischen Medien ist die Erzielung eines Mehrwerts.

Etwas aufschlussreicher ist daher die Klassifikation nach den Funktionen, zum Beispiel nach tutorieller, situativer oder konstruktiver Ausrichtung. **Funktionen**

Unter **tutoriellen Programmen** versteht man stark gesteuerte Lehr- oder Wiederholungsprogramme, mit denen ein Lerner selbstständig grammatische, lexikalische oder phonetische Themen erarbeiten oder üben kann. In diesem Sinne ersetzen die elektronischen Programme traditionelle Übungsformen gedruckter Lehr- und Arbeitsmaterialien.

Abb. 8.1

Grammar
Fitness: *einfaches
Grammatikübungs-
programm mit vor-
gefertigten Antwor-
ten*

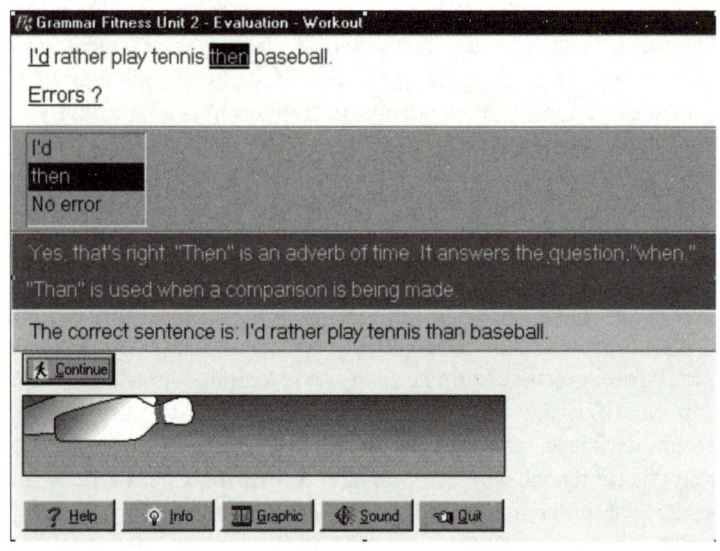

Auch **situativ ausgerichtete Programme** weisen in der Regel Übungsse-
quenzen auf. Allerdings sind diese meist an ein kurzes Video oder
eine Audio-Aufnahme angeschlossen. Wortschatz und Strukturen
sind somit situiert. Die Situationen unterscheiden sich in Art und
Ziel jedoch wenig von Kassetten- oder Filmaufnahmen in älteren
Medien. An der Oberfläche entsteht leicht der Eindruck, diesen Programmen liege ein kommunikativer Ansatz zu Grunde. Die Bear-
beitungsverfahren zeigen aber, dass es sich häufig um bekannte
Drillmethoden handelt. Das kommunikative Prinzip der Authentizität der Materialien wird in den meisten Fällen nicht beachtet.

**Geschlossene
Programme**

Geschlossene Programme, wie es die situativen in der Regel sind,
eignen sich nur bedingt für das effiziente Sprachenlernen. Meistens sind ihre Inhalte schnell erschöpft und ihre Übungsverfahren
werden zur Routine.

Werkzeuge

Die **konstruktiven Programme** betonen dagegen den authentischen,
kommunikativen Nutzen elektronischer Werkzeuge bei der Umsetzung von Sprachhandlungen. Zu diesen Werkzeugen gehören
Rechtschreibprüfungen, Thesauri, Webeditoren, Textverarbei-
tungsprogramme, elektronische Wörterbücher, Ressourcen, Frage-

bögen, Spiele, digitale Werkzeuge für den Beruf und vieles mehr. *Uni-deutsch.de* enthält zum Beispiel eine Reihe von Werkzeugen zur Bearbeitung der Aufgaben und zum selbstständigen Arbeiten, wie zum Beispiel einen elektronischen Schreibassistenten und angebundene elektronische Wörterbücher und Sammlungen von Kontext-Sätzen (Konkordanzen).

Beispiel

Direkter Online-Link zum größten digitalen Wörterbuch der deutschen Gegenwartssprache und Anbindung an eine Datenbank zur automatischen Erstellung von Kontext-Sätzen (Konkordanzen) in uni-deutsch.de. *Lerner können Suchbegriffe eingeben oder die Suche aus dem Text durch Markierung des Begriffes starten.*

Abb. 8.2

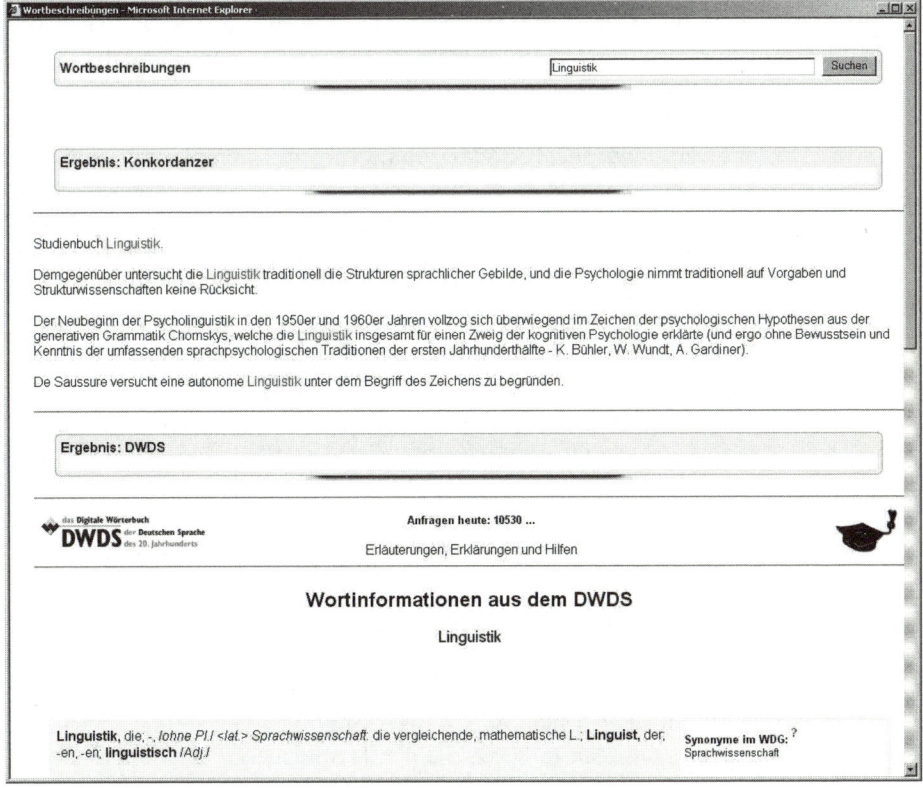

Die Gruppe der konstruktiven Programme kann man weiter in zwei größere Gattungen unterteilen: die **offenen Online-Programme**, die mit mehr oder weniger starker Führung auskommen, und die Spiel- und Literaturprogramme, die in sich komplett und geschlossen sind, dabei aber verschiedene Bearbeitungswege erlauben. Zu dieser Gruppe gehören die Internet-Literatur (Hyperfiction), Spielprogramme wie *Siedler*, *Fugger* oder *Hollywood Theatrix* (vergleiche Kapitel 1, Seite 24f.) und Sprachlernprogramme wie *A la rencontre de Philippe*, *Dans un quartier de Paris* und *Edubba*. Diese letztgenannten Programme stehen auf geschlossenen Medien wie CD-ROMs oder Video-Discs zur Verfügung, schaffen aber durch ihre Variationsmöglichkeiten den Eindruck einer offenen Lernumgebung.

Kreativität

Mit konstruktiven Programmen können Lerner nicht nur Strukturen üben und Aufgaben bearbeiten, sondern auch kreativ mit Sprache umgehen. So kann zum Beispiel bei dem Englisch-Programm *Edubba* ein Lerner in der Rolle eines Redakteurs beim Verfassen von Zeitungsartikeln auf eine Reihe Schreib- und Recherche-Werkzeuge zurückgreifen, die gleichzeitig korrekte Strukturen vermitteln und helfen, den Wortschatz zu erweitern. Hier werden also verschiedene Fertigkeitsübungen zu komplexen Aufgaben zusammengefasst, die zum großen Teil vom Lerner selbst gestaltet werden müssen. Im Online-Medium bestehen die besten Möglichkeiten, offene und kreative Lernumgebungen zu schaffen und die Lerner gleichzeitig gezielt mit wichtigen Werkzeugen und Informationsquellen zu versorgen. Für einen handlungsbezogenen, entdeckenden Sprachunterricht eignen sich derartige elektronisch vermittelte Programme daher hervorragend. Navigationshilfen und Ressourcen verhindern, dass die Lerner von der Weite des Internets und schwierigen Texten überwältigt werden.

8.2 | Mehrwerterzielung durch elektronische Medien

Lernmehrwert

Die Erwartungen an die Wunderkräfte der neuen Medien sind die eine Seite der Medaille. Die Realität bei der Erzielung eines Mehrwertes die andere. Sehen wir uns daher im Folgenden an, welche Erfahrungen man bisher aus dem Einsatz von Online-Sprachlernprogrammen in Bezug auf den Lernmehrwert gewonnen hat. Die neuen Medien bieten zwei wesentliche Vorteile gegenüber traditionellen Unterrichtsverfahren: die **Individualisierung** und **Intensivierung des Lernens**. Durch verschiedene Angebote (Lernwege) können sie geschickter auf individuelle Interessen und Anlagen der Lerner eingehen und ihnen die Möglichkeit geben, intensiv, selbstständig und, wo nötig, in Verbindung mit ihren Tutoren am Lernmaterial zu arbeiten. Die neuen Medien bieten darüber hinaus die Möglichkeit der **Interaktivitätssteigerung**. Durch eine interaktive Tafel mit Audio- und Videokanälen lassen sich virtuelle Klassenverbände ohne großen technischen Aufwand herstellen. Ein neuerer Standardcomputer, Mikrofon, Webkamera und eine gute Internetverbindung genügen in der Regel für die Installation moderner elektronischer Kommunikations- und Lernplattformen. Die neuen Medien können den Präsenzunterricht in vielfacher Hinsicht auch organisatorisch entlasten: durch automatische Archivierung der Lernerleistungen, durch zusätzliche Diagnosewerkzeuge, durch automatisierte Korrekturrückmeldung und durch elektronische Korrekturmöglichkeiten, die offene Lerneräußerungen auswerten.

Organisatorische Entlastung

Beispiel

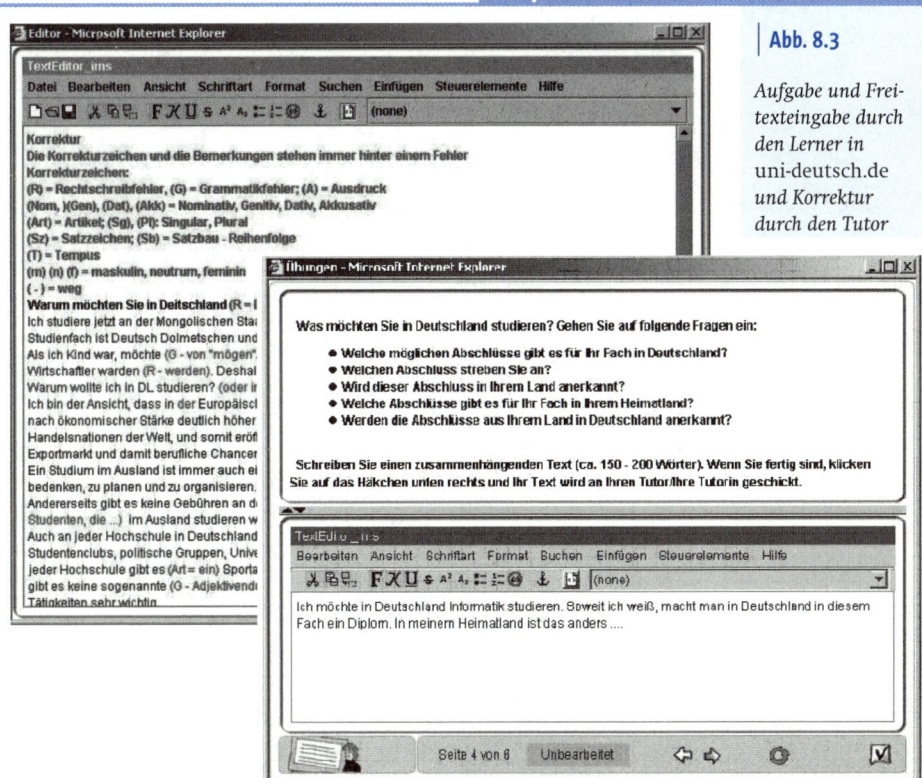

Abb. 8.3

Aufgabe und Freitexteingabe durch den Lerner in uni-deutsch.de und Korrektur durch den Tutor

Durch Anklicken des Hakens wird die fertige Aufgabe entweder an den E-Assistenten, den Lehrer/Tutor oder die ganze Klasse geschickt (siehe Kapitel 6.6, Seite 203). Der Lehrer/Tutor hat die Möglichkeit, den gleichen Texteditor, wie ihn der Lerner hat, zur Korrektur der Lerneraufgaben zu verwenden, inklusive farbiger Markierungen, Fettdruck, kursiver Schrifttypen und weiterer Formatierungsfunktionen. Alle Aufgaben und Korrekturen werden automatisch archiviert und stehen für die Kursdauer zur Einsicht und Wiederverwendung zur Verfügung.

Wichtige Kriterien

Erfolgreiches Lernen in virtuellen Klassenverbänden wird durch folgende Faktoren gefördert:

▶ **Einstufung**: Jeder Lernende sollte mit einem Online-Programm nach eigenen Erfordernissen lernen, also Lernmenge, Lerntempo, Fertigkeiten und Themen selbst bestimmen können. Deshalb ist es wichtig, die Bedürfnisse der Lerner, ihre Stärken und Schwächen sowie ihre individuellen Interessen zu Kursbeginn festzustellen. Für Lernende ist es oft sehr schwer, alleine herauszufinden, wo ihre Stärken und Schwächen liegen. Sie brauchen die Hilfe und in den Anfangsphasen eines Kurses besonders viel Anleitung durch einen Tutor, die reduziert werden kann, sobald ein Lerner im Umgang mit dem Programm sicherer geworden ist.

▶ **Lernwege:** Je nach Unterrichtsniveau und Lernertyp sollten verschiedene Lernwege möglich sein. Sie werden gemeinsam mit dem Tutor oder von den Lernenden selbst je nach Interesse ausgewählt.

▶ **Tutorielle Betreuung:** Die tutorielle Betreuung hat sich immer wieder als äußerst wichtig für den Lernerfolg herausgestellt, da dieser vor allem durch qualifiziertes Feedback gesichert wird. Daher neigen viele Anbieter zu gemischten Programmformaten, in denen sich Online- und Präsenzphasen abwechseln. Diese Form des Lernens nennt man **Blended Learning** im Gegensatz zum reinen elektronischen Lernen. Das Standardformat von Blended Learning-Programmen besteht aus einem Treffen in der Gruppe am Anfang eines Kurses, einer E-Lernphase, gegebenenfalls einem weiteren Gruppentreffen, weiteren E-Lernphasen und einem Abschlusstreffen. Zwischen den Treffen kommunizieren die Kursteilnehmer untereinander und mit ihrem Tutor über die vorhandenen Kommunikationskanäle und gegebenenfalls auch durch Einsendung schriftlicher Hausaufgaben. Blended Learning-Formate können aber auch in jeder anderen Mischung von Präsenzphasen und virtuellen Lernphasen auftreten.

▶ **Kommunikation:** Die Kommunikationskanäle von Online-Programmen werden vor allem über Chat und Forum in der Regel dann gut angenommen, wenn sie betreut werden beziehungsweise eine gewisse Verbindlichkeit gewährleistet ist. Zu locker vereinbarte E-Kommunikation hat sich als wenig sinnvoll oder ablenkend erwiesen. Es ist daher wichtig, dass die Kommunikationsinstrumente regelmäßig genutzt werden und dafür feste Termine vereinbart werden.

▶ **Anonymität:** Die Identität der Lernenden sollte prinzipiell immer geschützt sein. Es ist von Vorteil, wenn Tutoren von Lernern auch einzeln angesprochen werden können, ohne dass die anderen Teilnehmer die Beiträge lesen oder hören können. So ermöglicht man den Lernenden auch private Fragen zu besprechen.

Elektronische Lernplattformen

| 8.3

Lernen im Internet erfolgt heute über mehr oder weniger umfangreiche elektronische Lernplattformen. Weit entwickelte Lernplattformen bieten neben medienadäquat aufbereiteten Inhalten vor allem eine Reihe von Werkzeugen zum Erstellen und Durchführen von virtuellen Lehr- und Lernangeboten. Da sich viele Komponenten von E-Lernplattformen mit einem Lernmehrwert auch im Präsenzunterricht oder in Blended Learning-Formaten einsetzen lassen, ist räumliche Distanz ein sekundäres Merkmal für die Nutzung solcher Plattformen.

Virtuelles Lernen

Komponenten moderner elektronischer Lernplattformen

▶ **Autorenwerkzeuge** zur einfachen Erstellung von Inhalten (Authoring Tools)
▶ **Inhaltsverwaltungssysteme** (Content Management Systems)
▶ **Interaktive Tafel** mit Ton und Bild (Whiteboard)
▶ **Kommunikationskanäle** (Mail, Chat, Forum)
▶ **Lernerverwaltung** (Learner Management System)

▶ **Präsentationssysteme** (Presentation Systems)
▶ **Textverarbeitungssysteme** (Text Processing Systems)

Virtuelle Klassenverbände können mit einer interaktiven Tafel die wesentlichen Kommunikationsformen im Präsenzunterricht nachstellen: Teilnehmer können an die Tafel gerufen werden oder in Gruppenarbeit Aufgaben bearbeiten.

Beispiele

Abb. 8.4

Interaktive Tafel mit optionaler Bild- und Tonübertragung für den interaktiven Unterricht in der Lernplattform basix

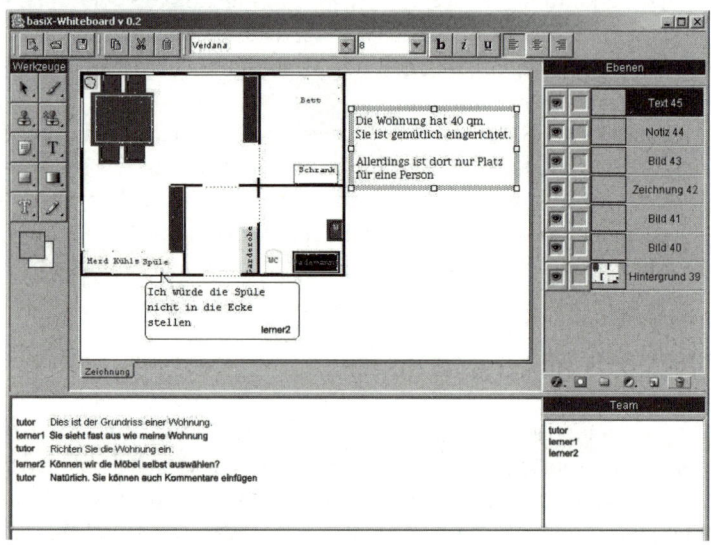

Abb. 8.5

Komplexe Lerner- und Aufgabenverwaltung in uni-deutsch.de.

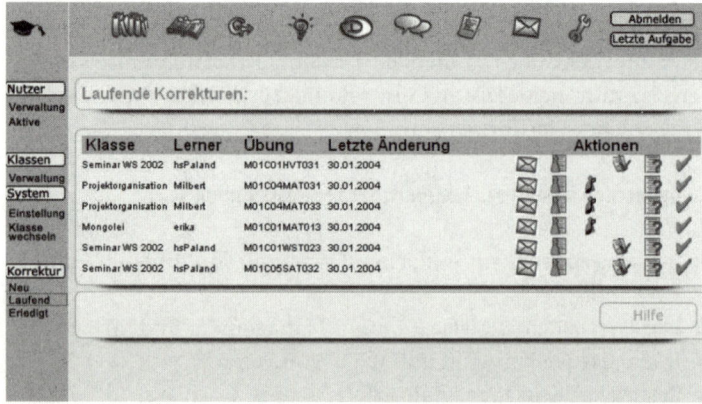

Je nach Bedarf können Lehrerinnen und Lehrern Administrations-
ebenen zugewiesen werden. Das schließt die Verwaltung ihrer
Klassen, die Möglichkeit der Einrichtung von Chats und Foren, das
Durchführen von virtuellen Beratungsstunden und die Aufgaben-
korrektur und -archivierung ein.

**Wichtige Funktionen elektronischer Lernplattformen im Fremdsprachener-
werb**

▶ Bereitstellung von Aufgaben für **verschiedene Lernertypen**
▶ Anbindung an offene **Wissenssysteme** (Lernumgebungen)
▶ Integration der elektronischen **Arbeits- und Rechercheinstrumente**
(Wörterbücher, Suchmaschinen)
▶ Bereitstellung animierter Inhalte wie **Grammatikanimationen**
▶ Sorgfältig **koordinierte Aufgaben** in Text, Bild und Ton statt Reiz-
überflutung
▶ Möglichkeiten der Zusammenstellung **individueller Lernwege**
▶ **Hausaufgabenverwaltung** und **Korrekturmöglichkeiten** inklusive
Archive
▶ **Automatische** oder **teilautomatische elektronische Korrekturmöglichkei-
ten** (Grammatik, Rechtschreibung ...)
▶ **Interaktive Tafelfunktionen**

Bei der Nutzung der neuen Medien in der Fernlehre oder virtuellen   Neuralgische Aspekte
Lehre hat sich eine Reihe von neuralgischen Aspekten der Kommu-
nikation ergeben:

▶ **Komplexität direkter Kommunikation**: Die neuen Medien können
trotz diverser Informationskanäle die Komplexität direkter (face-
to-face) Kommunikation nicht immer vollständig ersetzen. Aber
sie können in vielen Fällen ausreichende Alternativen liefern.

▶ **Reparaturmöglichkeiten:** Aus dem genannten Grund fehlen in medi-
aler Vermittlung auch die unmittelbaren Reparaturmöglichkeiten, von denen erfolgreiche Kommunikation immer abhängt.
Andererseits kann man bestimmte Korrekturen aus der Distanz
auch besser vornehmen (zum Beispiel indirekte Korrekturen).

▶ **Automatische Sprachanalyse**: Die automatische Sprachanalyse, das
heißt die Erkennung von gesprochener Sprache durch Compu-

ter, ist nach wie vor auf stark standardisierte Gesprächsroutinen beschränkt und wird dies auch auf absehbare Zeit bleiben. Die natürliche Sprache ist mit ihrem Variantenreichtum, ihrem Kontextbezug, ihrer Semantik und Pragmatik zu komplex, als dass sie leicht fassbar wäre. Bei der Analyse schriftlicher Texte ist man dagegen viel weiter, wie bereits die Nutzung des E-Assistenten gezeigt hat.

▶ **Interkulturelle Aspekte der Mediennutzung:** Die Nutzung der elektronischen Medien ist in kultureller Hinsicht nicht indifferent, wie es die internationale Uniformität der Technik leicht vorspiegelt. In Wirklichkeit ist die Mediennutzung vom Gerätedesign bis hin zur Entwicklung bestimmter Lernsoftware stark von kulturell geprägten Annahmen zur Informationsverarbeitung und zum Wissenserwerb abhängig. So dominieren nach wie vor westliche Softwarelösungen, die zur Verarbeitung von großen Quantitäten von Informationen dienen. Die Qualität der Verarbeitung durch Vernetzungen und dergleichen lässt sich dagegen bisher nur schwer steigern. Westliche Konzepte beherrschen auch die Wissensvermittlung, zum Beispiel über öffentliche Foren und mittels westlich geprägter Icons. Dabei kommen Lernkulturen, in denen die nicht-öffentliche Kommunikation zwischen Lehrer und Schüler eine sehr wichtige Rolle spielt, zu kurz. Westliche Symbole wie die Eule als Markierung von Lerntipps führen in anderen Kulturen leicht zu Irritation oder Ablehnung, weil sie dort oft eine negative symbolische Bedeutung haben. Kulturell unterschiedliche Konzepte von Medien und ihrer Nutzung sind häufig unbewusst für das Scheitern der Kommunikation verantwortlich. Bei der interkulturellen Nutzung der Medien in der Sprach- und Kulturvermittlung ist daher höchste Sensibilität geboten.

Überblick: Software

Evaluation

Das Angebot an elektronischen Lehr- und Lernprogrammen nimmt stetig zu und ist für den Laien kaum mehr überschaubar. Vor einer teuren Anschaffung sollten jedoch einschlägige Evaluationskriterien angelegt und der Mehrwert gegenüber gedruckten Materialien ermittelt werden. Bewertungen in der Computerpresse fehlt bisher durchweg der nötige Sachverstand zum Spracherwerb. In den

Literaturhinweisen finden sich einschlägige Werke, die eine kompetente Bewertung ermöglichen.

Im Folgenden wird eine Auswahl neuerer Programme genannt und kurz vorgestellt, die unter didaktischen Gesichtspunkten, im öffentlichen (nicht-kommerziellen) Bereich entwickelt wurden und vorwiegend über öffentliche Anbieter zur Verfügung stehen. Auswahl

Zu einer Reihe von Lehrwerken, die in den Schulen verwendet werden, gibt es darüber hinaus mittlerweile brauchbare elektronische Begleitprogramme, aber nicht zu allen.

Einige Begleitmaterialien gehen über das Format gedruckter Arbeitsbücher hinaus. Gelegentlich gibt es auch Online-Portale zu Lehrwerken, die die Funktionalität erweitern und neue Ressourcen erschließen. Kommerzielle CD-ROM-Programme ohne Lehrbücher setzen dagegen meist behavioristische Verfahren um und sind daher trotz der Versprechungen der aufwändigen Werbung nur sehr eingeschränkt wirksam. Begleitmaterialien

Über kostengünstige Sprachlehr- und -lernprogramme für erwachsene Sprachlerner (vor allem Studierende) informiert die Webseite des Projektverbundes *SprachChancen* der bayerischen Universitäten. Insgesamt stehen 21 internetbasierte Lernprogramme für die Fremdsprachen Chinesisch, Englisch, Französisch, Italienisch, Japanisch, Portugiesisch, Russisch, Spanisch und Tschechisch zur Verfügung oder sind in Entwicklung. Dazu gehören allgemeinsprachliche und fach- und berufssprachliche Programme mit Schwerpunkten in der Wirtschaft und dem Geschäftsleben, in Jura, Politik und Medizin. Eine Reihe von Programmen vermittelt gezielt bestimmte Fertigkeiten (zum Beispiel berufssprachliche Lesekompetenz, Präsentationstechniken, Bewerbungsstrategien). Eingangs- und Ausgangsniveaus unterscheiden sich: die Chinesisch-, Japanisch-, Portugiesisch- und Russischprogramme setzen in der Grundstufe an. Die Englisch-, Französisch-, Italienisch- und Spanischprogramme verlangen bereits gute Grundkenntnisse. Einige der Programme sind für das Selbstlernen konzipiert, andere für den Einsatz in Blended Learning-Verfahren. Detaillierte Informationen unter: www.sprachchancen.de. Öffentlicher Projekt-
verbund

Ein Programm für fortgeschrittene Englischlerner, die ihre Schulkenntnisse besonders im Bereich der Internet-Terminologie erweitern und ihre Strukturkenntnisse verbessern wollen, ist *Internet-English*. In fünf Modulen mit kleinschrittigen und thematisch organisierten Kapiteln können Lerner selbstständig oder mit tuto- Englisch rieller Unterstützung in den Bereichen Kultur, Verkehr, Sport, Kunst, Film, Musik, Gesundheit und Natur ihre Kenntnisse vertiefen und wichtige Ressourcen kennen lernen. Weitere Informationen und Anmeldung über die Virtuelle Hochschule Bayern (www.vhb.org). Zugang über www.internet-english.de.

Französisch

A la rencontre de Philippe (1990) ist um eine Beziehungsgeschichte zweier Personen gebaut, in die der Lerner durch verschiedene Aufgaben und Entscheidungsoptionen hineingezogen wird. Bei dieser in Szenen eingeteilten Geschichte steht eine Reihe von Werkzeugen zur Verfügung (Stadtplan, Telefonbuch, Anrufbeantworter, Notizzettel). Wie sich die Szenen weiterentwickeln und verzweigen, entscheidet der Lerner durch direkte Wahl oder durch die Lösung der anstehenden Aufgaben, zum Beispiel welche Wohnung Philippe auswählt, wie er sie einrichtet und ob er sich mit seiner Freundin nach einem Streit versöhnt oder nicht. Das Programm eignet sich für fortgeschrittene Lerner und besteht aus einer Video-Disc mit der Filmgeschichte und einer MAC-Disc mit den Aufgaben und Werkzeugen und der Steuerung. Es läuft gleichzeitig auf zwei Monitoren. Durch die Verzweigungsmöglichkeiten enthält das Programm Arbeitsmaterial für mehrere Dutzend Stunden. Leider ist die technologische Realisierung jedoch veraltet. Eine Übertragung auf neuere CD-ROM-Technologien ist in Vorbereitung. Informationen unter: http://web.mit.edu/fll/www/projects/Philippe.html.

Das CD-ROM-Programm *Dans un quartier de Paris* (1999) nimmt einige Elemente der lerntheoretischen Grundlagen von *A la rencontre de Philippe* auf, ohne daraus jedoch eine Geschichte zu entwickeln. Fortgeschrittene Lerner können mittels der angebotenen Ressourcen, inklusive zahlreicher Interviews, selbstständig durch einen Pariser Stadtteil navigieren und sich dabei über das Alltagsleben informieren. Das Programm enthält keine Sprachlehrübungen. Informationen unter: http://web.mit.edu/fll/www/projects/Quartier.html.

Ebenfalls an fortgeschrittene Französischlerner wendet sich das Online-Programm *cultura*. Es ist ein Portal für Lerner und muttersprachliche Sprecher, die den interkulturellen Austausch interaktiv fördern wollen. http://web.mit.edu/french/culturaNEH/.

Japanisch

Geschäfts-Japanisch und *Wirtschafts-Japanisch* ist eine zweiteilige Einführung in die Schriftsysteme, den Wortschatz, die Strukturen und die wichtigsten Textsorten des Japanischen (Grundstufe). Der Schwerpunkt liegt auf der Vermittlung rezeptiver und einfacher produktiver Fertigkeiten, die in authentische Aufgaben integriert sind. Viele Aufgaben können vom Lerner alleine bearbeitet werden, durch die Anbindung an eine größere Lernplattform können die Programme aber auch im Unterricht und mit tutorieller Betreuung verwendet werden. Weitere Informationen unter: http://www. geschaefts-japanisch.de/ index.htm und www.wirtschaftsjapanisch.de.

Das interaktive Lernprogramm *grenzenlos* (2003 – 2006) vermittelt auf drei CD-ROMs spielerisch Deutschkenntnisse an Kinder von 9 – 13 Jahren. Der kindgerechte Wortschatz ist über ein Forschungsprojekt erhoben und anschließend in einer aufwändigen Produktion mit einer Reihe von weiteren Ressourcen von der BMW-Group umgesetzt worden. Das Programm eignet sich für das Selbstlernen und den Einsatz im Unterricht. Es wird begleitet von einer Webseite, über die Kinder und Lehrer kommunizieren und zusätzliche Hilfe erhalten können. Die CD-ROMs werden auf schriftliche Bestellung (zum Beispiel über die Webseite) kostenlos abgegeben. Weitere Informationen und Auskünfte über: www. grenzenlos-life.de. Deutsch

Eine ausführliche Darstellung von *uni-deutsch.de*, einem umfangreichen Lernprogramm für die Mittel- und Oberstufe (B1 – C2) für erwachsene Lerner, findet sich in Kapitel 6. Dieses Programm enthält eine Fülle von Werkzeugen und Ressourcen für das eigenständige Weiterarbeiten, zum Beispiel einen elektronischen Assistenten, zahlreiche Grammatikressourcen, wichtige landeskundliche Linksammlungen und weitere Hilfen. Weitere Informationen und Animationen unter: www.uni.deutsch.de. Informationen über die multifunktionelle und wartungsarme Lernplattform *basix* mit allen nötigen Werkzeugen zur Erstellung und Umsetzung eigener Programme findet sich unter www.basix-gmbh.de.

Tandem-Programme

Eine kostenlose Vermittlung von Tandem-Partnern aller Sprachen und Niveaus bietet das *Tandem-Projekt*. Weitere Informationen unter: http://www.slf.ruhr-uni-bochum.de. Tandem

8.4 | Übungsaufgaben zur Wissenskontrolle

1. In welche größeren Gruppen lassen sich computergestützte Sprachprogramme unterteilen?
2. Was spricht aus didaktischer Sicht für offene und kreative Lernumgebungen?
3. Worauf ist beim Blended Learning zu achten?
4. Welche neuralgischen Bereiche gibt es beim Einsatz von Medien in der virtuellen Lehre?
5. Welche Komponenten haben E-Lernplattformen?
6. Worin liegt die Problematik der interkulturellen Nutzung der E-Medien in Unterricht und Kommunikation?
7. Betrachten Sie abschließend im Lichte Ihrer neuen Erkenntnisse nochmal Ihre eigenen Erfahrungen mit dem Lernen von fremden Sprachen. Was würden Sie heute anders machen, was hat sich bewährt?

8.5 | Weiterführende Literatur

Baumgartner, Peter (1997): Didaktische Anforderungen an (multimediale) Lernsoftware. In: Issing, Ludwig J./Klimsa, Paul (Hg.): Information und Lernen mit Multimedia. Weinheim. 241-252.

*****Issing**, Ludwig (1997): Instruktionsdesign für Multimedia. In: Issing, Ludwig J./Klimsa, Paul (Hg.): Information und Lernen mit Multimedia. Weinheim. 195-220. (Ausführliche und anschauliche Darstellung allgemeiner mediendidaktischer und lerntheoretischer Ansätze. Sehr geeignet als Einführung in die moderne Sprachdidaktik).

Macfadyen, Leah/Roche, Jörg/Doff, Sabine (2004): Communicating Across Cultures in Cyberspace. Hamburg.

Müller-Hartmann, Andreas (1999): Die Integration der neuen Medien in den schulischen Fremdsprachenunterricht. Interkulturelles Lernen und die Folgen in E-mail-Projekten. In: *Fremdsprachen Lehren und Lernen* 28. 58-79.

Reeder, Kenneth/Roche, Jörg et al. (2001): E/Valuating New Media in Language Development. In: *Zeitschrift für Interkulturellen Fremdsprachenunterricht* 6,2. Online: http://www.spz.tu-darmstadt.de/projekt_ejournal/jg_06_2/beitrag/reeder1.htm.

*****Roche**, Jörg (2003): Plädoyer für ein theoriebasiertes Verfahren von Software-Design und Software-Evaluation. In: *Deutsch als Fremdsprache* 40,2. 94 – 103. (Übersichtliche Darstellung eines systematischen Modells für die Softwareauswahl in allen Sprachen. Kontrapunkt zu gefühlsmäßigen Auswahlverfahren).

*****Roche**, Jörg. (2000): Lerntechnologie und Spracherwerb – Grundrisse einer medienadäquaten, interkulturellen Sprachdidaktik. In: *Deutsch als Fremdsprache* 37,3. 136-143.

*****Rösler**, Dietmar (2004): E-Learning Fremdsprachen – eine kritische Einführung. Tübingen. (Umfangreichste, kritische Darstellung der Typen und Verwendungsbereiche digitaler Medien im Fremdsprachenunterricht und neuester Forschungsergebnisse. Pflichtlektüre für alle Fremdsprachenlehrer).

Anhang ∣ 9

Inhalt

9.1   Wichtige Grundlagenliteratur 257

9.2   Lösungen zu den Übungsaufgaben 259

9.3   Register 272

9.4   Abbildungs- und Quellenverzeichnis................ 281

Wichtige Grundlagenliteratur ∣ 9.1

Bausch, Karl-Richard/Christ, Herbert/Krumm, Hans-Jürgen (Hg.) (2003): Handbuch Fremdsprachenunterricht. Tübingen/ Basel. (Das Standardwerk zum Thema Fremdsprachenunterricht).

Bach, Gerhard/Timm, Johannes-Peter (Hg.) (2003): Englischunterricht. Grundlagen und Methoden einer handlungsorientierten Unterrichtspraxis. Tübingen/Basel. (Standardwerk in der Ausbildung von Fremdsprachenlehrern über den Englischunterricht hinaus).

Bleyhl, Werner (2003): Psycholinguistische Grundbegriffe. In: Bach, Gerhard/Timm, Johannes-Peter (Hg.): Englischunterricht. Tübingen. 38-55. (Theoretisch fundierte, aber gut verständliche und aufrüttelnde Einführung in die psycholinguistischen Grundlagen des Fremdsprachenunterrichts. Pflichtlektüre für alle Fremdsprachenlehrer).

Buhlmann, Rosemarie/Fearns, Anneliese (2000): Handwörterbuch des Fachsprachenunterrichts. Tübingen. (Pflichtressource für alle Fachsprachenlehrer).

Butzkamm, Wolfgang (2004): Lust zum Lehren, Lust zum Lernen. Eine neue Methodik für den Fremdsprachenunterricht. Tübingen/Basel.

Hölscher, Petra/ Piepho, Hans-Eberhard/ Roche, Jörg (2005): Grundfragen Deutsch als Fremdsprache. Oberursel. (Prägnante Beantwortung der wichtigsten Grundfragen von Sprachlehrern und deutliche Distanzierung von den neo-behavioristischen Verkaufs- und Sprachtherapiemethoden selbsternannter Wunderheiler. Mit Film zu Beispielen guter Praxis im Fremdsprachenunterricht. Pflichtpaket für alle angehenden und praktizierenden Fremdsprachenlehrer und Entscheidungsträger weit über den Bereich Deutsch als Fremdsprache hinaus).

Issing, Ludwig (1997): Instruktionsdesign für Multimedia. In: Issing, Ludwig J./Klimsa, Paul (Hg.): Information und Lernen mit Multimedia und Internet. Weinheim. (Ausführliche und anschauliche Darstellung allgemeiner mediendidaktischer und lerntheoretischer Ansätze. Sehr geeignet als Einführung in die moderne Sprachdidaktik).

Jung, Udo (2001): Praktische Handreichung für Fremdsprachenlehrer. Frankfurt. (Sehr umfangreiches auf die Unterrichtspraxis ausgerichtetes Handbuch. Pflichtressource für alle Sprachlehrer).

Klein, Wolfgang (1984): Zweitspracherwerb. Eine Einführung. Königstein. (Immer noch eine grundlegende, kohärente und gut verständliche Einführung in die Fremdsprachenerwerbsforschung).

Neuland, Eva (Hg.) (2005): Variation im heutigen Deutsch: Perspektiven für den Sprachunterricht. Frankfurt/New York. (Umfangreiche Darstellung des Themas Sprachvariation in allen Bereichen der Sprache und aus einschlägigen Perspektiven mit einer Fülle von Literaturhinweisen für die vertiefende Lektüre).

Piepho, Hans-Eberhard (2003): Lerneraktivierung im Fremdsprachenunterricht. ,Szenarien' in Theorie und Praxis. Hannover. (Grundlegende und praxisorientierte Darstellung der Szenariendidaktik).

Roche, Jörg (2003): uni-deutsch.de. www.uni-deutsch.de. (Umfangreiches Sprachlernprogramm mit über 1000 Stunden Bearbeitungszeit. Wegen der vielfältigen Lehr- und Lernfunktionen als neuer Typ mediengestützter Lehre für Lehrer aller Sprachen geeignet).

Roche, Jörg (2001): Interkulturelle Sprachdidaktik. Tübingen. (Breit gefächerte, theoretisch fundierte Darstellung der wichtigsten Bezugsdisziplinen des modernen Fremdsprachenunterrichts. Eignet sich hervorragend als Vertiefung aller Kapitel des vorliegenden Bandes).

Lösungen zu den Übungsaufgaben | 9.2

Kapitel 1

3. Behaviorismus/Instruktionismus, Kognitivismus, Konstruktivismus, Moderater Konstruktivismus.

4. Behaviorismus/Instruktionismus: Je nach Schwerpunkt der Reizauslösung Unterscheidung zwischen audiolingualer (AL) und audiovisueller Methode (AV). Um das mechanische Verfahren zu optimieren, werden gerne elektronische Medien eingesetzt, früher Kassetten, heute meist CD-ROMs und teilweise das Internet. Das Lernschema bleibt aber stets das gleiche: durch Stimuli wird ein Reaktionsverhalten ausgelöst, das automatisiert wird (= Konditionierung).

Im Kognitivismus wird Spracherwerb als komplexer Informationsverarbeitungsprozess angesehen. Er erfolgt über die Stufen Wahrnehmen, Verstehen, Behalten und Automatisieren. Lernen gilt demnach als das gezielte Erinnern an Aufgenommenes und die gekonnte Anwendung des Gelernten. Bearbeitet und aktiv gehalten wird das Gelernte dazu in verschiedenen Gedächtnisspeichern (Ultrakurzzeit-, Kurzzeit- und Langzeitgedächtnis). Generell geht es kognitivistischen Theorien um die Vermittlung von Einsichten in den Lernprozess selbst und um die Übertragbarkeit des Gelernten auf neue Wissensfelder. Die Lerner sollen die Lernverfahren durchschauen und daraus entsprechende Lernstrategien für das selbstständige Weiterlernen ableiten.

Konstruktivismus: Konstruktivistische Verfahren gehen davon aus, dass Informationen nicht einfach aufgenommen, verarbeitet und gespeichert werden, sondern dass sie durch permanente Veränderung der kognitiven Struktur selbst erzeugt werden. Lernen heißt kognitive Konstruktionen neu aufzubauen und existierende ständig umzugestalten. Das beste Lernmaterial im Sinne konstruktivistischer Theorien stellen demnach Baumaterialien und Werkzeuge dar, die es dem Lerner ermöglichen, in seiner Lernumgebung eigene Wissenssysteme beliebig zu gestalten.

Moderater Konstruktivismus (im Softwarebereich häufig auch instruktionales Design der zweiten Generation oder Anchored Instruction): Umfasst verschiedene Mischformen, denen es darum geht, die Stärken instruktionistischer und konstruktivistischer Methoden zu verbinden. Seine Verfahren fördern das Lernen in einer komplexen und kontextualisierten Lernumgebung, wobei der Erwerb hierfür wichtiger kognitiver Grundlagen mehr oder minder stark durch Unterrichtsmaßnahmen gefördert werden kann.

Kapitel 2

1. Personenmerkmale siehe Box Seite 33/34.
   Lernstile ergeben sich, wenn mehrere Lerner die Personenmerkmale in einem typischen Profil ausbilden.
2. Sie bestimmt den Spielraum eines Lerners, seine Risikobereitschaft und Belastbarkeit. Ambiguitätstoleranz, Überforderung, Unterforderung, Standardsetzungen und viele weitere beim Sprachenlernen relevante Faktoren lassen sich nur vor dem Hintergrund der emotionalen Stabilität realistisch einschätzen.
3. Der Alterungsprozess beeinträchtigt die Wahrnehmung, die Gedächtnisfunktionen, die Flexibilität und die Reaktionsgeschwindigkeit. Das Weltwissen, das sich ältere Lerner angeeignet haben, hilft ihnen aber beim Erwerb neuen Wissens und neuer Sprachen. Das Lernen wird dadurch vereinfacht, dass man an bereits erworbene Strukturen besser anknüpfen kann.
4. Diese Zeitspanne relativer Flexibilität ist nach Lenneberg an die Phasen des Gehirnwachstums gekoppelt, das heißt, mit dem Abschluss des Gehirnwachstums in der Pubertät (mit circa 15 Jahren) endet die besonders günstige Aufnahmephase für fremde Sprachen. Diese Auffassung ist jedoch mittlerweile in die Kritik geraten.
5. Je älter sie evolutionsgeschichtlich sind, desto geringer ist ihre Lernfähigkeit. Der Hirnstamm weist naturgemäß die niedrigste Lernfähigkeit auf und ist kaum beeinflussbar. Das lymbische System lässt sich dagegen bei einfachen Operationen, wie einer reflexartigen Bremsung vor einer roten Ampel, durch Konditionierung beeinflussen. Am ehesten reagiert das Großhirn auf Lernimpulse, und zwar auf verschiedene (kognitive) Arten. Allerdings interagieren die verschiedenen Schichten intensiv, sind also ohne die anderen nicht operationsfähig. Das bedeutet, dass bei Lehr- oder Lernvorgängen im Unterricht nicht rein kognitiv vorgegangen werden sollte, sondern dass auch die Instinkte und Emotionen angesprochen und sinnvoll integriert werden müssen.

6. Die Lerndimensionen helfen, den Sprachunterricht besser an den Bedürfnissen der Lerner auszurichten, ohne die Lerner in starre Kategorien einzuteilen.

7. Zum Beispiel: Hinweise in der Literatur nutzen, Lernerinnen und Lerner beobachten, alternative Themen, Aufgaben und Lernwege anbieten. Vorschläge der Lernerinnen und Lerner auswerten und nach Möglichkeit umsetzen. Stärken nutzen, ohne Stereotypen zu verfallen.

8. Zum Beispiel: Kenntnisse der Lernerkultur durch Befragung, Beobachtung oder Dokumente (Lehrpläne) besorgen. Verschiedene Wege ausprobieren und Vorschläge der Lerner sammeln. Fehler und Konflikte sorgfältig auswerten und versuchen, eine Beziehung zur Lerntradition herzustellen.

Kapitel 3

1. und 2. Vergleiche Abbildung 3.4 auf Seite 63 und die zugehörige Beschreibung auf den Seiten 63-66.

3. Vergleiche Seite 49, Abbildung 3.2 und die zugehörige Erläuterung Seite 49f.

4. Gesetz der Nähe, Gesetz der Ähnlichkeit, Gesetz des glatten Verlaufs, Gesetz der Geschlossenheit und der guten Gestalt.

5. Bedeutung und Wissen werden in Form vieler Details repräsentiert, deren Verbindungen zueinander im Gehirn hergestellt werden. Diese Details werden im Sinne des Gestaltprinzips der Geschlossenheit erst wirksam, wenn sie zusammen ein zusammenhängendes mentales Bild ergeben, das einen Bezug zu einer visuellen oder räumlichen Vorstellung herstellt.

6. Je tiefer oder intensiver die Aktivierung eines Musters oder mentalen Bildes im Kurzzeitgedächtnis ist, desto besser kann es sich an die schon gespeicherten Muster (das bestehende Wissen) im Langzeitgedächtnis andocken.
   Übungen, die verschiedene Verarbeitungsbereiche im Gehirn ansprechen, tragen zu einem erhöhten Aktivierungsgrad bei und verbessern die Chancen zum Andocken an bestehendes Wissen.

7. Siehe Übersicht Seite 61.

8. Die unterordnende Form entspricht der klassischen Wortassoziation. In dem Modell des koordinierten Bilingualismus sind die Konzepte der Erst- und Zweitsprache und ihre Begriffe voneinander unabhängig. Die Speicherung und Verarbeitung ver-

läuft also parallel. Das Modell des verbundenen Bilingualismus geht dagegen von einer gemeinsamen Konzeptquelle aus, die aber zwei unterschiedliche Benennungen ermöglicht. Der Begriff aus einer der beteiligten Sprachen aktiviert primär das für seine Kultur typische semantische Feld, die semantischen Elemente des anderen Begriffsfeldes können aber mitaktiviert sein. Der verbundene Zugang zum Lexikon bietet Sprechern einen erweiterten Wortschatzhorizont und mehr Wortauswahl. Geübte Sprecher, wie etwa Bilinguale oder Dolmetscher, können wahlweise und ohne Verzögerungen aus jeder der beteiligten Sprachen Wörter auswählen. Die Art der Organisation der Wörter entspricht bei gleichzeitig mit zwei Sprachen aufwachsenden Kindern und solchen, die später in einem echten mehrsprachigen Kontext leben, eher der verbundenen Form. Sie beherrschen beide Sprachen so gut, dass sie beliebig zwischen ihnen wechseln können. Bei Lernern, die relativ spät beginnen, fremde Sprachen in mehrsprachigen Lernumgebungen zu erwerben, geht man davon aus, dass sie mit dem unterordnenden Modus den Zweitsprachenerwerb beginnen. Bei ihnen ändert sich aber im Laufe des Erwerbsprozesses die Form des Erwerbsmodus vom unterordnenden über den koordinierten bis zum verbundenen. Im Unterricht könnte man diese Prozessstufen analog nachvollziehen. Dabei wäre es wichtig, durch den Ausbau der semantischen Netze die Aktivierung des Lexikons zu beschleunigen und zu vertiefen. Das kann am besten in möglichst verschiedenen handlungsbezogenen Kontexten geschehen. Auch durch kontrastives Vorgehen lassen sich semantische Netze differenzieren.

Kapitel 4

2. Siehe Auflistung Seite 102f.
3. Vergleiche Tabelle Seite 101.
4. Einerseits einen fördernden, weil der Lerner an bekanntes Wissen anknüpfen kann. Andererseits einen hemmenden, weil bestimmte Routinen eingefahren sind, die den weiteren Erwerb verhindern. Man kann aber nicht einfach von sprachlichen Strukturen auf Erwerbsprobleme schließen, wie das die Kontrastive Linguistik getan hat.
5. Erst- und Zweitsprachenerwerb folgen den gleichen Prinzipien. Diese Prinzipien basieren auf angeborenen Eigenschaften.

Interferenzen kann es daher kaum geben. Die Identitätshypothese ist nativistisch und kognitivistisch geprägt.

6. Weil sie es erlauben, den Prozess des Erwerbs als geordnete und vorhersagbare Abfolge darzustellen. Fehler bekommen dadurch eine andere Qualität: sie markieren den Fortschritt des Erwerbs. Auch Fossilisierungen kann man im Rahmen von Erwerbssequenzen besser identifizieren und damit geeignete Korrekturmethoden entwickeln.

7. Im Erwerbssequenzenmodell treten Fehler entwicklungsbedingt auf, dadurch relativiert sich das Thema Fehlerkorrektur schnell. Die Erwerbssequenzen werden in Richtung einer Zielvariante durchlaufen. Viele Fehler können daher als Zeichen einer Entwicklung, also als Entwicklungsfehler oder Entwicklungsstufen angesehen werden. Sie markieren damit eher Fortschritt als Rückschritt, bestehen meist nur vorübergehend und verschwinden teilweise ohne weiteres Zutun im Laufe der Sprachentwicklung. Man kann sich damit viele der mühsamen Korrekturen im Unterricht ersparen.

8. Mit dem Prozess des Erwerbs der ersten Sprache vollzieht sich ein Prozess der geistigen Entwicklung oder Maturation. Bei vielen, die nach Schuleintritt eine zweite Sprache lernen, ist dieser Prozess abgeschlossen. Das heißt, sie können dann ohne Probleme und zeitliche Verzögerung auf das Wissen aus der Erstsprache zurückgreifen und brauchen es nur mit den Begriffen der zweiten Sprache neu zu belegen. Diese Beobachtung spricht gegen die Identitätshypothese von Erst- und Zweitsprachenerwerb.

   Zu den Entwicklungsstufen im L1-Erwerb vergleiche die Übersicht auf Seite 108f.

9. Die Schwellenhypothese geht von zwei Schwellen aus, von denen aus sich unterschiedliche Effekte auf den Spracherwerb ergeben. Unterhalb der ersten Schwelle lassen sich eher negative Effekte auf beide Sprachen feststellen. Das Ergebnis kann eine doppelte Halbsprachigkeit, eine sehr niedrige und bruchstückhafte Kompetenz in Erst- und Zweitsprache, sein. Hier kann die Zweitsprache zu negativen Einflüssen auf die Erstsprache führen, besonders dann, wenn es an Systematik fehlt und wenig auf sprachliche Korrektheit geachtet wird. Zwischen dieser unteren Schwelle und der oberen Schwelle befinden sich die so genannten Standard- oder Normalfälle, in denen die Erst-

sprache gut entwickelt ist, die Zweitsprache weniger. Positive und negative Effekte der Sprachen aufeinander halten sich die Waage. Erst oberhalb der zweiten Schwelle sind die Kompetenzen in beiden Sprachen sehr gut ausgebildet und beeinflussen sich gegenseitig positiv. Die Interdependenzhypothese geht noch einen Schritt weiter. Sie besagt, dass mit zunehmendem Grad der Sprachbeherrschung die in einer der Sprachen erworbenen Kenntnisse, wie zum Beispiel fachliches Wissen, übertragbar sind und positive Effekte auf die allgemeinen kognitiven Fertigkeiten haben. Gefördert werden kann diese Art von Mehrsprachigkeit durch immersionsartige Lernsituationen, in denen die Lerner aktiv mit Sprache handeln. Hierfür ist eine sprachlich und kulturell reiche Umgebung nötig.

10. Die Eingabe im Spracherwerb wird oft an das Sprachniveau des Lerners angepasst. Bei der Einschätzung des Sprachniveaus spielen, vor allem bei kurzen Begegnungen, auch nichtsprachliche Kriterien eine Rolle. Bei längeren Begegnungen lassen sich Aushandlungsprozesse beobachten. Dabei können sowohl reduzierte Äußerungen als auch umfangreiche Umschreibungen, Wiederholungen, Erklärungen und Ähnliches auftreten. Das Inventar dieser Sprachform Xenolekt lässt sich am besten mit dem beschreiben, was da ist, nicht mit dem, was ausfällt. Dabei kann man vier sehr gut unterscheidbare Äußerungsebenen (Anpassungsniveaus) identifizieren:

- eine Ebene umgangssprachlicher Strukturen
- eine Ebene mit geringerer Sprechgeschwindigkeit
- eine Ebene begrenzter Veränderungen oder einzelner Auslassungen: *er geht Bahnhof*
- eine Ebene von Inhaltselementen ohne jegliche Endungen und andere Funktionselemente: *du gehen bahnhof.*

Die Anpassungsniveaus lassen erkennen, wie der Sprecher die kommunikative Relevanz des Gesagten einschätzt. Diese Einschätzung ergibt sich aus den Zielen und Absichten des Sprechers und dem von ihm vermuteten Verständnis des Adressaten.

Kapitel 5

1. Relevante Kriterien für die Wahl der Beschreibungsperspektive sind Bedeutung, Lexik, Wortstellung, Lautstruktur, Intonation, Textualität und Handlungsbezug. Je nach Perspektive ergibt sich ein jeweils unterschiedlicher Beschreibungsansatz: beschreibende und normative Schulgrammatiken, Referenzgrammatiken, systematische und wissenschaftliche Grammatiken, funktionale, generative und kontrastive Grammatiken, Valenzgrammatiken, Text- und Diskursgrammatiken. Dabei weisen Sprachen eine große Variation auf, die sich unter anderem aus allgemeinsprachlichen, fachsprachlichen, dialektalen, soziolektalen und vielen weiteren Aspekten der Kommunikation ergibt.

2. Sprache ist ein Zeichensystem, das es uns erlaubt, die Welt zu benennen und nichtsprachliche (abstrakte) Vorgänge zu vermitteln. Das geht nur erfolgreich, wenn die Beteiligten das gleiche System beherrschen. Dabei nimmt die Sprache das auf, was dem Sprecher wichtig erscheint. Dies setzt sie um in Zeichen, die sie für solche Zwecke schon hat oder verwenden kann, weil sie den Zwecken am nächsten kommen. Wo dies nicht möglich ist, schafft sie sich neue Möglichkeiten. Die Sprache nutzt zunächst das vorhandene Inventar und spannt dabei auch andere Zeichensysteme, wie Gestik, Mimik, Symbole, Zeichnungen und Icons, ein. Sie operiert nach ökonomischen Gesichtspunkten. Das heißt, dass sie nicht alles benennen muss. Wo nach Einschätzung der Sprecher klar ist, was gemeint ist, kann sie ganz auf Wörter verzichten oder auch ungenau sein. Die Bezeichnungen, die Sprachen für das jeweilige Bezeichnete wählen, sind also subjektiv oder willkürlich gewählt. Sie sind arbiträr.

3. Thematik, Ausführlichkeit, Genauigkeit, Perspektive und Schärfe richten sich grundsätzlich nach dem Interesse des Sprechers und den Verstehensmöglichkeiten des Zuhörers. Danach entscheidet sich auch, welche Wörter für einen bestimmten Gedanken ausgewählt werden und welche grammatischen und stilistischen Strukturen dafür am ehesten in Frage kommen. Aus diesen Faktoren entsteht sprachliche Variation. Für bestimmte Situationen gibt es passende, manchmal auch standardisierte Textsorten und Kommunikationsrituale. Die Faktoren des Variationsspektrums sind vielfältig und differenziert.

Zu den Einflussfaktoren sprachlicher Variation vergleiche Übersicht Seite 141f.

4. Die Valenzgrammatik ist einer der wichtigsten Ansätze in der Fremdsprachendidaktik in den deutschsprachigen Ländern. Da sie von einer zentralen und steuernden Funktion des Verbs ausgeht, eignet sie sich besonders für das Deutsche und bildet die Grundlage vieler neuerer Lehrwerke für Deutsch als Fremdsprache. Allerdings ist sie wegen ihrer Begrifflichkeit nicht immer leicht zu vermitteln. Daher werden oft nur einzelne Aspekte des gesamten Ansatzes übernommen.

5. Sprecher und Adressaten handeln mit Sprache. Mit diesem Handlungsbereich beschäftigt sich die linguistische Pragmatik. Wie Höflichkeit ausgedrückt wird, welchen Sprachstil man für welche Zwecke wählt, wie ausführlich etwas ausgedrückt wird, ob man dies mit Fragen, Aussagen oder Befehlen macht und vieles mehr, regeln pragmatische Prinzipien. Man kann sprachliche Handlungen in Sprechakte unterteilen und in ihren kleinsten Einheiten, den Pragmemen, erfassen.

6. Die Textlinguistik geht von der Grundannahme aus, dass Sprache nur in schriftlichen und mündlichen Texten vorkommt. Das zentrale Element der Textlinguistik ist die systematische Erfassung von Verweisstrukturen in der Sprache. Die interne Struktur von Texten ergibt sich aus zwei Kriterienbündeln (textzentrierte Kriterien):
   • Aus der internen Verbindung und dem Zusammenhang des Textes durch sprachliche Mittel: Kohäsion
   • Durch einen nachvollziehbaren Aufbau und Zusammenhalt des Textes: Kohärenz
   Aus der Sicht des Lesers ergibt sich Textualität unter folgenden Aspekten (nutzerzentrierte Kriterien):
   • Erkennbare Zielsetzung: Kommunikationsabsicht/Intentionalität
   • Erfüllung sprachlicher Ansprüche und Umsetzbarkeit der Nachricht: Akzeptabilität
   • Gehalt des Textes: Informativität
   • Einbettung in den Textkontext: Situationalität
   • Erfüllung von Textsortenkriterien: Intertextualität
   Siehe auch die Merkmalliste zur Textgrammatik Seite 161.

7. Hypertexte sind im Grunde nichts anderes als gedruckte Texte, aber sie machen im elektronischen Medium die Prozesse der

Textkonstitution in einer Weise sichtbar, die sie als didaktisches Mittel in höchstem Maße qualifiziert. Hypertexte veranschaulichen, dass Texte grundsätzlich keine linearen Konstrukte sind, sondern aus vielfältigen Verzweigungen bestehen, auch wenn sie an der geschriebenen oder gesprochenen Oberfläche in einer linearen Ordnung erscheinen. Siehe auch Merkmalliste S. 170f.

8. Die Schrift ist in der Regel ein sekundäres System, das heißt, es wird zu einem begründeten Zeitpunkt geschaffen, um mündliche Sprache zu fixieren. Dabei entwickelt es eigene Konventionen und Prinzipien, die ihrerseits wieder auf die mündliche Sprache zurückwirken können. Als sekundäres System entwickelt sich die Schrift anders und meist viel konservativer als die gesprochene Sprache. Dies verdeckt heute leicht die Tatsache, dass die Schriftzeichen ursprünglich nicht abstrakte Symbole sind, sondern auf konkrete Objekte verweisen. Diese konkrete Funktion der Schrift ist im lateinischen Alphabet nicht mehr erkennbar. So kann die Schrift nur einen bedingten behaltensfördernden Effekt beim Lernen haben. In Sprachen wie dem Japanischen sind die visuellen Symbole dagegen noch präsent und produktiv.

9. Unter einer Lernergrammatik versteht man zum Ersten das interne, unbewusste Grammatikverständnis, das sich ein Lerner im Laufe des Erwerbs aufbaut. Zum Zweiten wird mit Lernergrammatik auch die Grammatik bezeichnet, die Lerner für sich selbst bewusst entwickeln, indem sie Hypothesen über die fremde Sprache bilden und diese notieren. Zum Dritten bezeichnet der Begriff Grammatiken, die von Autoren speziell für Lernzwecke gemacht sind. Solche Lernergrammatiken können Grammatiken in Lehrbüchern oder Übungsgrammatiken sein. Lernergrammatiken stellen keinen linguistischen Ansatz der Grammatikbeschreibung dar. Sie sind Gebrauchsgrammatiken.

10. Didaktische oder didaktisierte Grammatiken sind das Verbindungsstück zwischen Lernergrammatiken und wissenschaftlichen Grammatiken. Ihnen geht es darum, die komplexen Beschreibungen systematischer Grammatiken auf ein handhabbares Maß zu vereinfachen, ohne dabei stereotype oder falsche Generalisierungen zu produzieren. Didaktische Grammatiken konzentrieren sich auf die wichtigsten Funktionen einer

grammatischen Eigenschaft und vernachlässigen die Ausnahmen. Da sie nicht an einen bestimmten theoretischen Ansatz gebunden sind, können sie sich das Wichtigste aus verschiedenen Ansätzen heraussuchen und die Defizite der einzelnen theoretischen Ansätze ausgleichen. So kommen verschiedene linguistische Perspektiven, die jede für sich nur jeweils bestimmte Aspekte behandeln, zum Zuge. Didaktische Grammatiken orientieren sich stark an funktionalen Gesichtspunkten der Sprachbeschreibung und sind auch Lernergrammatiken, indem sie die Entwicklungsperspektive der Lerner berücksichtigen. Sie wachsen mit dem Sprachstand des Lerners mit. Das schließt Anlehnungen an und Brückenkonstruktionen zur Ausgangssprache der Lerner mit ein. Didaktische Grammatiken zeichnen sich darüber hinaus durch eine Reihe von Merkmalen in der Darstellung aus (vergleiche die Liste Seite 176).

Kapitel 6

1. Aufgaben betonen den authentischen Handlungscharakter von Sprache. Für ihre erfolgreiche Bearbeitung benötigt man verschiedene Fertigkeiten wie Leseverstehen, Hörverstehen, Schreiben, Sprechen, die in authentischer Kommunikation meist zusammen vorkommen. Die Einteilung in Fertigkeiten in Unterricht und Lehrmaterial hat daher etwas Künstliches, wenn diese Fertigkeiten in der Kommunikation nicht zusammengebracht werden.

2. Der Lehrplan ist eigentlich ein Lernplan. Er stellt das Sprachhandeln in interkulturellen Kontexten in den Mittelpunkt, bezieht die Spracherwerbsforschung ein und ist knapp und anschaulich formuliert. Er kann als Arbeitsvorlage für den praktischen Unterricht dienen.

3. Man unterscheidet beim Leseverstehen das globale, das selektive und das totale Lesen. Zu den Techniken gehören vor allem das Scanning und das Skimming und verschiedene Techniken des Lesens in Phasen. Vergleiche dazu Seite 196ff.

4. Am besten in Handlungskontexten, in denen der Lerner rezeptive und produktive Formen der Sprachverwendung kombinieren muss.

5. Bruchstellen markieren Grenzen im Lautstrom. Sie entstehen zwischen Redebeiträgen oder auch zwischen Sätzen und Wörtern, beim Langsamsprechen auch zwischen Silben, meist beim

Luftholen oder durch eine bestimmte Betonung oder andere bewusste Steuerung. Bei normaler Sprechgeschwindigkeit sind sie nicht gut wahrnehmbar. Um Lernern die Identifikation von Sprachelementen zu erleichtern, kann man langsamer, deutlicher und mit stärkerer Betonung sprechen und damit Bruchstellen besser markieren oder zusätzliche schaffen. Man kann die Zuordnung der Schallwellen (Laute und Lautketten) zu sprachlichen Einheiten auch durch verschriftlichte Parallelinformationen verdeutlichen.

6. Vergleiche das Modell auf Seite 206. Im Sprachunterricht sollten, wie in authentischer Kommunikation, alle Lernformen verwendet werden. Bei den Aufgaben ergibt sich dabei eine grobe Richtung vom einfachen Signallernen hin zum Problemlösen. Phasenmodelle des Unterrichts orientieren sich meist an dieser Abfolge. Siehe auch die Einteilung in Unterrichtsphasen Seite 211. Einzelne Lernformen eignen sich besonders gut für das Einüben bestimmter Fertigkeiten. So sind einfache Konditionierungsübungen auch im fortgeschrittenen Erwerb zur Automatisierung durchaus angebracht. Allerdings nur, wenn sie in ein entsprechendes Erwerbs- und Handlungskonzept eingebettet sind.

7. Siehe Kasten Seite 209.

8. Die Fähigkeit, fließend zwischen zwei oder mehr Sprachen zu wechseln, um den Beteiligten an der Kommunikation die Konzeptwelt der jeweils anderen Kultur zugänglich zu machen. Das setzt sehr gute Sprach- und Kulturkenntnisse voraus, da die transkulturelle Vermittlung komplexe funktionale Übertragungen verlangt.

9. Siehe Kriterien Seite 216f.

10. Zum Beispiel durch authentische Aufgaben oder im Rahmen der Szenariendidaktik. Siehe Liste Seite 215f.

Kapitel 7

1. Die Sprach- und Kulturvermittlung mit dem Ziel der Vermittlung von interkultureller Kompetenz.

2. Nur ein Teil der kulturellen Einstellungen und Werte wird an der Oberfläche sichtbar, meist das Folkloristische. Die tiefer liegenden Werte und Konzepte bleiben verborgen oder zeigen sich nur indirekt. Sie bestimmen unser Verhalten, unsere Wahrnehmung und Sprache meist stärker, als es die Oberfläche erkennen lässt.

3. Die wichtigsten sind die kognitive, die kommunikative und die inter- und transkulturelle Landeskunde. Siehe auch die Klassifikation Seite 235.

4. Siehe Liste Seite 239f.

5. Hinweis: Berücksichtigen Sie bei Ihrer kreativen Antwort auch die neuen Möglichkeiten der Mobilität und der Mediennutzung.

6. Wenn Landeskunde nur Zusatzinformationen liefern soll, reicht die Zeit nie. Wenn Kultur- und Sprachvermittlung aneinander gekoppelt sind und wenn ein besseres Kulturverständnis, das die Verstehensbedingungen der Lerner systematisch berücksichtigt, die Fehleranfälligkeit und -häufigkeit reduziert, dann befördert diese Art interkultureller Landeskunde den Spracherwerb und spart im Endeffekt Zeit. Außerdem lässt sich dadurch die Qualität und Nachhaltigkeit des Unterrichts erhöhen.

Kapitel 8

1. Medial als DOS-, Multimedia- und Internet-Programme. Funktional als tutorielle, situative oder konstruktive Programme.

2. Sie bieten dem Lerner viele Möglichkeiten für entdeckendes Lernen, auch über den Unterricht hinaus. Es ist jedoch wichtig, dem Lerner Navigations- und Orientierungshilfen zu geben, damit er von der Offenheit und dem scheinbaren Mangel an Struktur nicht überfordert wird. Offene Lernumgebungen können damit den Lerner fordern und fördern. Außerdem lassen sich viele Inhalte, Werkzeuge, Webseiten, Informationen und Ähnliches auch über den Unterricht hinaus im Privat- oder Berufsleben weiter nutzen.

3. Blended Learning bezeichnet Unterrichtsformen, in denen die Medien systematisch und schwerpunktmäßig in verschiedenen Phasen zum Einsatz kommen. Daran beteiligt sind immer auch virtuelle Lernphasen, das heißt elektronisch vermittelte. In diesen Phasen ist der Lerner oft auf sich alleine gestellt und kann damit leichter den Anschluss an den Lernverbund verlieren. Der Tutor kann nicht so leicht wie in Präsenzphasen mögliche Probleme erkennen und beheben helfen. Manchen Lernern liegt die computergestützte Kommunikation wegen des Mangels an persönlichem Kontakt grundsätzlich nicht, andere kommunizieren nicht gerne in öffentlichen Foren oder Chats. Blended Learning-Programme müssen daher sorgfältig geplant und

intensiv betreut werden. Aus jeder Phase sollte der für ihr Medium typische Mehrwert erkenn- und erzielbar sein. Siehe auch die Kriterien Seite 248f.

4. Siehe Liste Seite 251f.

5. Siehe Liste Seite 249f. und die Funktionsbeschreibung Seite 251.

6. Die Medien sind trotz internationaler Standards nicht kulturfremd. Die Konzeption der Technik und ihre Nutzung basiert auf kulturspezifischen Vorstellungen von Kommunikation, Information und Bildung. Auch die Vorstellungen von Unterricht, Lernprozessen, Lehrmaterial, Schüler- und Lehrerrollen und Ähnliches sind kulturell stark geprägt, auch wenn es den Beteiligten nicht immer bewusst ist. Daraus können große (unbeabsichtigte und unbewusste) Konflikte entstehen. Bei der interkulturellen Nutzung der Medien ist wegen dieser Selbstverständlichkeit besondere Sensibilität gefordert.

9.3 | Register

Akkomodationsprozess 110
Akkulturationshypothese 107, 127
Aktivierung 50f., 58, 63f., 67f., 73, 82, 211, 215
Aktivierungsgrad 58
Aktivierungsmuster ....50f.
Aktivierungsroutine 51
Allgemeinsprache ....137f.
Alltagskultur ....234f.
Alltagssprache 25, 220, 228
Alter 32, 36-40, 224
alternative Methoden 24, 26, 67
anchored instruction → instruktionales Design der zweiten Generation
Anfangsphase 248
Animation 59, 61, 165-167, 232, 243, 251, 255
Anpassung 124-126
Anpassungsniveau 121, 125
Anpassungsprozess 109
Aphasie 48, 62, 142
Arbeitsgedächtnis → Gedächtnis
arbiträr 135
Army Method 15
Artikulation 66f., 145, 147
Artikulationsroutinen 66
Artikulator 63, 66, 85
Assimilationsprozess 110
Assoziation 58, 211
Assoziogramm 81, 84
audiolinguale Methode 15, 58, 183, 207, 234
audiovisuelle Methode 15, 183, 234
auditiv ....15, 47, 52f.
Aufmerksamkeit 36, 55f., 58, 60, 61, 80, 83, 228, 238
Aufmerksamkeitsfokussierung 61
Aufnahme 26, 33, 38, 47, 59, 67, 98, 121, 126, 165, 194f.,
Ausfilterung 52
Ausgabe 13, 126
Ausgangskultur 182f., 233, 235, 239
Äußerungsplan 63, 66
Aussprache 37f., 46, 67, 77-79, 86, 91, 106, 126, 137, 141, 183, 187
authentische Daten 22, 92, 122
authentische Situation ....21, 204, 213f.

authentisches Handeln 213
Automatisierung 46, 51, 58, 67
autonom → Lernen
    → Lernerautonomie
Autorenwerkzeug 249
Bedeutungserschließung 208
Bedeutungskonstruktion 51, 57
Bedeutungsmuster 51, 54
Begriffsfeld 71, 74
Behalten 18, 26, 57, 59, 73, 82f., 214
Behaltensförderung 61
Behaltenssteigerung 81, 212
Behaviorismus 16, 206, 234
behavioristisch 14-18, 26, 67, 127, 205, 234, 253
Bergmannsprache 142
Bild statisches ....61f.
    dynamisches 61
    -kulturen 232
    -verarbeitung 46, 59
bilingual 21, 70-72, 74, 119
Bilingualismus unterordnender 71
    verbundener 71
    koordinierter 71
Blended Learning 242, 248f., 253
Bottom-up-Prozess 64
Broca-Zentrum 48
Bühnensprache 132, 137
CD-ROM 16, 19, 22, 40f., 140, 243, 246, 253-255
Chat 80, 142, 193, 249, 251
Cluster 64, 147
Cognitive Theory of Multimedia Learning ..59
critical period 38
D-A-CH-Thesen 235
denotative Bedeutung ....74f.
Dependenzgrammatik → Grammatik
Dialekt 121, 134, 142
Dialoggrammatik → Grammatik
Didaktik kommunikative 24, 26, 170, 173, 192, 200, 220
    Sprach- ....27f., 170, 208, 210, 215, 220f., 228, 233, 238f.
    Szenarien- ....213f.
didaktisch 7, 11, 132f., 151, 158, 167, 170, 174-177, 181f., 201, 203, 208, 216, 231f., 243, 253

Differenzierung thematische 211
  strukturelle ....211f.
DIN-Norm 138f., 142
Diskursgrammatik → Grammatik
Diskurs -linguistik → Linguistik
  -muster 63, 65, 227
  -typ 173, 215
Dolmetschen...................207, 210
doppelte Halbsprachigkeit
  → Semilingualismus
dritter Ort......................228, 239
duale Kodierung 59
Einführung 211
Eingabe 12, 28, 57, 90, 107, 112,
                   120f., 126f., 194
Eingangsinformation 51, 57
Einheit sieben 56
Einordnen 52
einsprachige Erklärung 74, 81
Einsprachigkeit 74
Einstufung..........................248
Eisbergschema 226
elektronische Medien → Medien
elektronischer Assistent 201, 203, 245,
                   248, 252, 255
Emotion.......................31, 34, 39
Endphase 83
Energie 50, 55, 58,
entdeckendes Verfahren 86, 177, 182, 211
Entdeckungstrieb 33
Entwicklungsprozess 133, 140f., 228
Erfolg 14f., 31-33, 35, 40, 67, 81, 90
Erkennen ....52f.
Erproben 23, 188, 192
Erwerbsforschung 27, 181
Erwerbsmodus 72, 107, 127, 150
Erwerbssequenzen 110-112, 114-117, 128
Erwerbsstufen 90, 94, 97, 110f.,
                   113, 125f., 208
Erwerbssystem 115
Eurolatein 81
Expansion ....211f.
Expertensprache 138
Fachsprache 75, 132, 134,
                   137-139, 187, 189
Fachsprachenunterricht 138
Faktoren affektive 35
  endogene 42
  exogene 32, 42
  kognitive 47

Fehlansatz 125
Fehler -analyse 85
  -identifikation 85
  -korrektur 85f., 116, 187, 203
  -ursache 85
Feinlehrziel 181, 183
Fertigkeit rezeptive ..192, 194, 198, 204, 254
  produktive 192
Filtern 52, 108
Flexion 66
Fokus 98f., 101, 124, 210
Forderung 213
Förderung 42, 213
Formel 176
Formulator ....63, 65f.
Fossilisierung 33, 38, 92, 112, 120
Fremdsprachenerwerb → Spracherwerb
funktional 67, 83, 101, 103, 117,
                   132, 152-155, 158, 162, 172,
                   174, 176f., 188, 210, 215f.
Funktionselement 70, 98-100, 122
Funktionswort 65
Gebrauchsgrammatik → Grammatik
Gedächtnis Arbeits- 57
  deklaratives 18
  episodisches 18
  Kurzzeit- 18, 57f., 60
  Langzeit- ....18, 57f.
  propositionales 18
  prozedurales 18
  semantisches 18
  -speicher 18
  Ultrakurzzeit- 18, 57
Gehirn -hälften 47
  -zentren 47
Gemeinsamer Europäischer
Referenzrahmen (GER) 184-186, 193, 234
Generalisierung 174f., 207, 228
Gerolekt 141
geschlechtsspezifische Unterschiede ...36, 40
geschlossenes Programm → Programm
Gesprächsabsicht ....66, 120f.
Gesprächsanalyse 152
Gesprächsmanagement 222
Gestaltpsychologie 54
Gestik 70, 99, 121, 134, 147, 192
Gliederungsprinzip 56
Globalverstehen 195
Grammatik -animation 251
  anthropologische 161

deskriptive 151, 161
deduktive 177
Dependenz- 152, 155
diachrone 151
Dialog- 161
didaktisierte 151, 158, 175, 216
Diskurs- 132, 152
funktionale .132
Gebrauchs- 151, 154, 173
generative 132, 152
induktive 177
Instruktions- 161
interne 173
kontrastive . . . . .132, 151f.
Lehr- 173
Lehrbuch- 173
Lerner- . . . . .173, 175f.
Merkmal- 161
normative 132, 151
pädagogische 175
pragmatische 152
Problem- 151
Produktions- 216
-progression 111, 128
Rezeptions- .151
Schul- 132, 151-153, 157
strukturalistische 152
synchrone 151
systematische 132, 154, 175
Text- 152, 158, 161-163, 165
Übergangs- .173
Übungs- 173
Valenz- 132, 155-158, 173
wissenschaftliche 132, 152, 158, 175
Grammatik-Übersetzungsmethode
(GÜM) 12-14, 17, 67, 105, 192, 207, 209
graphemisch 63
Groblehrziel 181f., 192
gustatorisch 52, 63
Handeln sprachliches . . .24f., 63, 82, 145, 172,
214f., 242, 268
nicht sprachliches 25
Handlungslinguistik → Linguistik
Hausaufgabenverwaltung 251
Hemisphären → Gehirnhälften
Hermeneutik interkulturelle 221, 228
Hintergrund . . . . .53f.
Hörverstehen 181, 192, 194, 198-200
Hyperfiction 168f., 171, 246
Hypermedia 22, 243

Hypertext . . . . .167f., 170f.
Identitätshypothese 105-108, 116, 127
Illustration 61
Immersion 21
Immersionsschule 21
Impuls 39, 49-51, 188
Individualisierung 242, 246
Informationsaustausch 49, 51
Informationsprinzip 98
Informationsspeicherung . . . . .56f.
Informationsverarbeitung 7, 18, 28, 45-47,
50, 52, 56, 62, 70, 171, 252
Inhaltselement 70, 122
Inhaltsverwaltungssystem 249
Inhaltswort 53, 65, 69f., 99
innere Sprache .66
Input → Eingabe . . . .
instruktionales Design der zweiten
Generation 23
Instruktionsgrammatik → Grammatik
Instruktionsmedien 17
Instruktionsverfahren . . . . .17f.
Intake – → Aufnahme
Integration 57, 211f., 251
integrative Landeskunde → Landeskunde
Intensität 58
Intensivierung 242, 246
Interaktion 70, 107, 127
Interaktionshypothese 107, 127
interaktive Tafel 247, 249-251
Interaktivitätssteigerung 242, 247
Interdependenzhypothese 118f., 128
Interdisziplinarität 237
Interesse instrumentelles 34
Interferenz 105f., 127
interkulturell 12, 27f., 181f., 184,
186, 188f., 208, 210, 213, 215-218,
220f., 224, 228-231, 233, 235,
237-240, 252, 254
interkulturelle Hermeneutik → Hermeneutik
interkulturelle Kommunikation
→ Kommunikation
interkulturelle Kompetenz → Kompetenz
interkulturelle Landeskunde → Landeskunde
interkulturelle Vermittlung 184, 216,
220f., 227f., 237
interkulturelles Training . . . . .228f.
Interlanguagehypothese 110, 128
Internationalisierung 236
Internationalismen 81

Internet 16, 21, 23, 168, 196, 225,
          232f., 243, 249, 253
-Literatur 246
Intonation 56, 66, 99-101, 145, 147, 199
Inversion ....100, 111, 113f.
Kapazitätsgrenze 60
Kategorie 52, 55, 109f., 113, 115,
          152, 161, 173
Klischee ....228f.
Knoten ....65, 68f.
kognitiv 19f., 23, 32, 39, 47, 107, 119, 128
kognitive Entwicklung 108f., 120
kognitive Landeskunde → Landeskunde
kognitive Stile 32
Kognitivismus 206
kognitivistisch 17-19, 127, 205
Kohärenz 159, 164, 166
Kohäsion ....159, 164, 166f.
Kommunikation mündliche 25, 53, 150,
          152, 198, 210
    interkulturelle 12, 217, 220,
          224, 228, 230f., 239
    schriftliche 150
Kommunikationskanal 193, 203, 249
Kommunikationskonvention 227
Kommunikationskonzept 216
kommunikative Didaktik → Didaktik
kommunikative Kompetenz → Kompetez
kommunikative Landeskunde
    → Landeskunde
kommunikative Relevanz 125
kommunikativer Druck 40
kommunikativer Zweck 33, 172, 214
Kommunikativität 25
Kommunizieren ökonomisches 100
Kompetenz interkulturelle 182, 186,
          210, 213, 215, 217, 221, 230f.
    kommunikative 24-26, 182
    kritische 34, 182, 193, 207, 231
    muttersprachliche ....25, 128, 185, 220f.
    soziale 182, 213
    translatorische ....207, 209f.
    Übersetzungs- ....181, 207f.
Komplexitätsstufen 138
Konditionierung 16, 39, 206
konfrontative Semantik → Semantik
Konnotation 75, 78
Konstituenten 98
Konstruktion 17, 20, 51, 53, 57, 65
konstruktives Programm → Programm

Konstruktivismus moderater ....23f.
    radikaler 20
konstruktivistisch 17, 20-23, 26, 171,
          181-183, 186, 215
Kontiguitätseffekt 60
Kontrastive Linguistik → Linguistik
Kontrastivhypothese 105-107, 127
Konzept 46, 55, 64f., 67f., 71, 76, 82,
          84, 108f., 146, 148, 206f., 226-228,
Konzeptualisator 63-65
Konzeptualisierung 64-67, 215
konzeptuell 66, 76, 82, 85f., 92,
          110, 117, 126, 223, 227, 236
Konzeptwelt 28, 75, 83, 209, 222
Koordination 46, 48, 50
Korpus 78
Korrekturmöglichkeit automatische 251
    elektronische 203, 247, 251
    teilautomatische 251
kreative Pause 111
kreative Schöpfung 75
Kreativität 67, 134, 184, 213, 246
Kreolsprache 99
kritische Kompetenz → Kompetenz
kritische Periode 38
Kultur 21, 23, 33-36, 54f., 67, 71,
          80, 107, 126, 145, 148, 160, 165, 167,
          182f., 207, 209f., 213, 216, 221f., 226-230,
          232-236, 238-240, 252
Kulturem 148
Kulturkunde 233-235
kulturspezifische Präferenzen 35
kulturspezifische Wahrnehmung 232
Kulturstudien 235-237
kulturüberschreitende Ansätze 235
Kurzzeitgedächtnis → Gedächtnis
Landeskunde integrative → Tübinger Modell
    interkulturelle ....233, 235f., 239f.
    kognitive ....233f.
    kommunikative 234
    transkulturelle ....235f., 239f.
Language Acquisition Device
    → Sprachlernfähigkeit
language acquisition → Spracherwerb
Langzeitgedächtnis → Gedächtnis
Lateralität 47
Laut ...15, 37f., 46, 56, 58, 63f., 70, 106, 108,
          131, 142, 145-147, 167, 198f., 227
-kette 64, 121
-parameter 38

-struktur 57f., 146, 152
learnability → Lernbarkeitshypothese
Lehnwort 75
Lehrbarkeitshypothese 116, 128
Lehrbuchgrammatik → Grammatik
Lehrer/Lehrerin 8, 16, 19, 21, 23, 25, 33,
35f., 56, 67, 85f., 91, 110, 120, 144, 148, 178,
182, 186, 196, 208, 216, 220, 234, 237,
248, 251f., 255
Lehrgrammatik → Grammatik
   -material 25, 28, 36, 54, 59, 61,
91, 137, 153, 178, 242
   -plan 181, 186f., 189f., 193
   -werk 13f., 83, 111, 157, 163,
173, 177, 192, 230-232, 235, 240, 253
Lehrziel -bestimmung 35, 181, 184, 186
   -ebene 181-183
Leistungsmotivation → Motivation
Lemma 65-68
Lernaktivität . . . . .82f.
Lernart 205-207
Lernbarkeitshypothese 116, 128
Lernbereitschaft . . . . .32f.
Lernen lernen 189, 192
Lernen außerhalb der Klasse . . .90, 189, 192
   autonomes 178, 182, 215
   assoziatives 82
   bedeutungsbezogenes 82
   deduktives 82
   elektronisches 248
   gemeinsames 189, 191
   generatives .59f.
   gesteuertes .16,
   individuelles 189, 191
   inzidentelles 21, 70
   konnektives 82
   konstruktives . . . . .59f.
   konzeptuelles .82
   taxonomisches 82
   virtuelles 249
   zuordnendes .60
   zyklisches 59, 82
Lerner -autonomie 17, 171
   reflektierender 36
   -grammatik → Grammatik . . . .
   -typ 36, 171, 189, 214, 216, 248, 251
   -typologie 36
   -variablen 27f., 31f., 90, 103, 211
   -verwaltung .249
Lernergebnis 41

Lernfähigkeit .32f., 39
Lernfeld 187f., 190
Lernimpuls 39
Lernmehrwert 242, 246, 249
Lernmotivation 39
Lernphase 211
   elektronische . . . . .248f.
Lernplattform elektronische . . .247, 249-251,
255
Lernprozesse . .18, 50, 90, 107, 127, 171, 186f.
Lernsoftware 40f., 243, 252
Lernstil 31f., 36
Lernstrategie 19, 189, 212, 215, 217
Lernszenario 188, 214
lerntheoretischer Rahmen . . . . .182f.
Lerntradition 35, 182, 212, 233
Lernumgebung natürliche 21
   offene 203, 242, 246
   reiche 21, 23
   verzweigende .22
Lernuniversalien 27f., 47
Lernweg 41, 181, 214, 246, 248, 251
Lernziel 19, 27, 31, 169, 180-183,
186, 189f., 192, 210f., 216, 220
Lesen entdeckendes 169
   globales 195f., 198
   intensives 195, 197, 202
   orientierendes . . . . .196f.
   selektives 195-197
   suchendes 196
   totales 195-197
Lesestil 195
Leseverstehen 181f., 189, 192, 194f.,
198, 201
Lexem .65, 67f., 145
Lexik 144
linear 111, 126
Linguistik kontrastive 105f., 227
   Diskurs- 145, 147, 165, 172
   Handlungs- 145, 147
   Text- 145, 147, 158
Maturation 108
Medien elektronische 16, 170, 204,
242f., 246, 252
   -entwickler 16, 19, 21
Mehrfachsequenzen 112
Mehrsprachigkeit 8, 117-119, 132, 141,
151, 187, 216
Mehrwerterzielung 246
Memorieren 73

mental image → mentales Bild
mentale Konstrukte 232
mentales Bild 55, 58-60, 83, 221, 232
mentales Lexikon bilinguales 70-72, 74
  einsprachiges 69, 70, 71
Merkfähigkeit . . . . .32f.
Merkmalgrammatik → Grammatik
Metapher . . . . .75, 164f., 209, 221f.
Methode 7, 12-19, 24, 26f., 35, 58, 67,
  73, 92, 181, 183, 192, 197, 207,
  209-212, 215, 217, 220, 233f., 239
Methodenmix 27, 183
Methodik 181, 192, 210, 236
Mimik 49, 70, 99, 134, 147, 192
Misskommunikation 138
Mnemotechniken . . . . .82f.
Monitor -hypothese 107, 127
Morphem . . . . .65, 146f.
Morphologie 101, 144, 146
Motivation integrative 31, 33
  intrinsische 34
  Leistungs- 31
  Neugier- 31
Multimedia-Programm → Programm
Muster 52, 54f., 58
  -erkennung 53
muttersprachliche Kompetenz → Kompetenz
Nachhaltigkeit . . . . .34, 81f.
nativistisch .117, 127
Natural Approach 27
Negator 94
Nervenbahn .48f., 51
Nervenzelle . . . . .49f.
Neugier -motivation → Motivation
neuronal 49, 51
Normierungsdruck 138
nutzerzentriert .159
offenes Programm → Programm
olfaktorisch 52, 63
Online-Programm → Programm
Output -hypothese 108, 128
Paarassoziation 73f., 208
Pädolekt 141
Parallelinformation 24, 199, 201, 215
pattern 15
Pattern-Drill-Verfahren 51, 67, 183
Personenmerkmal 32f., 36, 42, 90, 117
Phase formal operationale 109
  konkret operationale 109
  präoperationale 109

sensomotorische 109
Phonem 63, 65, 146
Phonetik 145, 147
phonetischer Plan 63, 66
Phonologie 144
phonologische Kodierung 63, 66
Pidgin 99
Pidginisierungshypothese 107, 127
Planung . . . . .64, 67 ,85, 201
Plurizentrismus .235
Pragmatik 145, 147f., 165, 172, 252
pragmatisch 14, 67, 92, 103, 117, 148,
  152, 159, 184, 210, 216
pragmatischer Modus 89, 99-102, 104,
  124, 141
Pragmem 148
Prägungsphase 38
Präsentationssystem 250
Präsenzunterricht . . . . .203, 247, 249f.
präverbale Nachricht 65
Problemgrammatik → Grammatik
Problemlösen 54, 206, 207
Produktionsgrammatik → Grammatik
Produktionsprozess 64, 66f., 200
produktiv → Fertigkeit
Proficiency Guidelines 186
Programm DOS- .243
  geschlossenes 244, 246
  konstruktives 244-246
  Multimedia- .243
  offenes 245
  Online- 170, 193, 245f., 248f., 254
  situativ ausgerichtetes . . . . .243f.
  tutorielles 243
Projektarbeit 207, 212, 215
Prototyp 55
Prozessinformation 61
Prozesswissen → Wissen
psycholinguistisch 46, 62, 85
psychologisch 11, 16, 46, 206
Rahmung 124
Reaktion 15, 207
Rechercheinstrument 246, 251
Redundanz 100
Referenzmarkierung 100
Reflexion metakognitive 19
Reformbewegung 14, 24
Regionalität 235
Reiz 15, 50, 60, 207, 232
Reparaturmöglichkeit 251

Repräsentation propositionale 55
Response → Reaktion
Rezeptionsästhetik 168, 171
Rezeptionsgrammatik → Grammatik
rezeptiv → Fertigkeit
Rhema → Fokus
Rhythmus 56
Richtlehrziel . . . . .181f.
Risikobereitschaft 31-33, 35
Rituale sprachliche . . . . .63, 65, 172f.
Scanning . . . . .196f.
Schema 55, 65
Schema-Repräsentation 55
Schlüsselqualifikation 184, 202, 215
Schreiben 26, 83, 92, 151, 181f.,
187, 192f., 200f., 204
Schrift 148-150
Schüler/Schülerin . . 27, 56, 85, 119f., 126, 148,
153, 186, 205, 207f., 213f., 216f., 225, 252
Schüleraktivitäten 188f., 191
Schüleraustausch 21
Schulgrammatik → Grammatik
Schwellenhypothese 118, 128
Schwierigkeitsebene . . . . .205f.
selbst-referenziell .20
Semantik 70, 144f., 155f., 252
konfrontative .239
semantisch . .18, 52, 58f., 65f., 68f., 71, 75, 80,
84, 100f., 125, 146, 157-159, 161f.
semantisches Feld .71
semantisches Netz 68f., 81, 84
Semem 145
Semilingualismus 118
Sensibilisierung 228, 230
sensorisch 57f., 109
Signal -thema 187
-übermittlung .49
Silbe 56, 65, 68, 76, 80, 145, 147, 199
Simulationsspiel 21
Sinnesorgan 51, 63
Sinnkonstruktion .53
Situationswissen → Wissen
situativ ausgerichtetes Programm
→ Programm
Skimming 196
Skript 85
Software 23, 40-42, 243, 252
soziale Kompetenz → Kompetenz
Soziolekt 121
soziolinguistisch 24, 117

Speichermodell 57
Speicherung . . . . .18, 55-57, 71f.
Spielsoftware 41
Sprechakt 147, 172, 188
Sprachanalyse automatische 251
Sprachanlage 32, 36, 42, 47
Sprachanwendung . . . . .187, 213f.
Sprachbeschreibung 7, 134, 151, 176
Sprache des Fachpraktikers 138
gesprochene 98, 104f., 116, 137, 148, 251
geschriebene 105, 137
Sprachentwicklung . . . . .92, 116f.
Sprachenvielfalt .134
Spracherkennung .46
Spracherwerb 11f., 27, 85, 92, 105-107,
120, 127f., 153, 184, 220, 251
gesteuerter 90
natürlicher 89f., 92, 213
ungesteuerter 90f., 107, 214
Spracherwerbsapparat 42
Spracherwerbsforschung 7, 91, 104f., 117,
186f., 221
Sprachdidaktik → Didaktik
Sprachführerschein 47
Sprachgefühl 80
Sprachkontakt 12, 21, 214
Sprachlernfähigkeit 42, 106
Sprachnormen 134, 138, 187
Sprachproduktion 38, 46, 51, 62-65,
67, 124, 131, 200
Sprachstörung 47
Sprachtypen 145
Sprachumgebung 28, 38, 75, 120, 126
Sprachvariation 121, 126, 132, 134f.,
140-142, 144, 187
Sprachverarbeitung 17, 19, 45f., 48,
50, 56f., 62f., 66f., 73, 85, 90, 126, 128
Sprachverarbeitungssystem 12
Sprachverstehen 46, 51, 62f., 65, 67, 131
Sprachwandel . . . . .140f.
sprachwissenschaftlich 46, 152, 173
Sprechabsicht 65, 148
Sprechen 53, 63f., 66, 83, 85, 181,
191f., 199, 200, 204, 214, 222
Sprecherwechsel 97, 173
Sprechplan . . . . .63, 65f.
SQ3R 197
Stabilität emotionale 35, 184
Stil 32, 36, 134, 142, 128, 227
Stimmung 31, 34

Stimulus → Reiz
Suggestopädie ....26f.
Summation räumliche 50
zeitliche 50
Superlearning 26
Symbol 52, 54f., 75, 79, 81, 109,
134, 148f., 150, 252
syntaktisch 58, 65f., 146f., 188, 190
syntaktischer Modus 89, 100f., 141
syntaktischer Rahmen 66, 147
Syntax 94, 97, 111f., 144, 146, 155
Szenariendidaktik → Didaktik
Tabu (als Tabuthemen/-charakter) ...227, 232
taktil 47, 52, 63, 199
teachability → Lehrbarkeitshypothese
Techniken formale 83
funktionale 83
Telegrammstil 124
Temperament 31, 34
Tempus 115f., 159, 161-163, 174
Textgrammatik → Grammatik
Textlinguistik → Linguistik
Textsorte 63, 65, 83, 132, 134, 141,
145, 159f., 164f., 168, 171f.,
183f., 187, 194-196, 204, 210,
215, 225, 227, 254
Textualität 159, 164
textzentriert 159
Thema 98f., 101, 124, 187, 195, 196,
211, 234,
Thesaurus 68f., 80
Top-down-Prozess 64
Total Physical Response 27
Transfer negativer 105
positiver 105, 127
transkulturelle Landeskunde → Landeskunde
translatorische Kompetenz → Kompetenz
Tübinger Modell 235, 237
Tutor/Tutorin 21, 192, 193, 195, 204f.,
212, 247-249
tutorielle Betreuung 90, 248, 255
tutorielles Programm → Programm
Überdiskriminierung 109
Überforderung 23, 35, 61, 76, 81
Übergangsgrammatik → Grammatik
Übergeneralisierung 109
Übernahme...............75, 97, 182, 212
Übersetzen funktionales 210
grammatisches 209
imitatives 209

Übersetzung 13, 16, 71, 73f., 81,
207-210, 224f.
Übersetzungskompetenz → Kompetenz
Übungsgrammatik → Grammatik
Ultrakurzzeitgedächtnis → Gedächtnis
Umfeld 32, 35, 42, 91, 103, 141
universalistisch 117, 152
Unterforderung 35
Unterricht handlungsbezogener 213, 216, 246
interessegesteuerter 34
lehrerzentrierter 35
Valenz 155f., 162
Valenzgrammatik → Grammatik
Varianten regionale 80, 134
-reichtum 144, 252
Variation stilistische 80
Varietäten 132, 134, 142, 215, 230
Verankerung 61, 213
Verarbeitungsaufwand 56
Vereinfachungsprinzip ....124f.
Verfestigung 37f., 112
Vernetzung 81, 164, 198, 252
verschleifen 102
Versprecher 46f., 66, 98
Verstehen 18, 51-53, 56, 63f., 74,
108, 1211, 135, 165, 189, 198f., 215,
222, 227f., 230
Verstehenstechnik 199
Verweisstrukturen ....158f., 164f.
Verzögerungsphänomen 125
Video 200, 232, 243f., 246, 254
Visualisierung 60f., 84, 165, 176, 215, 232
visuell 15, 33, 47-49, 51, 53-56,
59f., 63, 149f., 183, 199, 207, 232f.
Vokabel 73
Vorentlastung 211, 238
Vorwissen 32, 39, 52, 59-61, 81, 126,
138, 140, 151, 158, 167f., 211, 216,
230, 239f.
Wahrnehmung .32, 37, 51-54, 57, 63, 65, 110,
145, 222, 226, 228, 232
Wahrnehmungskontrast 53
Wahrnehmungsprinzip 52
Weltwissen → Wissen
Werkzeug.............20, 22, 69, 138, 203,
207, 216, 242, 244-247, 249, 254f.
Wernicke-Zentrum 48
Whiteboard → interaktive Tafel
Wiedererkennungsprinzip 53
Wiederholung elaborierte 59

Wiederholungsaktivität 58
Wissen enzklopädisches 63, 65, 215
    deklaratives 65
    prozedurales 63, 65, 215
    Prozess- 65
    Situations- 63, 65
    Welt- 63, 65, 165, 216
Wissensrepräsentation dynamische . . .55, 61
Wissenssystem 20, 251
working memory → Arbeitsgedächtnis
Wortassoziation 71
Wörterbuch Referenz- 78
    einsprachiges .77
    zweisprachiges . . . . .80f.
Wortschatzvermittlung . . . . .73, 75, 81-84.
Wortstellung 94, 101, 104, 106,
        111, 113, 146, 165, 176, 183, 225

Xenolekt 121, 125-127, 141
    -inventar 122
Zeichenkonventionen 232
Zeichensystem außersprachliches 227
Zeitmarkierungen .115
Zellmembran 50
Zielkultur 13, 106, 107, 118, 127,
        182f., 216, 220, 233, 235f., 239
Zielorientierung 31, 33
Zielsprache 13, 38, 83, 89-92, 99,
        104-107, 110-112, 115, 120f.,
        124, 127, 144, 182, 208, 210
Zielvariante 110
Zusatzinformation 234
Zweifelsfall 80, 151
Zweisprachigkeit ausgeglichene 118
    additive 118

Abbildungs- und Quellenverzeichnis | 9.4

Abbildungen

Abb. 1.2 German One. Chicago 1949: Houghton Mifflin. S. 9. Abb. 1.4 nach: Issing, Ludwig J.: Instruktionsdesign für Multimedia. In: Ders./Klimsa, Paul (Hg.): Information und Lernen mit Multimedia und Internet. Weinheim 1997: Beltz. S. 199. Abb. 1.5 What to say and how to behave in Great Britain. Moskau 2000: Repetitor Multimedia. Abb. 1.6 in Anlehnung an: Issing, Ludwig J.: Instruktionsdesign für Multimedia. In: Ders./Klimsa, Paul (Hg.): Information und Lernen mit Multimedia und Internet. Weinheim 1997: Beltz. S. 199. Abb. 1.7 Reading Business Japanese. http://www.geschaefts-japanisch.de/index.htm Abb. 1.8 in Anlehnung an Issing, Ludwig J.: Instruktionsdesign für Multimedia. In: Ders./Klimsa, Paul (Hg.): Information und Lernen mit Multimedia und Internet. Weinheim 1997: Beltz. S. 199. Abb. 1.9 Berliner sehen. A Hypermedia Learning Environment for the Study of German Culture and Language. Copyright MIT 2005. (Authors: Ellen W. Crocker, Kurt E. Fendt). Abb. 1.10 Hollywood Theatrix. Emeryville 1996: Theatrix Interactive. Abb. 2.1 Padlo, Barbara: Geschlechtsspezifische Präferenzen und Differenzen im mediengestützten Wortschatzerwerb. Unveröffentlichte Magisterarbeit, LMU München 2004. S. 48. Abb. 2.2 Ebd. S. 55. Abb. 3.2 Kandel, Eric R./Schwartz, James H./Jessell, Thom M. (eds.): Essentials of Neural Science and Behavior. New York 1996: McGraw-Hill. Dt. Übersetzung: Neurowissenschaften. Eine Einführung. Heidelberg/Berlin/Oxford 1995: Spektrum Akademischer Verlag. S. 23. Abb. 3.5 Visual Thesaurus. www.visualthesaurus.com. Abb. 3.7 Ebd. Abb. 3.8 Hueber Wörterbuch Deutsch als Fremdsprache. Ismaning 2003. S. 330. © 2003 Max Hueber Verlag. Abb. 3.9 Ebd. S. 79. © 2003 Max Hueber Verlag. Abb. 3.10 Langenscheidts Großwörterbuch Deutsch als Fremdsprache. München 2000: Langenscheidt. S. 4f. Abb. 3.11 Dudenredaktion (Hg.): Duden – Sinn- und sachverwandte Wörter. Überarbeiteter Nachdruck der 2. Auflage. Dudenverlag: Mannheim; Leipzig; Wien; Zürich 1997. S. 13. Abb. 3.12 Memo. München 1995: Langenscheidt. S. 130. Abb. 4.1 Dallapiazza, Rosa-Maria et al.: Tangram 1A. Ismaning 2002: Hueber. S. 41. © 2002 Max Hueber Verlag. Abb. 4.3 nach Pienemann, Manfred et al.: Constructing an Acquisition-Based Procedure for Second Language Assessment. In: Studies in Second Language Acquisition 10,2. 1988. S. 222f. Abb. 4.4 Toukomaa, Perti/Skutnabb-Kangas, Tove: The Intensive Teaching of the Mother Tongue to Migrant Children of Pre-School Age and Children in the Lower Level of Comprehensive School. Helsinki 1977. The Finnish National Commission for UNESCO. Abb. 5.1 Gezeichnet von Theo Scherling. Abb. 5.2 DIN 2330:1993-12. Wiedergegeben mit Erlaubnis des DIN Deutsches Institut für Normung e.V. Maßgebend für das Anwenden der DIN-Norm ist deren Fassung mit dem neuesten Ausgabedatum, die bei der Beuth Verlag GmbH, Burggrafenstraße 6, 10787 Berlin, erhältlich ist. Abb. 5.3 Claus, Uta/Kutschera, Rolf: Bockstarke Klassiker. © Eichborn AG, Frankfurt am Main, August 1985. S. 272. Abb. 5.6 Webseite des Turmtheaters St. Veit. http://www.turmtheater.ch/turmtheater_old/start.htm. Abb. 5.7 Schulz, Dora/Griesbach, Heinz: Grammatik der deutschen Sprache. München 1960. S. 35. © 1960 Max Hueber Verlag. Abb. 5.8 Durrell, Martin: Hammer's German Grammar and Usage. London 1998: Edward Arnold. S. 232. Abb. 5.9 Rall, Marlene/Engel, Ulrich/Rall, Dieter: DVG für DaF: Dependenz-Verb-Grammatik für Deutsch als Fremdsprache. Heidelberg 1985. Julius Groos Verlag. S. 91. Abb. 5.10 Ebd., S. 40. Abb. 5.11 Dudenredaktion (Hrsg.): Duden – Textgrammatik der deutschen Sprache. 1. Auflage. Dudenverlag: Mannheim; Leipzig; Wien; Zürich 1993. Abschnitt 3.1.1.2.1. Abb. 5.12 Dallapiazza, Rosa-Maria et al.: Tangram 1B. Ismaning 2002. S. 111. © 2002 Max Hueber Verlag. Abb. 5.13 Neuner, Gerd et al.: Deutsch aktiv Neu, Lehrbuch 1A. München 1986: Langenscheidt. S.115. Abb. 5.14 www.uni-deutsch.de. Animation von Julja Scheller und Team. Abb. 5.15 www.uni-deutsch.de.

Bearbeitung von Marika Schwaiger.
Abb. 5.16 www.uni-deutsch.de. Text von
Romana Brunnauer. Abb. 5.17 Tomaszewski,
Andreas/Rug, Wolfgang: Grammatik mit Sinn
und Verstand. Ernst Klett Sprachen GmbH,
2005, Stuttgart. S. 26. Abb. 5.18 Roche,
Jörg/Webber, Mark: Minigrammatik Deutsch
als Fremdsprache. Ernst Klett Sprachen GmbH,
2005, Stuttgart, S. 20. Abb 6.1 Gemeinsamer
Europäischer Referenzrahmen. http://www.
goethe.de/z/50/commeuro/303.htm
Abb. 6.2 Auszug aus: Lehrplan Deutsch als
Zweitsprache. Bayerisches Staatsministerium
für Unterricht und Kultus. Verlag J. Maiß München. Abb. 6.3 – 6.9 www.uni-deutsch.de
Abb. 6.10 nach: Gagné, Robert: Die Bedingungen des menschlichen Lernens. Beiträge zu
einer neuen Didaktik. Hannover 1973: Schroe-
del. Abb. 7.1 Martina Koch. SZ-Magazin vom
13.07.2001. Abb. 7.3 Morrison, Terri et al.: Kiss,
Bow or Shake Hands. Holbrook 1994: Adams
Media Corporation. S.128. Abb. 7.4 zitiert nach
Roche, Jörg/Webber, Mark: Für- und Widersprüche. Yale 1995: Yale University Press, S.
175. Original: Heygen, Heinz G.: The Most
English for Runaways. © Eichborn AG, Frankfurt am Main, April 1987. S. 76. Abb. 7.5.
zitiert nach Roche, Jörg/Webber, Mark: Für-
und Widersprüche. Yale 1995: Yale University
Press. S.76. Original: Jan P. Schniebel: "Du
besorgst dir eine Gebührenmarke...". Copyright © 1984 by Rowohlt Taschenbuch Verlag
GmbH, Reinbek bei Hamburg [Titel: Norbert
Ney (Hg.): Sie haben mich zu einem Ausländer
gemacht... ich bin einer geworden. Ausländer
schreiben vom Leben bei uns].
Abb. 7.6 Behal-Thomsen, Heinke et al.: Typisch
Deutsch? Berlin/München 1993: Langenscheidt. S. 45. Wörterbuchauszüge ‚privat' aus:
Gerhard Wahrig: Deutsches Wörterbuch. München 1980: Mosaikverlag sowie: Dudenredaktion (Hg.): Duden – Das Herkunftswörterbuch.
1. Auflage. Dudenverlag: Mannheim; Leipzig;
Wien; Zürich 1963. Abb. 8.1 Grammar Fitness:
http://www.meritsoftware.com/software/esl_
fitness/ Abb. 8.2 und 8.3 www.uni-deutsch.de
Abb. 8.4 Interaktive Tafel aus der Lernplattform basix: www.basix-gmbh.com. Abb. 8.5
www.uni-deutsch.de

Quellen

Transkript 4.1 Sancak, Melek: Techniken und
Strategien in der Kommunikation zwischen
deutschen Ärzten und türkischen Patienten.
Unveröffentlichte Magisterarbeit, LMU München 2004. S. 69/70. Transkript 4.2 Ebd. S.
74/75. Transkript 4.3 Roche, Jörg.
Transkript 5.1 Schlickau, Stephan: Linguistische Feldforschung 'vor Ort': Bergleute, ihre
Sprache und ihre Kommunikation im Ruhrgebiet und in Yorkshire. In: Ehlich, Konrad/Elmer,
Wilhelm/Noltenius, Rainer (Hg.): Sprache und
Literatur an der Ruhr. Essen 1995: Klartext. S.
105f. Textauszug S. 233f. Ionesco, Eugène: Die
kahle Sängerin. Stuttgart 1987. S. 5.

Fremdsprachendidaktik

Jörg Roche
Interkulturelle Sprachdidaktik
Eine Einführung

narr studienbücher

Jörg Roche

Interkulturelle Sprachdidaktik

Eine Einführung

2001, 248 Seiten, div. Abb. u. Tab., kt. € 19,90/SFr 34,90
ISBN 3-8233-4984-8

Die Einführung skizziert verschiedene Facetten der Beziehung zwischen Sprache und Kultur beim Spracherwerb und Sprachunterricht. Jörg Roche erörtert zunächst die theoretischen Grundlagen eines interkulturellen Ansatzes zum Spracherwerb aus linguistischer, psycholinguistischer, hermeneutischer und didaktischer Perspektive. Auf dieser Basis entwickelt er eine interkulturelle Didaktik, die er dann im Rahmen einer entsprechenden Methodik umsetzt und mit konkreten Vorschlägen für die Unterrichtspraxis anreichert (Texte, graphische Darstellungen, Übungs- und Aufgabentypen, Checklisten und Unterrichtssequenzen). Darüber hinaus werden einschlägige Lehrwerke sowie die Einsatzmöglichkeiten und Probleme der neuen Lerntechnologien beim Fremdsprachenlernen dargestellt und diskutiert. Glossar, Register und eine umfangreiche Bibliographie schließen diesen Band ab, der Theorie und Praxis der interkulturellen Sprachdidaktik auf innovative Art kombiniert.

„Jörg Roche hat ein hervorragendes Buch geschrieben. Der Leser erhält wertvolle Informationen und konzentrierte Forschungsüberblicke. Inhaltlich ist an dieser 'Einführung' in ein spannendes und zukunftsträchtiges Wissenschaftsgebiet kaum etwas auszusetzen - ganz im Gegenteil. Roches Buch bietet eigentlich viel mehr, als eine 'Einführung' normalerweise zu enthalten pflegt. Obwohl (sein) Thema immer wichtiger wird, gibt es im deutschsprachigen Bereich kein anderes Buch, das derart detailliert und kompetent darüber Auskunft gibt."   *Info DaF*

Narr Francke Attempto Verlag
Dischingerweg 5 · D-72015 Tübingen
Fax: 07071/75288 · www.narr.de · E-Mail: info@narr.de

UTB Sprachwissenschaft

Karl-Richard Bausch
Herbert Christ
Hans-Jürgen Krumm (Hrsg.)

Handbuch Fremdsprachen- unterricht

UTB 8042/8043 L, 4., vollst. neu bearb.
Auflage, 2003, XVIII, 655 Seiten

gebunden € 59,–/SFr 100,–
UTB-ISBN 3-8252-8042-X

kartoniert € 39,90/SFr 69,40
UTB-ISBN 3-8252-8043-8

Das *Handbuch Fremdsprachenunterricht* ist seit seiner ersten
Auflage im Jahre 1989 zu einem unentbehrlichen Arbeitsmit-
tel für alle geworden, die sich mit Konzepten, Aufgaben und
Methoden des Lehrens und Lernens von Fremdsprachen befassen: Die 4. völlig neu bearbeitete Auflage trägt den veränderten Rahmenbedingungen Rechnung, die sich sowohl international als auch in der Bundesrepublik Deutschland,
Österreich und der Schweiz eingestellt haben. In 140 Beiträ-
gen werden Fakten, Positionen und Perspektiven des Lehrens
und Lernens fremder Sprachen in den verschiedenen Alters-
und Lernstufen, in schulischen und außerschulischen Ein-
richtungen dargestellt und Forschungsmethoden sowie
Entwicklungstendenzen aufgezeigt. Ein detailliertes Verweissystem, weiterführende Literaturhinweise sowie ein ausführ-
liches Sach- und Personenregister erleichtern die Arbeit.

A. Francke

UTB Anglistik

Gerhard Bach
Johannes-Peter Timm (Hrsg.)

Englischunterricht

Grundlagen und Methoden
einer handlungsorientierten
Unterrichtspraxis

UTB 1540 M, 3., vollständig überarbeitete
und verbesserte Auflage, 2003,
XII, 346 Seiten, € 18,90/SFr 33,40
UTB-ISBN 3-8252-1540-7

Das Konzept der Handlungsorientierung hat dem Fremdsprachenunterricht in den vergangenen Jahren neue Impulse für einen Unterricht gegeben, der methodisch sowohl an den schulischen Bedürfnissen als auch an der außerschulischen Lebenswelt orientiert ist. Der „Bach/Timm" gibt hierfür wissenschaftlich fundierte sowie praktisch umsetzbare Anregungen. Das Buch ist in vielen Hochschulen, Studienseminaren und Lehrerfortbildungseinrichtungen zu einem maßgeblichen Standardwerk geworden. Seit Mitte der 1990er Jahre haben im fremdsprachlichen Unterricht zahlreiche neue praktische Herausforderungen Einzug gehalten. Diese Neuerungen sind umfassend in die 3. Auflage eingearbeitet worden. Die bewährten Grundlagenkapitel sind auf den neuesten Stand der fachdidaktischen Diskussion gebracht worden, Begriffe und Definitionen wurden schärfer gefasst und Literaturangaben aktualisiert. Brennpunkte wie „Frühbeginn", „Bili", „Neue Medien", „Europakompetenz" werden in neuen Kapiteln vorgestellt.

A. Francke

UTB Sprachwissenschaft

Wolfgang Butzkamm

Psycholinguistik des Fremdsprachenunterrichts

Von der Muttersprache zur Fremdsprache

UTB 1505 S, 3., neubearbeitete Auflage, 2002,
XII, 315 Seiten, € 18,90/SFr 33,40
UTB-ISBN 3-8252-1505-9

Jedes durchschnittlich begabte Kind kann mit zwei Sprachen fertig werden, wenn man die in ihm liegende Begabung richtig anzusprechen weiß. Aber viele Schüler von heute können methodische Fehler in Kernbereichen des Unterrichts nicht verkraften. Während die moderne Fremdsprachendidaktik den bloßen Wechsel der Themen vollzieht, hält sich dieses Buch an die klassischen Probleme der Spracharbeit. Lebendig kommunizieren, die Grammatik dosieren, die Analogiebildung ankurbeln und die Muttersprache gezielt einsetzen – das sind die Reformen der Zukunft, die dieses Buch vorbereitet.

„Wichtig, aufregend und anregend zu lesen für Fremdsprachenlehrer und darüber hinaus für alle, die sich für das interessieren, was in der Schule passiert."

ekz-Informationsdienst

A. Francke